JN032673

ビジュアル版

江戸文化入門

深光富士男

河出書房新社

目次

宝暦・天明文化

化政文化

幕末文化

はじめに

本書は、エンタメ系を柱にした「江戸期文化の標本箱」

耳障りがよく、どこか知的な響きをもつ文化という言葉は、より豊かな生活、心の潤い、教養、流行といったポジティブな印象を醸し出します。しかし正確な定義を求めようとすると、とたんに臍を曲げてフォーカスが定まらなくなる厄介な言葉でもあり、狭義、広義の解釈にも悩まされます。

ともあれ文化は、あらゆるジャンルの好感度を上げる便利な言葉であることは自明です。「○○文化」「文化○○」といった形で使用頻度が高く、食文化、出版文化、地方文化、文化遺産など、汎用性に富んでいます。はたして文化とは何なのか。文化は真正面から捕まえようとすると手からすり抜けるウナギの如くですが、歴史を俯瞰し、ポイントごとにザルを仕掛けて、本体をまるごと引き上げることも可能ではないか、とも思考を巡らせたいところ。で、うまく捕獲できれば、さまざまな観点から精察できるのではないでしょうか。それらを丹念に並べていくと、「文化の標本箱」も作れるはず……。

「江戸時代の文化」をテーマとした本書は、こうしたイメージを膨らませて、ジャンル別のザル、時系列のザルなどを仕掛けては引き上げ、文化の大波、小波が感じられるビジュアル構成に挑んでみたいと思います。

ただし網羅に走りすぎると、迷路を彷徨いかねません。本書では、文化に影響を及ぼした幕府の改革、経済、災害などの歴史的背景も織り込みながら、視覚認識が容易な代表例（とくにエンタメ系）を柱とし、可能な限り時系列で「当時の文化」を巡ってみることにします。

以上のコンセプトが決まれば、最初の取っ掛かりとすべきは、誰しもが教科書で習った「元禄文化」と「化政文化」でしょう。しかし、260年以上もの長きにわたる江戸時代の文化を、一時期の元号を用いて2分割で論じるのは到底不可能です。もっと理にかなった「文化の波」の細分化を行う必要があります。

そこで本書では、江戸時代初期の大波である「寛永文化」を認めたうえで、そこへの継続性が顕著にみられる「桃山文化」からはじめることにしました。つまりは「桃山文化」→「寛永文化」とし、以降の大波は、「元禄文化」→（享保の改革）→「宝暦・天明文化」→（寛政の改革）→「化政文化」→（天保の改革）→「幕末文化」と波打たせることにしたのです。

正月の楽しさが溢れる「四季之内 春遊」。歌川国輝《くにてる》（二代目国彦）画の錦絵三枚続で、幕末の1855（安政2）年に出版されました。

（）内はいうまでもなく、幕府による三大改革で、文化の波は下がります。質素倹約、風紀の乱れを正すなどの目的で、自由に羽ばたきたい文化の気運を削ぐ政策が強行されたのです。ときには関係者に理不尽な刑罰を課すなど、文化の波を打ち砕くように襲いかかることもあり、各分野にダメージをあたえました。ただし、知恵を働かせてうまくすり抜けたり、悪政が及ばない分野もあったので、すべてにおいて深刻な影響が及んだわけでもありません。

老中の松平定信がはじめた「寛政の改革」は不評を買って長くは続かず、足掛け13年ある寛政期の初期で失敗しています。定信は1793（寛政5）年に失脚。江戸兵衛の大首絵で知られる東洲斎写楽は、その翌年の5月に版元の蔦屋重三郎から28枚もの役者絵シリーズを世に出して鮮烈デビューを果たしました。同時期には、北斎、歌麿、初代豊国らが活躍しています。

錦絵や歌舞伎など、江戸文化の香りを強く放つ各ジャンルは、生き物のようにうねりながら、各時代形成の一端を担い、それぞれの時代を象徴する産物を世に送り出してきました。

私個人としては、「宝暦・天明文化」の文芸に注目しています。この時期には、自由闊達な茶目っ気と若々しい野心が感じられ、「江戸文化の青春期」とでも呼びたくなるような知的遊戯性に満ちた楽しさに溢れています。

1768（明和5）年に刊行された『吉原大全』（全5冊）より。書名の通り官許の江戸遊里・吉原情報満載の版本で、著者は酔郷散人《すいきょうさんじん》（洒落本の作者で書家の沢田東江という説が有力）。巻之四に「吉原名産 付 おくり拍子木 助六物語」と題された文があり、歌舞伎で有名な花川戸《はなかわど》助六《すけろく》が紹介されています。「剛気の者」と語られる助六は、吉原を舞台に喧嘩の花を咲かせます。助六は二代目市川團十郎が演じて「大当たりを取りしとぞ」とあり、助六日和下駄（台が厚く歯は低い差歯下駄）は、「よし原の名物となりぬ」で文を終えています。上はその挿絵。紫色の若衆《わかしゅ》鉢巻に日和下駄、好天でも高々とさし上げる蛇の目傘をトレードマークとした男伊達・助六がなんとも魅力的。助六が舞台で躍動すると江戸っ子たちが憧れるヒーローとなり、ヒロインの花魁・揚巻《あげまき》とともに拍手喝采を浴びました。初演は1713（正徳3）年とされています。「助六由縁江戸桜《すけろくゆかりのえどざくら》」は、現在も上演され続けている人気作品です。

江戸時代前期の作と推定される肉筆彩色絵巻「十二月遊び」より。京都の行事や遊びの絵を月ごとに鑑賞することができます。この絵は神無月の 10 月。紅葉を愛でながら宴に興じる人々で、踊りがはじまっています。

文化関連年表 1

安土桃山時代から、江戸時代の1751（宝暦元）年頃まで

安土桃山時代

桃山文化 信長・秀吉の時代〜1615年あたり

1574（天正2）狩野永徳が描いた「洛中洛外図屏風《らくちゅうらくがいずびょうぶ》」を、織田信長が上杉謙信に贈る

1576（天正4）信長の命で、狩野永徳一門が安土城の障屏画制作を開始

1582（天正10）本能寺の変（明智光秀の襲撃により信長自害）

1587（天正15）北野天満宮の境内で豊臣秀吉が茶会を開く（北野大茶湯《おおちゃのゆ》）

1590（天正18）永徳が「檜図《ひのきず》屏風」を描く（この年に永徳死去）

1591（天正19）茶人・千利休、秀吉に命じられて切腹

1598（慶長3）秀吉死去

1600（慶長5）関ヶ原の戦い

1603（慶長8）徳川家康が江戸に幕府を開く
京都で出雲阿国《いずものおくに》の一座による「かぶき踊り」が人気となる

1605（慶長10）儒学者・林羅山が家康に仕える

1609（慶長14）姫路城の大改築により現在の天守が完成

1615（慶長20）大坂夏の陣（豊臣氏が滅ぶ）

寛永文化 元和〜寛永〜正保〜慶安〜承応〜明暦あたり

1618（元和4）幕府公認の遊郭街・吉原（元吉原）が営業開始

（17世紀前半）俵屋宗達画・本阿弥光悦《ほんあみこうえつ》書「鶴図《つるず》下絵《したえ》和歌《わか》巻《かん》」が制作される

この絵は水無月の６月で、京都祇園祭の山鉾が練り歩く華やいだ様子を描写。月ごとの絵の前には解説文があり、６月には「むかしは 六十六のほこをかざりて 四条の町をわたしけれど…」などと書かれています。

江戸時代

（17世紀前半） 俵屋宗達が「風神雷神図屏風」を描く

1624（寛永元） このころ「風俗図（彦根屏風）」が制作される（〜44ごろ）

1634（寛永11） 狩野探幽が名古屋城上洛殿の襖絵「雪中梅竹鳥図《せっちゅうばいちくちょうず》」を描く

1636（寛永13） 日光東照宮の社殿の多くが造替《ぞうたい》される（陽明門など）

1637（寛永14） 島原・天草一揆が起こる（〜38）

1657（明暦3） 明暦《めいれき》の大火《たいか》により、江戸の大半が焼失

遊郭街の吉原が、浅草寺裏手の日本堤《にほんづつみ》に移転

元禄文化 延宝〜天和〜貞享〜元禄〜宝永〜正徳あたり

1680（延宝8） 徳川綱吉が五代将軍となる

1682（天和2） 井原西鶴の『好色一代男』が刊行される

1685（貞享2） 渋川春海《しぶかわはるみ》の暦法「貞享暦《じょうきょうれき》」が施行される（採用は84年）

1688（元禄元） このころ菱川師宣が「見返り美人図」を描く（〜94ごろ）

元禄年間を中心に元禄歌舞伎が人気を博す（〜1704ごろ）

1689（元禄2） 松尾芭蕉、『おくのほそ道』の旅に出る（刊行は1702年）

1697（元禄10） 宮崎安貞の『農業全書』が刊行される

1701（元禄14） 赤穂事件（江戸城松之大廊下の刃傷）

1703（元禄15） 赤穂事件（吉良邸討ち入り）

1703（元禄16） 近松門左衛門作の人形浄瑠璃「曽根崎心中」大坂竹本座で初演

1709（宝永6） 貝原益軒の本草書『大和本草《やまとほんぞう》』が刊行される

1712（正徳2） このころ尾形光琳が「紅白梅図屏風《こうはくばいず》」を描く（〜16ごろ）

1716（享保元） 徳川吉宗が八代将軍となり「享保の改革」がはじまる（〜45）

1732（享保17） 享保の飢饉

（1720年代〜） 人形浄瑠璃の人気が全盛期をむかえる（〜51ごろ）

1786（天明6）年刊の『画本宝能縷《えほんたからのいとすじ》』より。カイコを育てて生糸を取り、反物にするまでを図説しています。右の絵は、カイコの餌となる桑の葉を摘むところ（北尾重政《きたおしげまさ》画）、左の絵は、桑の葉をカイコにあたえるところ（勝川春章《かつかわしゅんしょう》画）です。

文化関連年表 2

1751（宝暦元）年頃から、江戸時代が終わる1868年まで

時代

宝暦・天明文化

宝暦～明和～安永～天明～寛政の前半あたり

- 1765（明和2）鈴木春信らにより、錦絵が生まれる
- 1767（明和4）田沼意次、側用人となる（72年に老中となり、86年に罷免）
- 1774（安永3）杉田玄白らによる『解体新書』が刊行される
- 1775（安永4）恋川春町《こいかわはるまち》の『金々先生栄花夢《きんきんせんせいえいがのゆめ》』が刊行される
- 1776（安永5）上田秋成《あきなり》の『雨月物語』が刊行される
- 1780（安永8）多才で知られた平賀源内が人を殺傷して獄死する
- 1782（天明2）天明の飢饉（～87）
- 1783（天明3）大田南畝《なんぽ》・朱楽菅江《あけらかんこう》（編）の狂歌集『万載《まんざい》狂歌集』刊行
  司馬江漢が日本初の腐食銅版画「三囲景《みめぐりのけい》」を制作
- 1787（天明7）松平定信が老中となり「寛政の改革」がはじまる（～93）
- 1791（寛政3）「寛政の改革」により山東京伝の洒落本《しゃれぼん》が発売禁止となり、重い刑を受ける
- 1794（寛政6）東洲斎写楽の錦絵が販売される（制作活動は、およそ10か月）
- 1795（寛政7）大乗寺（兵庫県）の襖絵「松に孔雀図」（円山応挙画）が完成

化政文化

寛政の後半あたり～享和～文化～文政～天保あたり

- 1797（寛政9）版元として名を馳せた蔦屋重三郎が死去
- 1798（寛政10）本居宣長の『古事記伝』完成
- 1802（享和2）十返舎一九の『東海道中膝栗毛』（初編）刊行

1854（安政元）年に出版された二枚続きの錦絵「意休・しら玉（白玉）・あげ巻（揚巻）・助六」。歌舞伎十八番のひとつ「助六由縁江戸桜《すけろくゆかりのえどざくら》」のメインキャストを集めてカラフルに描写。

江戸

1806（文化3）美人画の巨匠・喜多川歌麿が死去
1809（文化6）式亭三馬《さんば》の『浮世風呂』（初編）刊行
1813（文化10）式亭三馬の『浮世床《うきよどこ》』（初編）刊行
1814（文化11）曲亭馬琴の『南総里見八犬伝』刊行開始（完結は42年）
1821（文政4）伊能忠敬の日本地図「大日本沿海輿地全図《だいにほんえんかいよちぜんず》」が完成する
1825（文政8）鶴屋南北《つるやなんぼく》（四代目）作の歌舞伎「東海道四谷怪談」初演
1829（文政12）柳亭種彦《りゅうていたねひこ》の『偐紫田舎源氏《にせむらさきいなかげんじ》』刊行開始（42年に絶版）
1830（文政13）30〜32年ごろ葛飾北斎画「冨嶽三十六景 神奈川沖浪裏《かながわおきなみうら》」出版
1833（天保4）33〜34年ごろ歌川広重画「東海道五拾三次之内」（保永堂版）出版
江戸の大相撲は、回向院《えこういん》の境内が定場所となる
天保の飢饉（〜36）
1837（天保8）大塩平八郎の乱が起こる
1841（天保12）老中首座水野忠邦が「天保の改革」に着手（〜43）
1844（天保15）このころ歌川国芳画「相馬の古内裏《そうまのふるだいり》」出版（〜47ごろ）

幕末文化 嘉永〜安政〜万延〜文久〜元治〜慶応あたり

1853（嘉永6）ペリー、浦賀に来航（瓦版で速報される）
1855（安政2）安政江戸大地震（瓦版で速報。なまず絵が流行する）
1856（安政3）歌川広重画「名所江戸百景」出版開始（〜58。この年広重死去）
1859（安政6）横浜港が開港される
横浜絵が販売される（〜61の作品が多い）
1863（文久3）医師で蘭学者の緒方洪庵、江戸で死去
1867（慶応3）十五代将軍徳川慶喜が政権を朝廷に返す（大政奉還）
1868（明治元）元号は明治となる

桃山文化
建築

戦国大名や豪商による豪華で壮大な桃山文化

織田信長

豊臣秀吉

本書では、織田信長、豊臣秀吉が権勢を振るった安土桃山時代から、１６１５（慶長20）年の大坂夏の陣で豊臣氏が滅ぶまでの文化を「桃山文化」とします。江戸時代初頭の文化は、安土桃山時代の文化を引き継いでいたからです。

桃山文化の担い手は、戦国時代に台頭した信長や秀吉らの戦国大名と、貿易などで経済力をつけた豪商たちでした。彼らは旧来の価値にしばられない、活気に満ちた豪華で壮大な文化を展開しました。

信長は近江国《おうみのくに》（滋賀県）に、高く積んだ石垣の上に多層の天守を備えた、雄大な安土城を築いてその威光を示しました。以後、江戸時代初頭まで、各地で高い石垣の上に天守が聳え立つ城が築かれていきます。

それらの多くの城内には、政務・接客空間と居住空間をつなぐ書院造の様式を取り入れた、豪

華な御殿が建てられました。御殿の欄間には透かし彫がほどこされ、襖や壁、屏風には、きらびやかな絵画（障屏画）が描かれます。障屏画は、狩野永徳（14ページで解説）の狩野派をはじめとする絵師集団によって制作されました。

また一方で、信長と秀吉に仕えた茶人の千利休（14ページで解説）は、1582（天正10）年頃、秀吉の命により、丸太柱と土壁を生かしたわずか2畳敷の質素な茶室「待庵《たいあん》」をつくったと伝えられています。

社殿

彫刻などの装飾が美しい
北野天満宮（京都府）

菅原道真をまつる北野天満宮は、947年に創建された全国の天満宮、天神社の総本社です。豊臣秀吉は1587（天正15）年、境内を中心に北野大茶湯《おおちゃのゆ》を開催。1603（慶長8）年には出雲阿国《いずものおくに》（17ページで解説）が「かぶき踊り」の興業を行いました。現在の社殿は、1607（慶長12）年に秀吉の子、秀頼によって造営されたものです。色鮮やかで華麗な彫刻などが目を引く装飾に、豪壮で清新な桃山文化の特徴を見ることができます。社殿の建築様式は権現造《ごんげんづくり》で、日光東照宮にも採用されました。

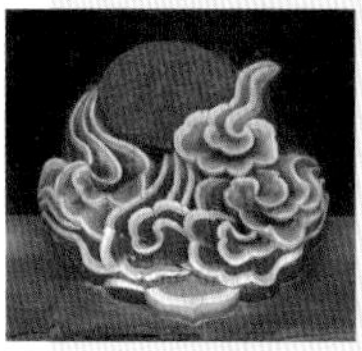

日の彫刻

月の彫刻

三光門

社殿の前に建つ中門は、「三光門」と呼ばれています。この門も社殿同様、1607（慶長12）年に建てられました。「三光」とは、日、月、星のこと。門の梁には、日と月の彫刻がほどこされていますが、星の彫刻はありません。かつて朝廷があった場所の大極殿《だいごくでん》から北野天満宮の方向を見ると、この門の上空に北極星が輝いていたから、といわれています。

唐獅子

白壁の美しさから白鷺城と呼ばれる
姫路城（兵庫県）

外観5重（内部は7階）の大天守と、3つの小天守を渡櫓《わたりやぐら》でつなぐ連立式天守が美しい姫路城。関ヶ原の戦いで功績をあげた池田輝政が城主となり、8年の歳月をかけて1609（慶長14）年に完成させました。積み上げた石垣、聳え立つ天守は、桃山文化を象徴する城の姿を今に伝えてくれます。（国宝・世界文化遺産）

（写真提供 姫路市）

信長や秀吉に重用された絵師の狩野永徳と茶人の千利休

狩野永徳は、曽祖父から続く絵画の流派・狩野派の絵師です。祖父の狩野元信は、優れた画力で工房を率い、障屏画から扇絵までの注文を精力的にこなしました。1543（天文12）年に誕生した永徳は、この祖父から画才を見こまれて指導を受け、数多くの障屏画を描きました。15ページ下の「洛中洛外図《らくちゅうらくがいず》屏風」（上杉本）は、永徳が23歳のときに描いたとされます。こののち永徳は織田信長に認められ、安土城の障屏画を描き、信長亡きあとは、豊臣秀吉が建てた大坂城の障屏画などを次々手掛けました。

しかし、これらの障屏画の多くは戦乱のなかで失われてしまいました。現存している永徳の作品からは、信長や秀吉に好まれた大画面で迫力のある作風を偲ぶことができます。

信長や秀吉の時代には、茶の湯も流行しました。信長は茶器の名品を集めて茶会で披露し、功績があった家臣にあたえました。また、堺の茶人・千利休を、茶事を司る茶頭《さどう》にとりたてました。利休は、信長亡きあと秀吉にも茶頭として仕え、北野大茶湯《おおちゃのゆ》（13ページ参照）の演出も行い、政治にも影響力をもつようになります。

狩野永徳の 豪華な屏風絵

檜図《ひのきず》屏風

金箔地《きんぱくじ》に大胆にくねったヒノキが画面からはみ出さんばかりに大きく描かれています。もとは1590（天正18）年の八条宮《はちじょうのみや》邸落成時に描かれた襖絵だったとされています。永徳は、この絵を描いた年に48歳で没しました。

「わび茶」を完成させた 千利休

利休は1522年に堺（大阪府）の商家に生まれ、当時堺で流行していた茶の湯「わび茶」を学びました。「わび茶」とは、簡素な茶室で静寂のなかに精神的な充足を求める茶の湯です。利休は、小さな出入り口「にじり口」を茶室に設けるなど、新たなアイデアを加え、茶道具も考案し、「わび茶」の形式を完成させました。しかし、政治にも影響を及ぼす存在となった利休は70歳のとき、秀吉の怒りにふれて切腹を命じられます。利休の茶の湯は、現代まで継承され、日本の伝統文化のひとつとなっています。

黒楽茶碗《くろらくちゃわん》 銘《めい》 俊寛《しゅんかん》

利休の考案により、楽焼の創始者・長次郎が轆轤《ろくろ》を使わず手捏《てづく》ねで制作した茶碗。

（三井記念美術館 所蔵）

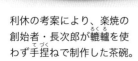

（東京国立博物館 所蔵　Image: TNM Image Archives）

（一部を拡大）

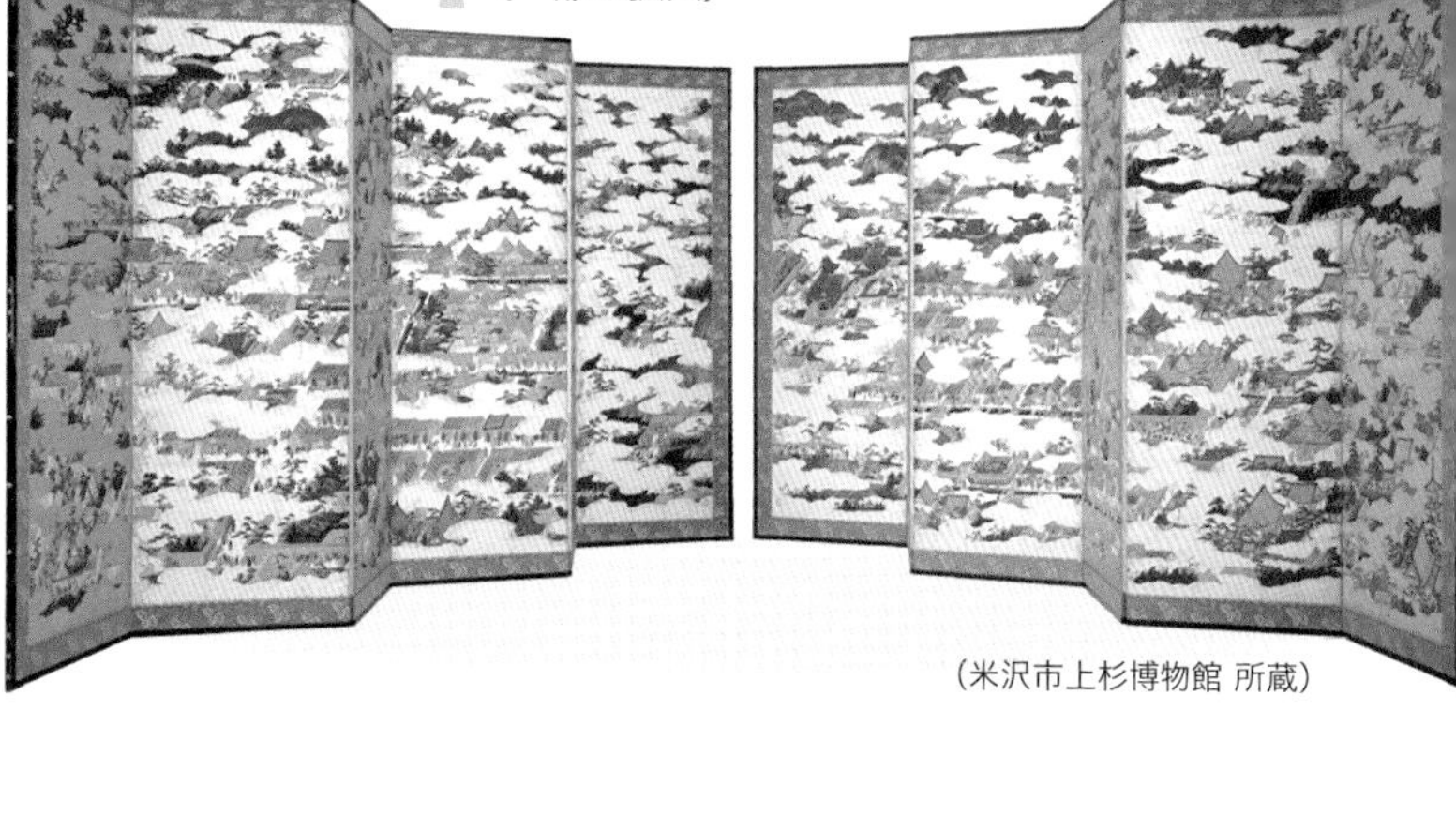

（米沢市上杉博物館 所蔵）

洛中洛外図屏風（上杉本）

1574（天正２）年に織田信長から上杉謙信へ贈られた、狩野永徳画の屏風と伝えられています。「洛中洛外」とは、京の都の市中と郊外のこと。豪華な金箔の雲のあいだに、およそ2,500人もの人物が細密に生き生きと描かれています。上の拡大部分は歳末の小川《こかわ》通り。門松づくりや餅つきをする人、犬に追われる琵琶法師など、当時の人々の様子がよくわかります。

日本に初めて伝わったヨーロッパの文化

1543年にポルトガル人の乗った船が種子島（鹿児島県）に漂着し、鉄砲が伝来しました。その後、東南アジアに拠点を置いていたポルトガル、スペインの船が日本に来航して貿易が行われるようになりました。当時ポルトガル人、スペイン人のことを「南蛮人」と呼んだことから、この貿易を「南蛮貿易」といいます。おもな輸入品は中国産の生糸で、輸出品は銀でした。

南蛮船には商人のほか、布教活動を目的としたキリスト教イエズス会の宣教師が乗船していました。彼らから海外の珍しい品物を贈られた戦国大名たちは貿易を歓迎し、布教を許可します。このためキリスト教信者（キリシタン）が増え、自ら入信する大名も現れました。九州から近畿地方には、キリスト教の教会堂（南蛮寺）が建設され、学校も設立されました。学校では、ヨーロッパの天文学、暦学、地理学などの学問や、航海術、造船術、西洋風絵画や銅版画などの技術が伝えられます。そのほか活字印刷機によるキリシタン版といわれる出版物も発行されました。

また日本の絵師の筆により、南蛮貿易の様子を描いた「南蛮屏風」が多数制作されました。

しかし、キリスト教を禁教とした江戸幕府が、1624（寛永元）年にスペイン船の来航を、1639（寛永16）年にポルトガル船の来航を禁止したことにより南蛮貿易は終了しました。

カステラやパン、かるたなどポルトガル語に由来する言葉は、今も日本語に多く残っています。

南蛮屏風
（右隻・狩野内膳《ないぜん》画）

「南蛮屏風」は16世紀末から17世紀中頃まで多数描かれ、100点ほど現存しています。この絵は南蛮船が日本に到着し、キリスト教の宣教師や日本人の信者が出迎えているところ。描いた絵師は、狩野派の狩野内膳です。内膳は豊臣家に仕えていました。

入港した南蛮船　　荷揚げの様子　　南蛮寺（キリスト教の教会堂）

（神戸市立博物館 所蔵
Photo:Kobe City Museum/DNPartcom）

上陸した南蛮人一行　　出迎えの宣教師や信者たち

出雲《いずも》阿国《おくに》が、京都で「かぶき踊り」をはじめた

（京都国立博物館 所蔵）

阿国歌舞伎図（部分）

北野天満宮（13ページで解説）で上演された阿国歌舞伎の舞台を描写。阿国は「かぶき者」の姿で、当時流行の「茶屋遊び」などを演じながら踊ったようです。囃子の中に三味線はまだ見られません。舞台下の観客も臨場感があり、当時の人々の姿、楽しむ様子などが絵から伝わってきます。

江戸に幕府が開かれた1603（慶長8）年、出雲大社（島根県）の巫女といわれる出雲阿国の一座が、京都で「かぶき踊り」（阿国歌舞伎）を上演しました。

阿国は、「かぶき者」という、斜に構えた当時の若い男の姿で登場。笛、小鼓《こつづみ》、大鼓《おおつづみ》、太鼓《たいこ》の囃子《はやし》に合わせて踊ると大人気となりました。これが歌舞伎のはじまりといわれています。

その後、この成功により女性たちが舞台で扇情的に踊る「女歌舞伎」が新楽器の三味線を取り入れてはじまり、話題を呼びました。しかしその多くが遊女だったことから、風紀を乱すという理由で1629（寛永6）年に禁止されました。

歌舞伎の移り変わり

かぶき踊り（阿国歌舞伎）
女《おんな》歌舞伎
若衆《わかしゅ》歌舞伎
野郎歌舞伎
元禄歌舞伎

前髪を落としていない成人前の少年を集めて踊らせましたが、こちらも禁止に。その後、大人の男性による野郎歌舞伎がはじまり、今の歌舞伎の基礎が築かれていきました。

また、成人前の美少年たちが舞台で踊る「若衆歌舞伎」もはじまりました。女歌舞伎禁止後に隆盛しましたが、こちらも美貌を売り物とする男色の弊害が広がったため、1652（承応元）年に江戸で禁止され、上方（京都・大坂）でも姿を消していきました。そして歌舞伎は、大人の男性だけで芝居をする「野郎歌舞伎」（38ページで解説）の時代に移ります。

江戸時代の初期、京都を中心に寛永文化が展開

三代将軍 徳川家光

1635（寛永12）年に武家諸法度を改定し、参勤交代を定めました。また、貿易統制を行い、キリシタンを禁圧しました。

1603（慶長8）年に江戸幕府を開いた徳川家康は、2年後に早くも将軍職を三男秀忠に譲り、徳川家が将軍職を継承していくことを示します。家康は駿府（静岡県）に移り住み、その後も大御所として政治の実権を握りました。幕府は1615（慶長20）年の大坂夏の陣で豊臣氏を滅ぼします。安堵した家康は、翌年75歳で没しました。

家康の死去から7年後の1623（元和9）年、二代将軍徳川秀忠は次男の家光に将軍職を譲り、大御所として1632（寛永9）年に亡くなるまで実権を握りました。

秀忠が亡くなり名実ともに権力を得た三代将軍徳川家光の治世は、死去する1651（慶安4）年まで続きます。家光は日光東照宮（栃木県）を造替《ぞうたい》するなど、幕府の権威を示しながら幕藩体制を固めました。

寛永文化は、豪壮な桃山文化の影響が残る江戸時代初期の文化です。家光の将軍時代にすっぽり入る寛永期（1624～44年）を中心に、その前後も含めて展開しました。

寛永文化の中心地は京都で、担い手は上流階級の人々でした。天皇、公家、武家、僧侶、

豪華絢爛な 日光東照宮の陽明門

日光東照宮（栃木県）は、徳川家康をまつる神社です。家康を尊敬してやまない家光は、社殿群の造替に着手。およそ1年半の工期を経て、1636（寛永13）年に完成させました。豪華絢爛なこの陽明門（国宝）は、500以上の彫刻がカラフルに彩色されていて見る者を圧倒します。幕府権力を象徴する日光東照宮と、京都の桂離宮、修学院離宮は、寛永文化を代表する建築物です。

（写真提供 日光東照宮）

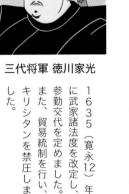

家光が宿泊した名古屋城の「上洛殿《じょうらくでん》」に描かれた狩野探幽の襖絵

雪中梅竹鳥図《せっちゅうばいちくちょうず》

狩野探幽は、狩野永徳（14、15ページで解説）の孫です。1617（元和3）年に16歳で京都から江戸に移り、幕府の御用絵師となり大成しました。この襖絵は、1634（寛永11）年に完成した探幽の代表作。余白の美を重視した探幽の絵は、将軍にも高い評価を得ました。

（名古屋城総合事務所 所蔵）

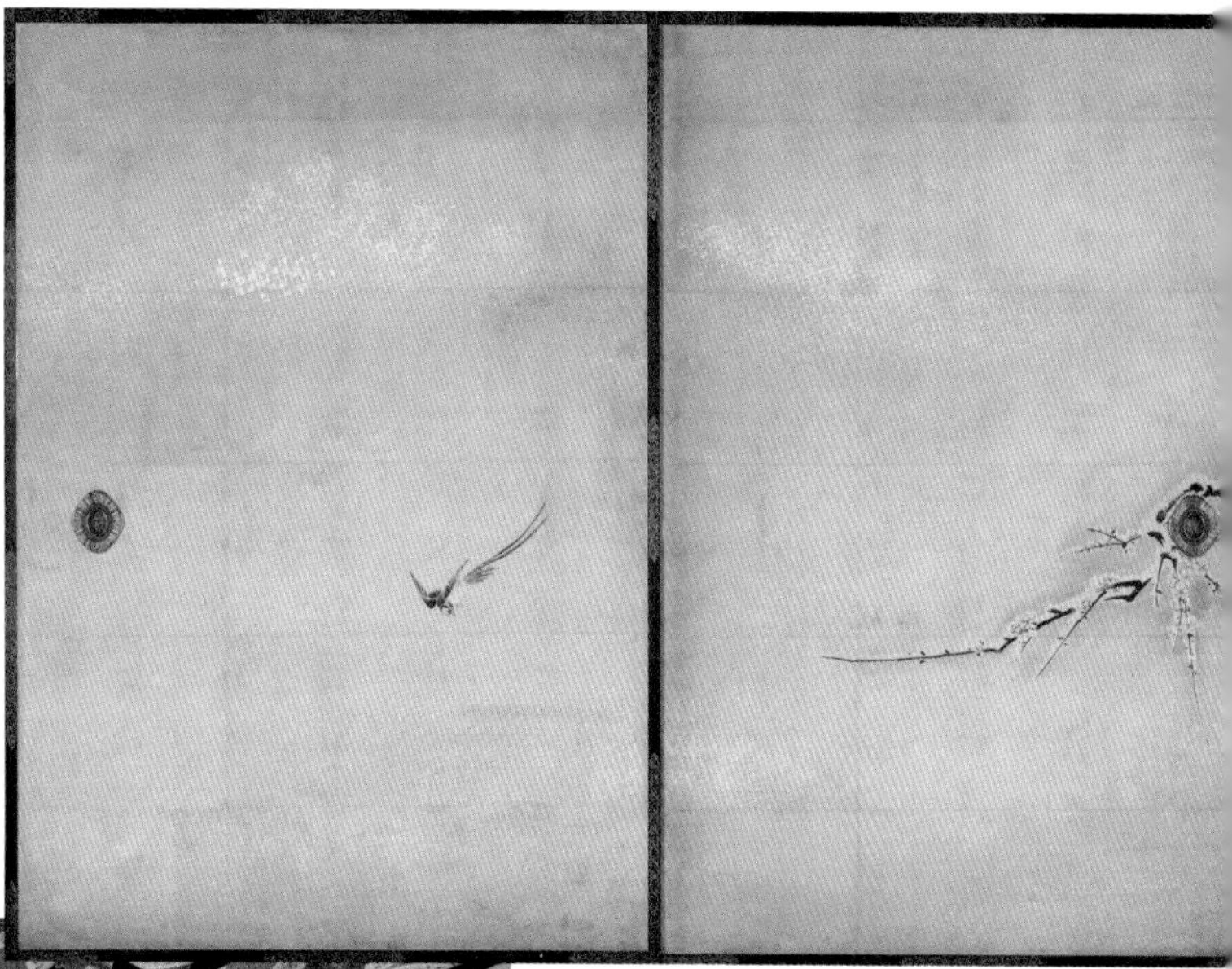

上層町衆のあいだで、茶の湯、生け花、和歌などの交遊が流行。文学、絵画、工芸などの分野では、新しい作品が誕生していきました。学問では、朱子学を主流とする儒学（25ページで解説）が広まりました。

復元された名古屋城本丸御殿・上洛殿三之間

襖絵が完成した年に京都に向かった家光は、贅を尽くした名古屋城の上洛殿に宿泊しました。瀟洒で詩情をたたえる「雪中梅竹鳥図」は、上洛殿三之間の襖絵です（左写真右側の襖に復元）。

（写真提供 名古屋城総合事務所）

江戸時代初期の人々や遊びがわかる風俗図（彦根屏風）（部分）

寛永の頃に描かれたとされる風俗画の傑作です。国宝の重要絵画で、彦根藩主の井伊家に伝えられたことから、「彦根屏風」と呼ばれています。作者は未詳ですが、技量の高さから狩野派絵師による作品と考えられています。絵の場所は京都の遊里と推定され、三味線を弾く人、盤双六《ばんすごろく》に興じる人、手紙をしたためる人、それを見てくつろぐ人、山水画の屏風などが細密に描かれています。

（彦根城博物館 所蔵
画像提供：彦根城博物館 /DNPartcom）

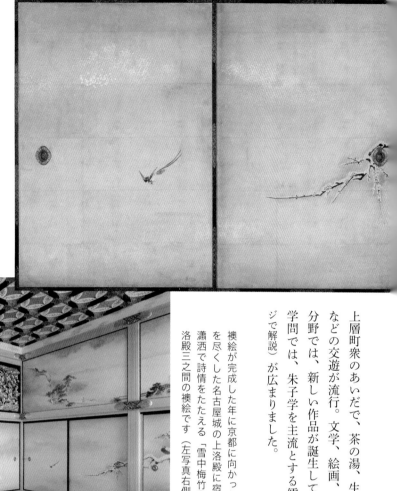

寛永文化
絵画
書

京都で名を上げた絵師の俵屋宗達と芸術家の本阿弥光悦《ほんあみこうえつ》

上の風神と雷神を描いた絵師は、俵屋宗達です。生没年は不明ですが、出身は京都の上層町衆で、扇絵などの作画工房を主宰し、「俵屋」という屋号で絵屋（あるいは扇屋）を営んでいたと推定されています。

宗達は、書、陶芸、漆芸《しつげい》などに秀でた芸術家の本阿弥光悦と親交が深く、左の作品のような合作も行いました。京都の上層町衆の子として生まれた光悦は、１６１５（元和元）年に一族や職人を集めて芸術村を開き、敏腕アート・プロデューサーとしても活躍しました。

宗達は絵師としての評価を高めて屏風絵や襖絵のような大作も手掛けるようになり、名を揚げていきました。宗達の絵には、遊び心や明朗なおおらかさが感じられます。

（京都国立博物館 所蔵）

鶴図下絵和歌巻《つるずしたえわかかん》　宗達 画　光悦 書

驚異の快作！

風神雷神図屏風　俵屋宗達

宗達のおおらかさが全開。屈託のない笑みをたたえた風神と雷神を、躍動感あふれる大胆なタッチで描いています。金箔の上に漂う雲は、絵の具をたらしてにじませる「たらしこみ」の技法を用いて描写。この妙技は、宗達の考案とされています。

（建仁寺 所蔵）

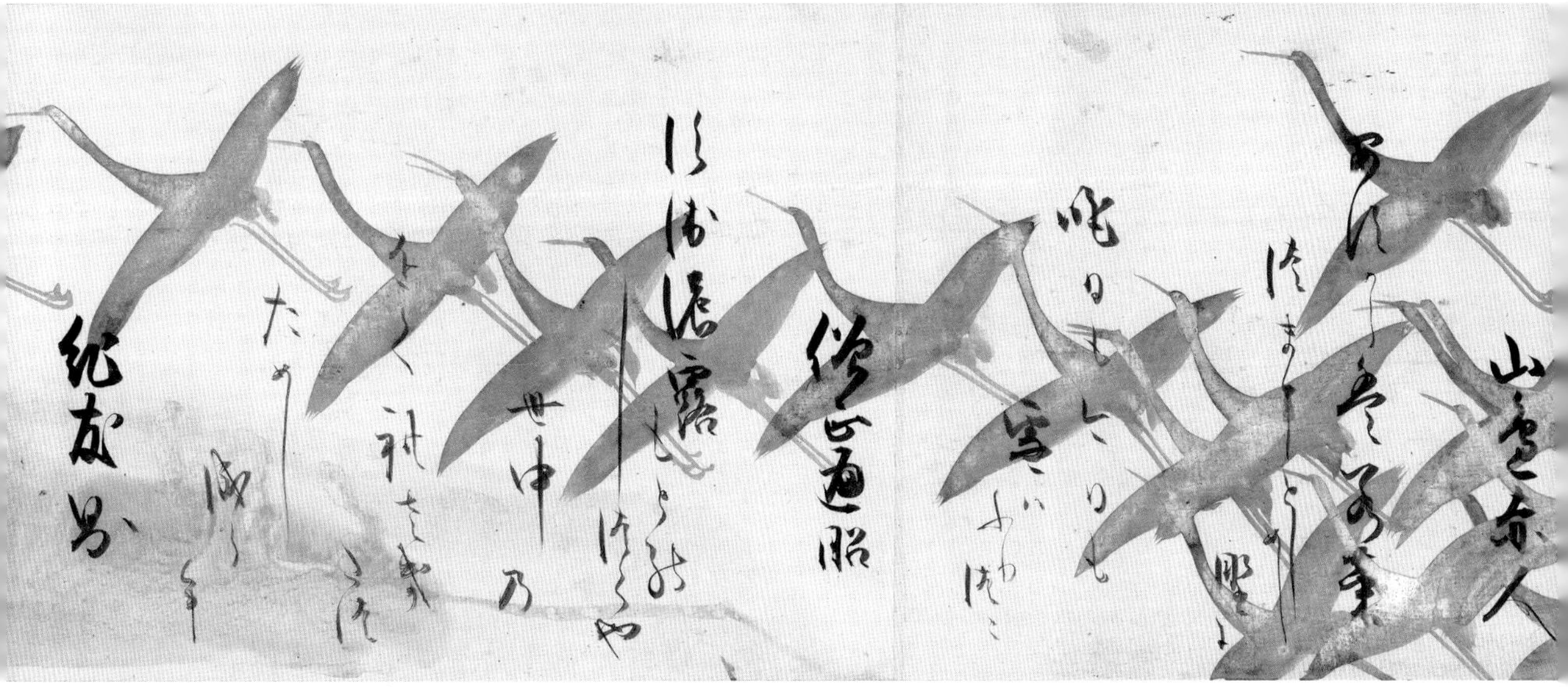

宗達は下絵を担当。金銀泥《きんぎんでい》（泥状にした金、銀）を用いて、13m 以上にわたり鶴の群れが飛び立ってから舞い降りるまでを、まるでアニメーションのように描いています。「寛永の三筆」のひとりといわれる光悦は書を担当。下絵の上にさらさらと和歌を書き入れています。宗達の下絵と光悦の書が絶妙に響き合う、爽快感に満ちた合作です。

襖絵　松図（12面中の4面）

養源院（京都府）で実物を間近で観てほしい！

俵屋宗達の障壁画の世界

京都の養源院は、豊臣秀吉の側室淀殿が創建しましたが焼失。淀殿の妹で、二代将軍徳川秀忠夫人のお江《ごう》（崇源院《すうげんいん》）が再建に動き、俵屋宗達は障壁画の依頼を受けます。当時の宗達は町の絵師。この人選は大抜擢だったといえます。宗達は、ひるむことなく大胆でエネルギッシュな襖絵や杉戸絵《すぎどえ》を完成させました。１６２１（元和７）年に再建がかなった養源院の本堂は、およそ４００年の時を経た今も現存していて、そのなかで宗達作品の実物が一般公開されています。本堂での絵画鑑賞は、美術館での鑑賞とは異なる格別な味わいと感動があります。

杉戸絵　唐獅子図（西面２点）

杉戸絵　白象図《はくぞうず》

寛永文化
仮名草子
儒学

書物は木版による量産の時代に突入 仮名文字を用いた「仮名草子」が流行

安土桃山時代に活字印刷が日本に伝わり、江戸時代の寛永期（１６２４〜４４年）にかけて「古活字版」と呼ばれる活字印刷本がつくられました。しかし、上層階級の限定本を制作する程度で衰退。江戸時代は、木の板を彫って摺る木版印刷本（版本）が基本となりました。

木版印刷が発達していくと、室町時代から江戸時代初期までつくられていた「御伽草子」という短編物語の本に続いて、仮名文字を用いた「仮名草子」が次々刊行されるようになります。

ジャンルは、小説、実用書、地誌などで、多くは知識人が書いた教訓色の強い本でした。仮名草子の出版は、井原西鶴の町人文学『好色一代男』（１６８２年刊。34ページで解説）にはじまる「浮世草子」まで続きました。

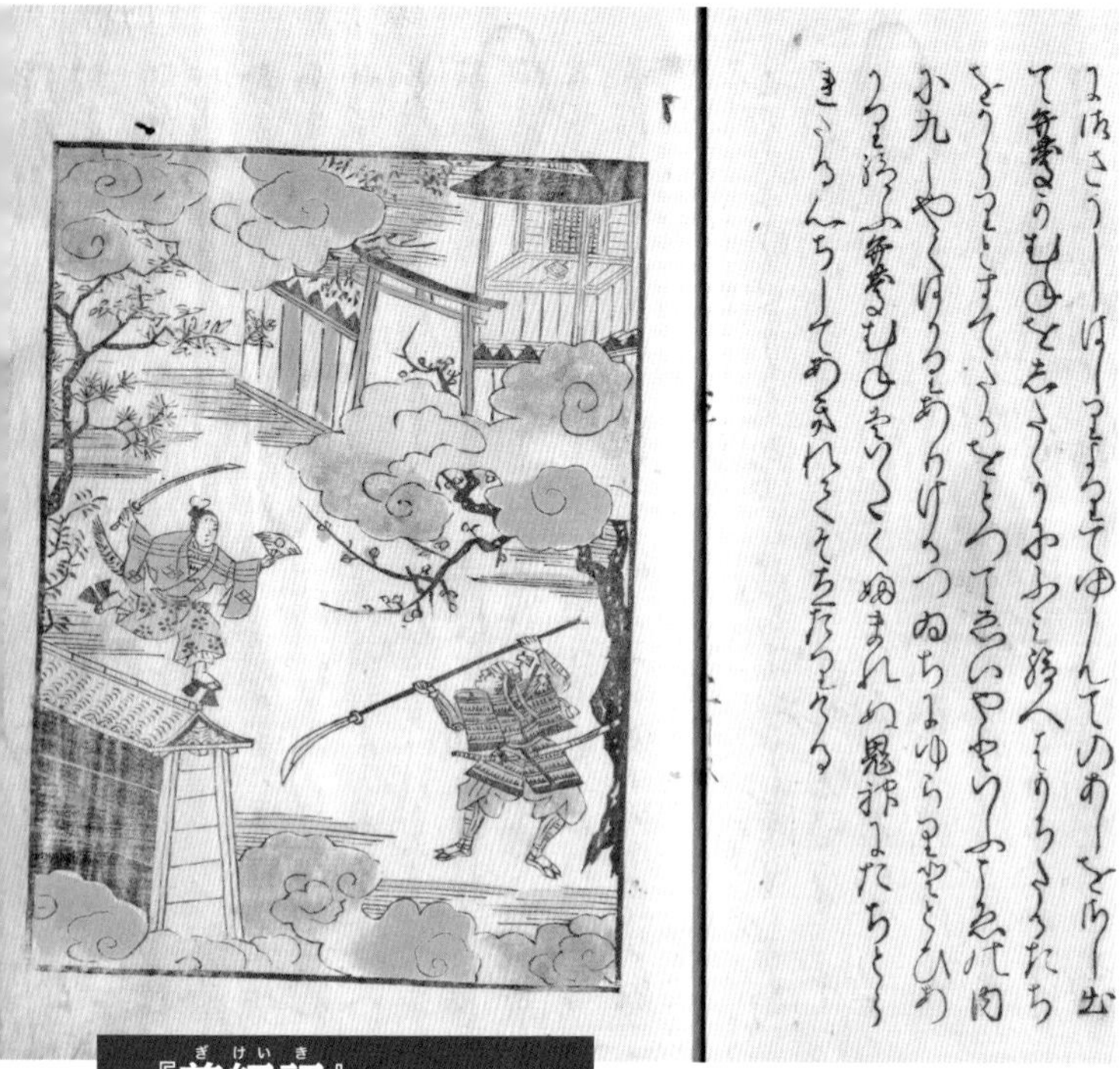

『義経記《ぎけいき》』（古活字版）

『義経記』は、室町時代前期につくられた源義経の軍記物語です。能、浄瑠璃、歌舞伎にもなり、江戸時代には多種類の版本が制作されました。この本は江戸時代初期の古活字版で、元和・寛永期（1615 〜 44 年）頃に刊行。最初の挿絵入りとされています。絵には 1 枚ずつ筆で色をつける手彩色がほどこされています。

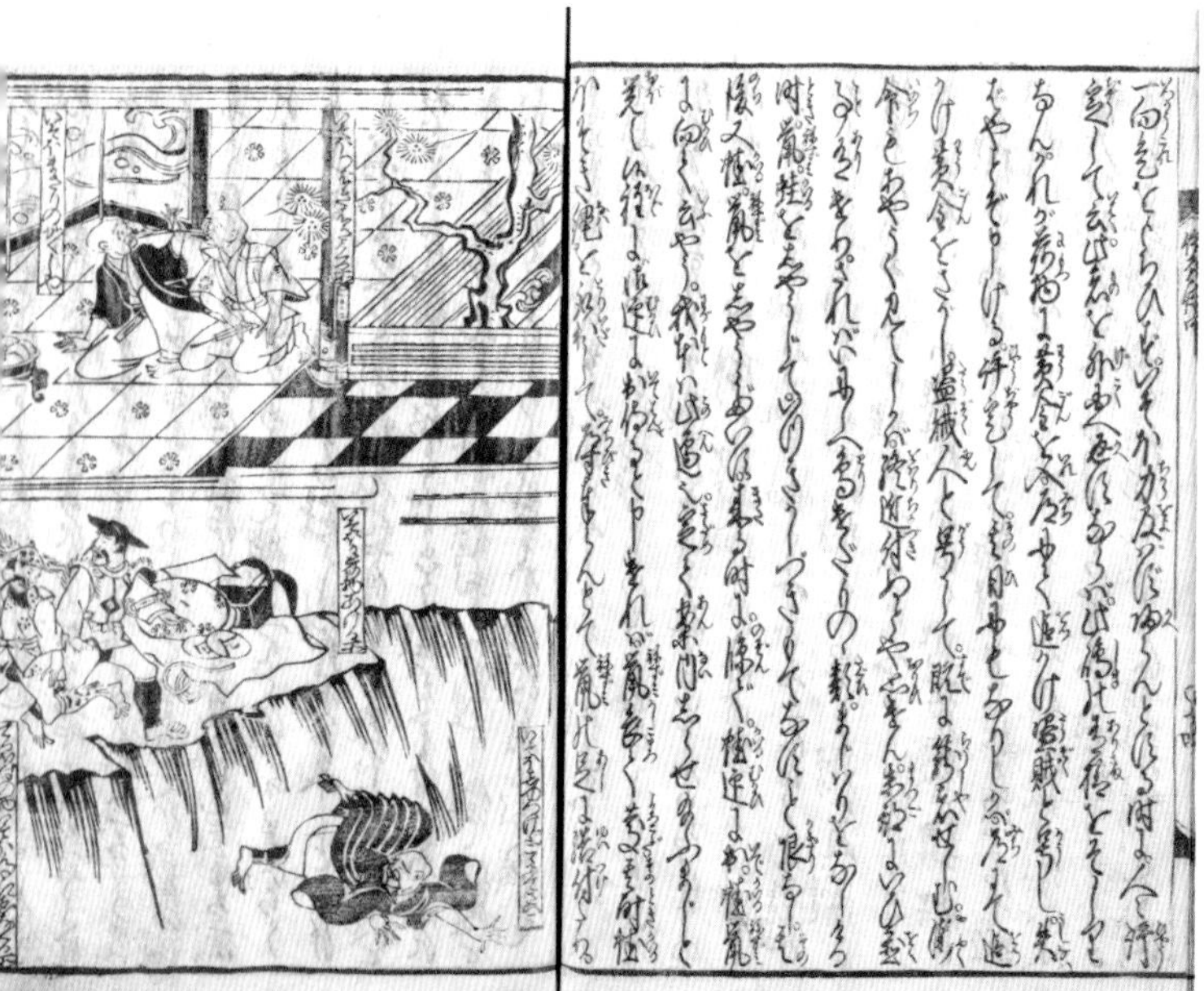

『伊曾保《いそほ》物語』

『イソップ物語』を翻訳した仮名草子です。慶長・元和期（1596 〜 1624 年）頃に古活字版が制作されていますが、この本は、1659（万治 2）年に刊行された絵入り版本です。

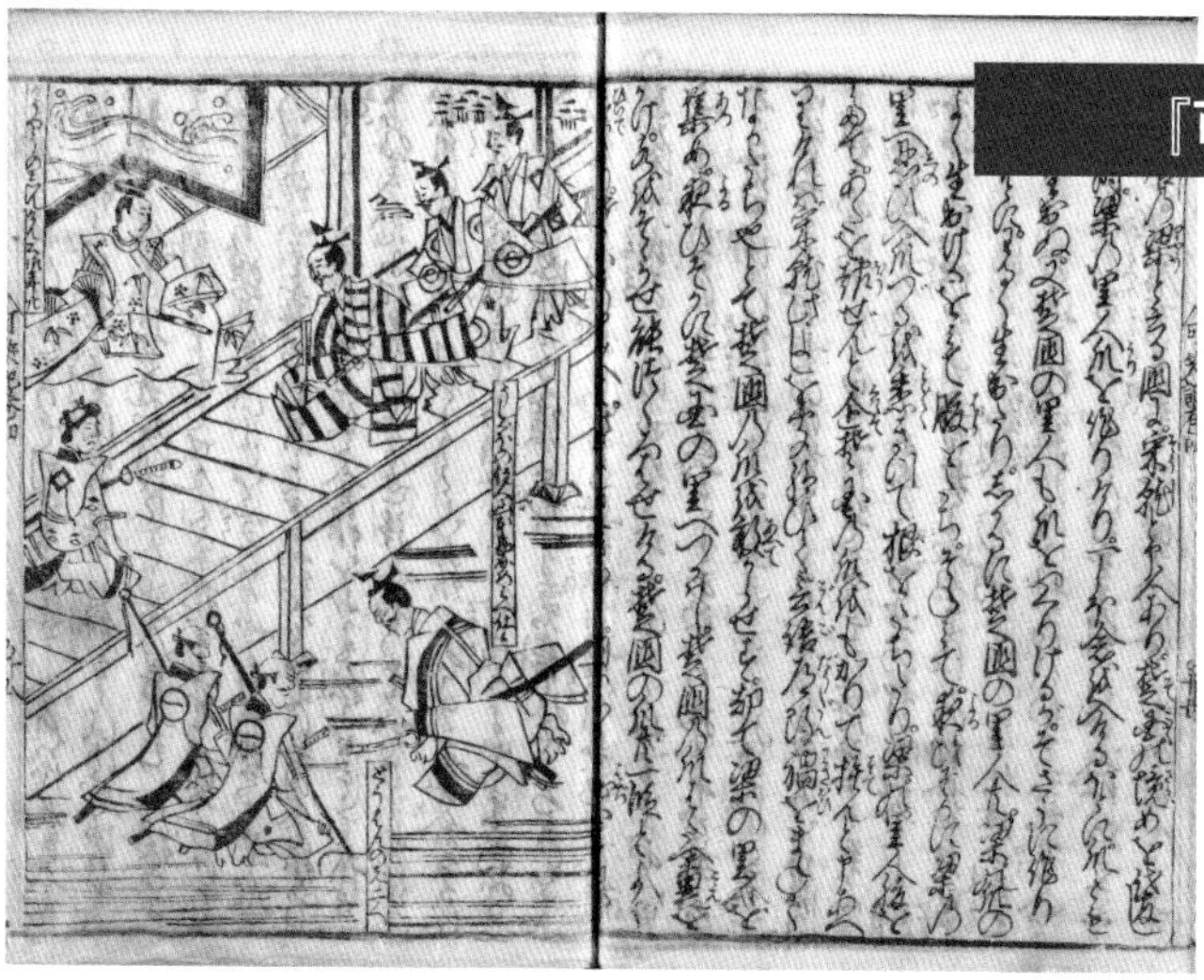

『可笑記《かしょうき》』

随筆風に社会批判を展開した仮名草子です。著者の如《にょ》儡子《らいし》（斎藤親盛《ちかもり》）は東北地方の武士でしたが、浪人となり江戸に出て、医者をしながら著作に取り組みました。初版の刊行は1636（寛永13）年とされていますが、この本は1659（万治2）年に再刊された絵入り版本です。

『二人比丘尼《ににんびくに》』

戦乱で夫を亡くした若い妻は、世の無常を悟り尼となり……。仏教の教えを織り込んだ鈴木正三《しょうさん》著の仮名草子です。初版の刊行は1632（寛永9）年頃で、1663（寛文3）年あたりまで再刊本も出ました。

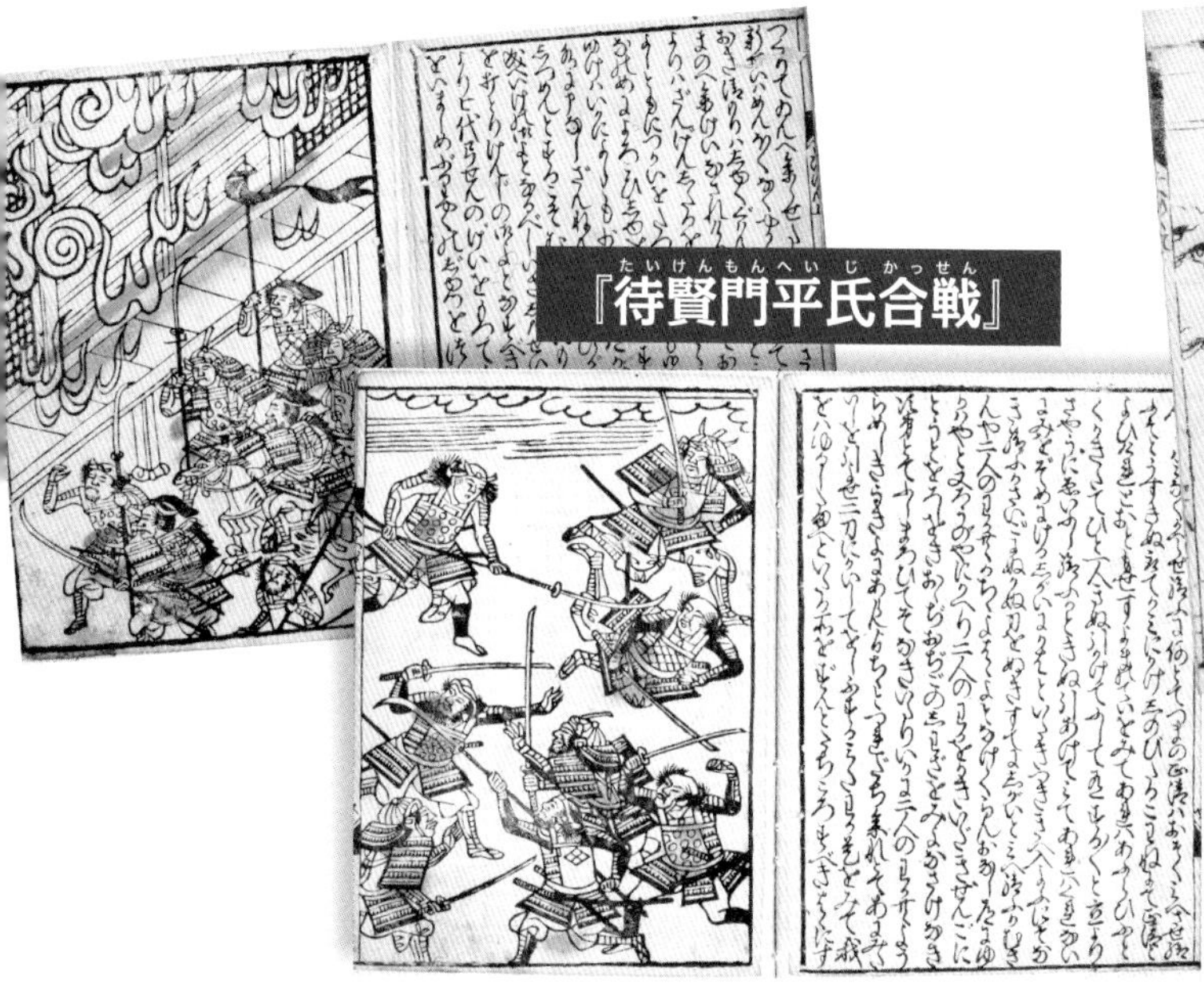

『待賢門平氏合戦《たいけんもんへいじかっせん》』

← 1643（寛永20）年刊行の絵入り古浄瑠璃（60ページで解説）本。朱色と緑色だけの手彩色が絵を引き締めています。文面からは、1159（平治元）年の平治の乱で激戦となった「待賢門の戦い」の熱い語りが伝わってきます。

儒学と林羅山

林羅山

「儒学」とは、中国の孔子（紀元前551〜前479）が唱えた思想を基礎とした学問で、弟子たちにより深められて広まりました。孔子は、「道徳的修養を完遂した徳のある人が政治を行うべきだ」などの教えを推進していました。

江戸時代になると、幕府は儒学の教えを支配理念の柱とします。

林羅山は、1583（天正11）年に京都に生まれ、儒学の書を読み漁り、新儒学といえる朱子学に傾倒。23歳の若さで徳川家康に登用され、儒学や歴史学を講じました。

その後羅山は四代将軍まで仕え、儀式や法の制定にも関わり、重要文書の草稿も手がけました。

江戸時代前期の園芸ブームと本草学

園　芸　植物を育てること。商業用と趣味の園芸に大別される

本草学《ほんぞうがく》　薬物学、博物学の見地から動植物や鉱物を研究すること

江戸時代は園芸が盛んになり、植物研究が目覚ましく進んだ時代です。大名たちは競うように大規模庭園（大名庭園）をつくり、研究に励み、財源になり得る植物栽培にも力を入れていました。庶民も実益としての植物、趣味としての植物への関心を高めます。園芸熱のピークは、元禄期と化政期の２度訪れています。植物は資源としての価値が期待され、本草学者たちの研究には拍車がかかりました。成果は本にまとめられ、すぐれた園芸書、本草書、植物図鑑などが次々出版されました。

大評判となった染井の植木屋

「染井」は当時の地名で、現在は東京都豊島区の駒込あたりになります。この地には江戸時代に植木屋が多くあり、多種類の園芸植物を栽培していました。大きい植木屋は栽培地を公開。庭園として楽しんでもらいながら新作の品種や鉢などを見てもらうという粋な商法を展開して、販売、営業の拠点にしました。この絵は、江戸で一番といわれた植木屋・伊藤伊兵衛の栽培地を描いています。

（『繪本江戸櫻』の一部。東京都立中央図書館特別文庫室 所蔵）

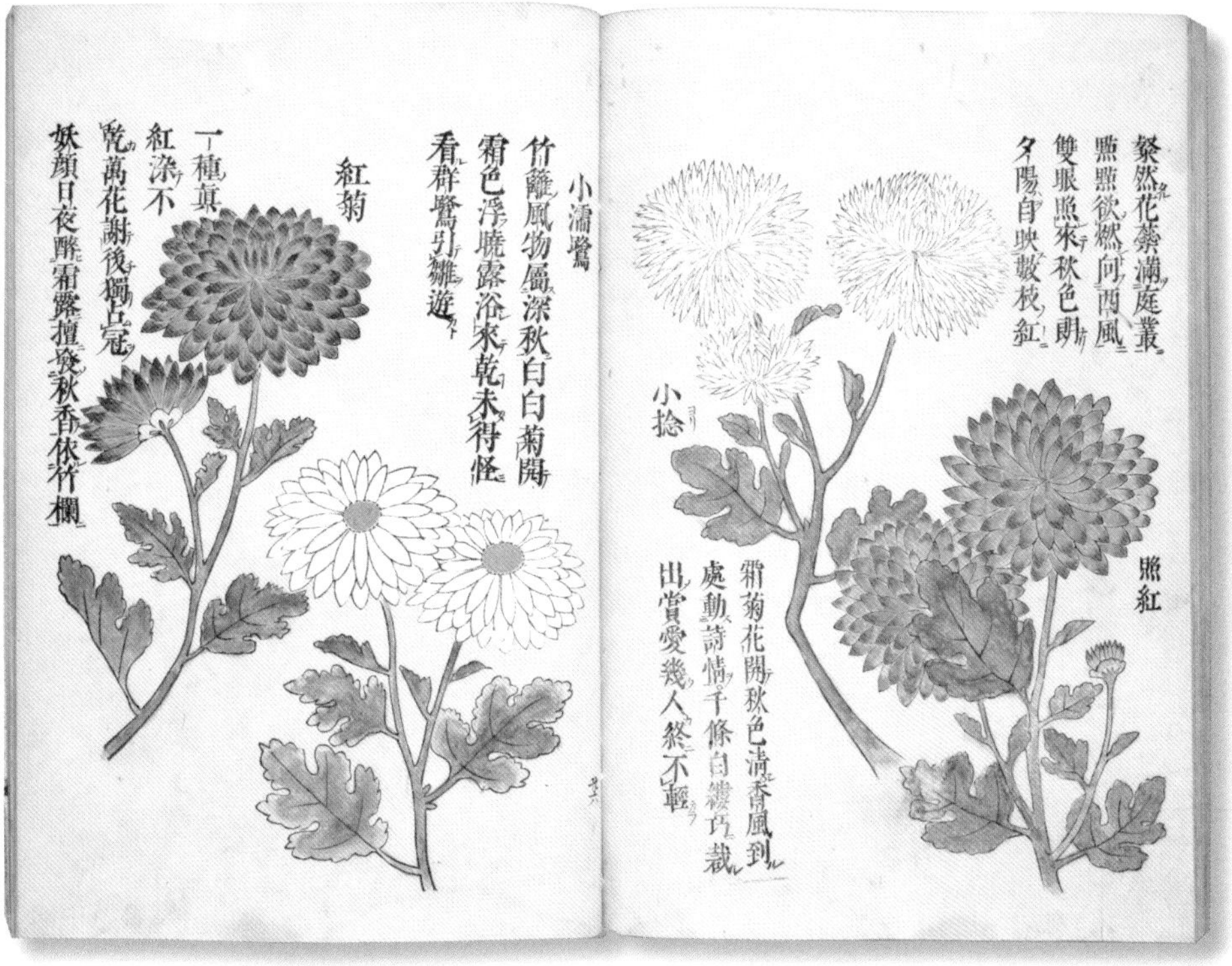

『画菊《がきく》』

日本で初めて制作されたキクの図譜で、1691（元禄4）年刊。紹介されたキクは100種。この本は上質の紙を用い、繊細で美しい彩色がほどこされた特製本です。絵の横に漢詩が添えられています。

『大和本草《やまとほんぞう》』を著した 貝原益軒

本草学者で儒学者の貝原益軒が著した『大和本草』（1709年刊）は、江戸時代中期の代表的な本草書です。全16巻、付録2巻、諸品図3巻という労作で、独自の分類法により和洋漢の動物、植物、鉱物1,362種について記述。絵も入れて博物事典風のつくりにしています。

貝原益軒

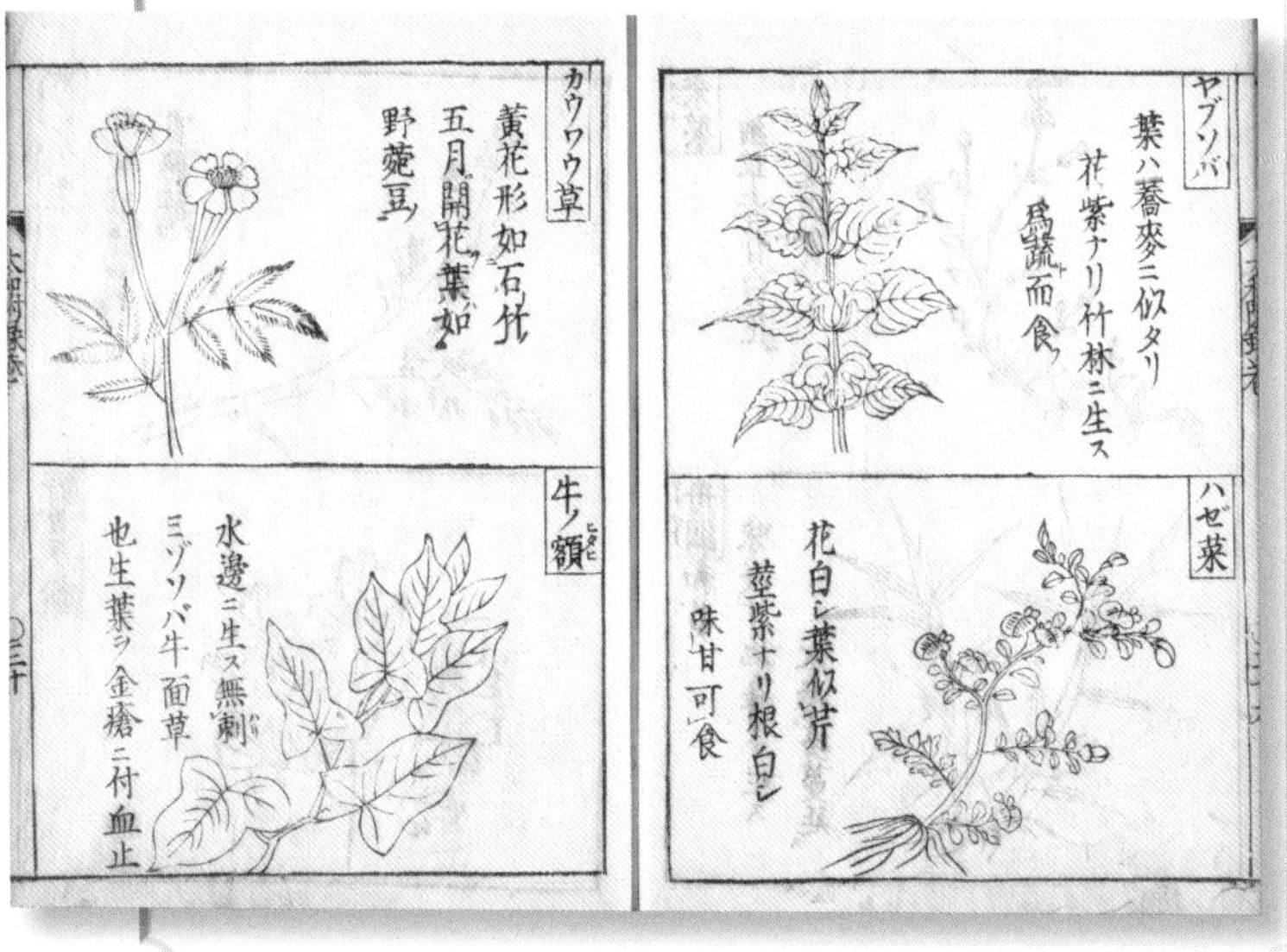

ツツジの品種を多数紹介した三代伊藤伊兵衛の『錦繍枕《きんしゅうまくら》』

1692（元禄5）年に刊行。著者の三代伊藤伊兵衛は、ツツジを約170品種、開花期の遅い品種は「サツキ」として約160品種を掲載しました。変化に富んだ花が多数見られ、それぞれの名前にはこだわりが感じられます。

たつなみ

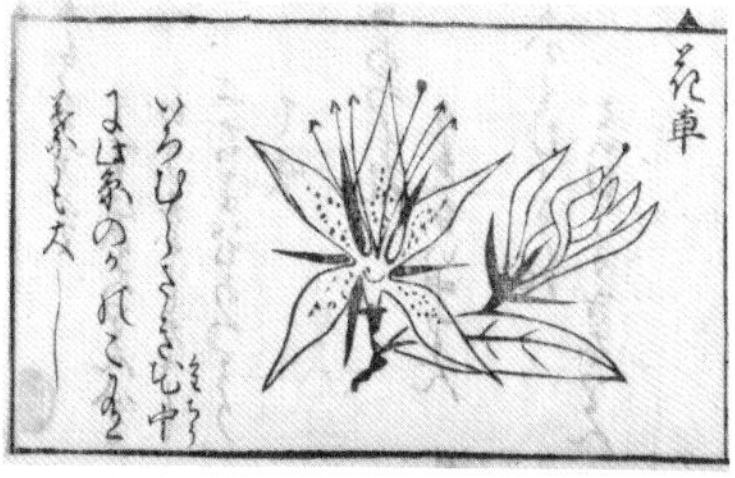

花車

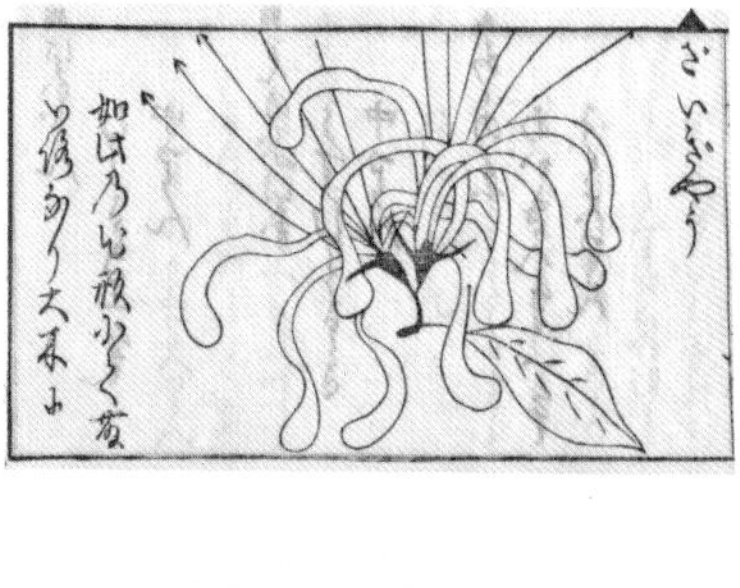

ざいぎやう

1657（明暦3）年の大火災「明暦《めいれき》の大火《たいか》」は江戸の大半を焼き尽くし大惨事に!!

江戸城天守も焼失！

江戸の地に徳川家康が初めて足を踏み入れたのは1590（天正18）年。当時は、湿地帯が広がる田舎でした。それから10年後の1600（慶長5）年、関ヶ原の戦いに家康が勝利して天下を握ると、江戸は過密化が進む大都市へと変貌していきました。

しかし1657（明暦3）年に、その姿をとどめないほど焼き尽くす大火（明暦の大火）が発生しました。当時の惨状を伝える上の絵は、仮名草子作家として秀作を次々生み出していた浅井《あさい》了意《りょうい》が取材をしてまとめた『むさしあぶみ』の挿絵で、大火から4年後の1661（万治4）年に刊行されました。

明暦の大火は、大規模火災の教訓となり、幕府は防火対策を盛り込んだ新たな都市づくりをはじめます。市街地は計画的に拡大され、今の東京の原型ともいえる新しい町並みが形成されていきました。

1年に13か月あった年もある!? 江戸時代に使われていた暦とは？

貞享暦《じょうきょうれき》
1685年（貞享2）
は、日本人（渋川春海《しぶかわはるみ》）がつくった最初の暦法

日本では平安時代の８６１年から江戸時代の１６８４年まで、８２３年もの長期にわたり、中国でつくられた宣明暦《せんみょうれき》という太陰太陽暦を使用していました。

しかしこの古い暦は、日食などの天体現象との差が開き過ぎたことから、暦学を学んだ渋川春海は中国の授時暦《じゅじれき》を研究して、日本の地に合った暦をつくりあげました。

日本人の手で初めて生み出されたこの暦法は正式に採用されて、１６８５（貞享２）年から貞享暦として施行され、その後も補正等により、１７５５（宝暦５）年、１７９８（寛政10）、１８４４（天保15）年に改暦が行われました。

現在の暦は、１８７３（明治６）年から施行された太陽暦（グレゴリオ暦）で「新暦」とも呼ばれます。これに対し、改暦前の太陰太陽暦は「旧暦」と呼ばれます。

旧暦は新暦の日付とおよそ１か月ものずれが生じますが、年中行事や祭りなどでは今も使われています。

11月が2回あった1813（文化10）年の暦

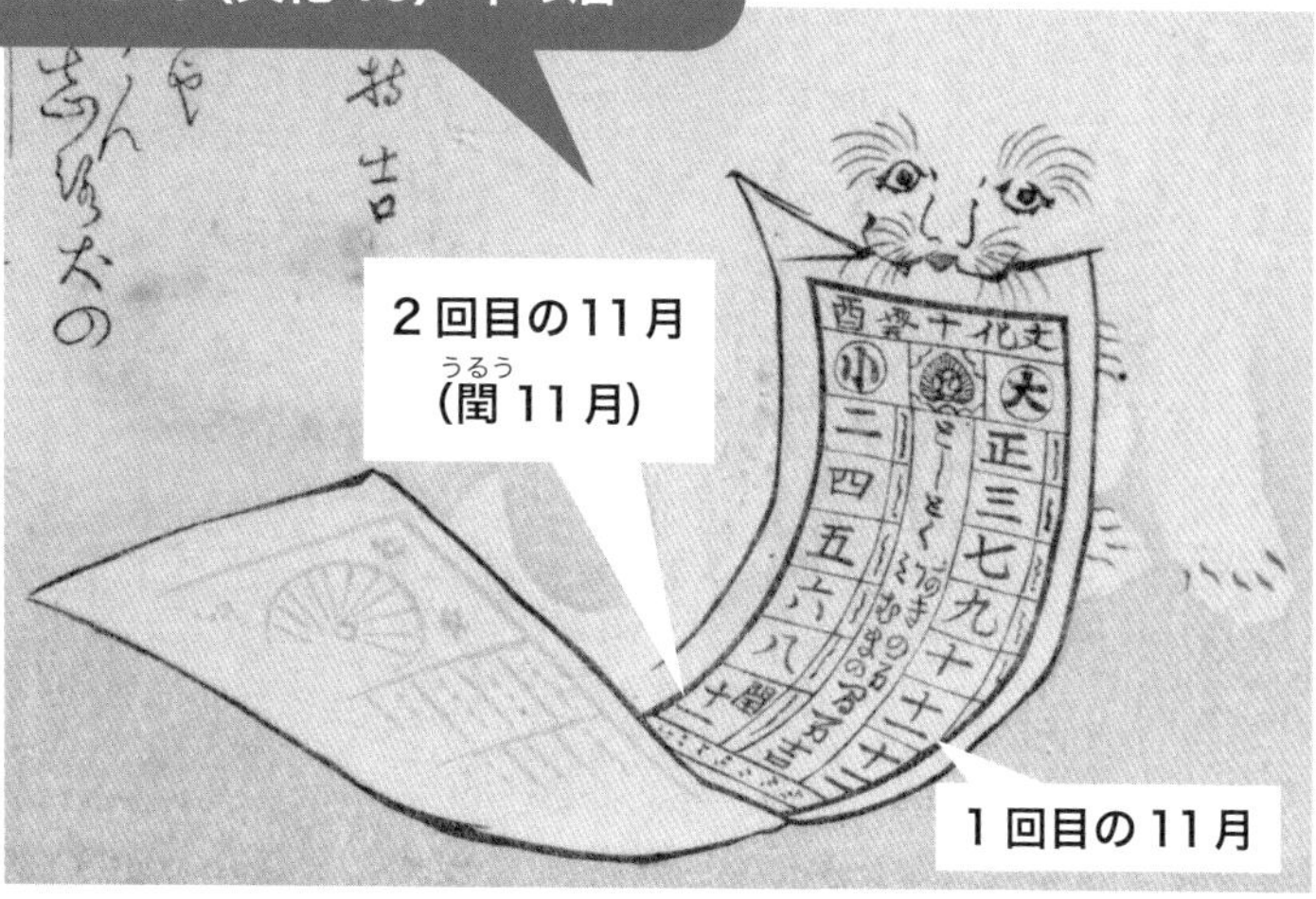

江戸時代に使われていた太陰太陽暦は、1か月を30日とする「大の月」と、29日とする「小の月」がありました。また、季節のずれを調整するため、およそ3年ごとに同じ月が2度続く「閏月《うるうづき》」を設けて、1年を13か月としました。右の絵は当時摺られた絵暦で、大小の月と閏月（この年は11月）が示されています。

葛飾北斎が描いた浅草天文台

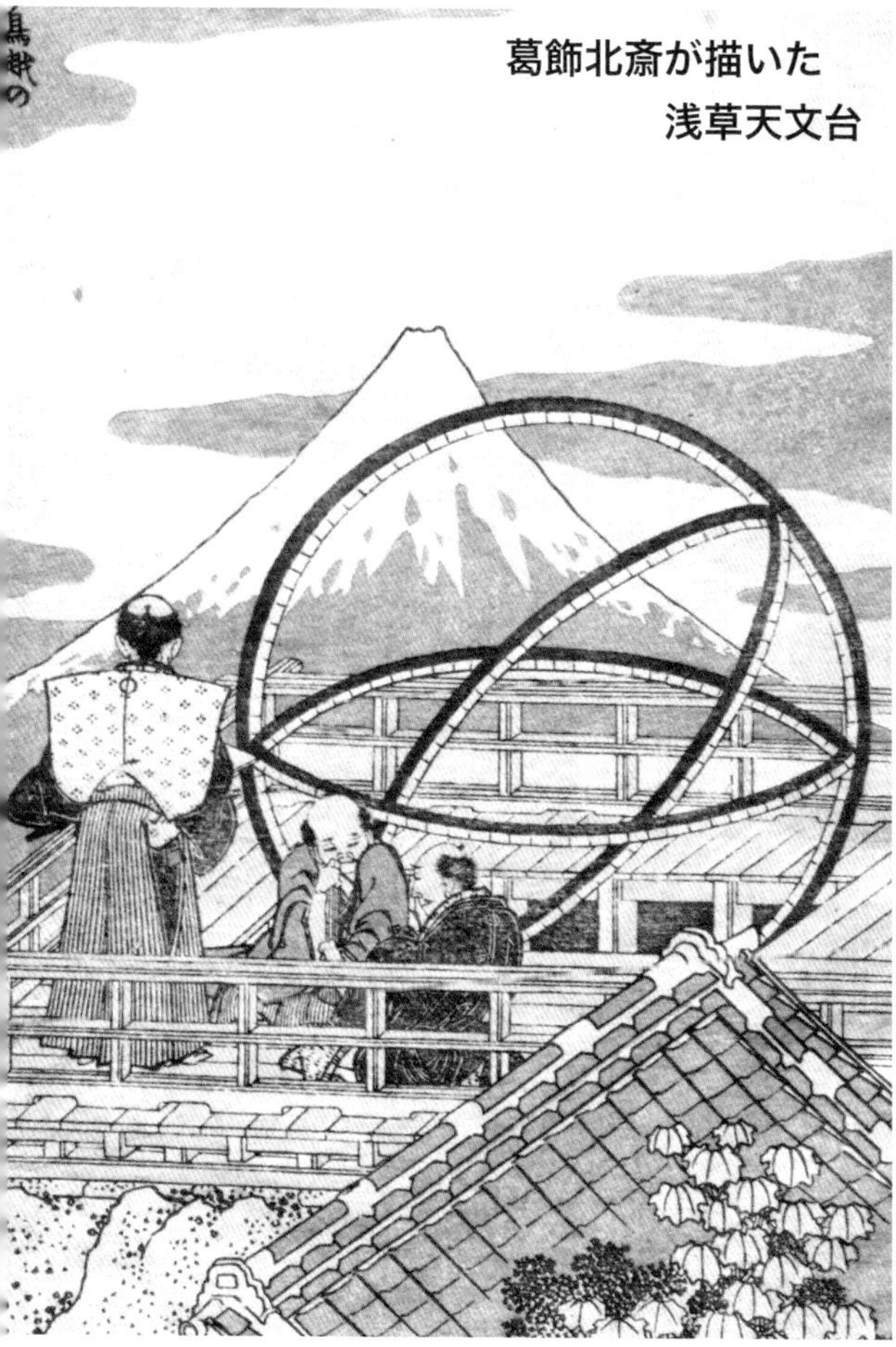

渋川春海は日本初となる暦法（貞享暦）を考案した功績により、幕府から初代の天文方に任命されました。以後は、天文方を中心に暦が編纂されていきます。天体観測が行える天文台も築かれましたが、あちこちに移転。ここに描かれた浅草天文台は、1782（天明2）年から幕府が崩壊するまで使われました。

学問好きの五代将軍徳川綱吉の時代となり 上方を中心に元禄文化が開花

1651（慶安4）年に三代将軍徳川家光が没すると、家光の長男家綱が四代将軍になりました。引き続き幕府は、幕藩体制の安定をはかります。経済は、この頃から目覚ましく発展していきました。

1680（延宝8）年に家綱が没すると、家綱の弟である綱吉が五代将軍に就任。学問好きの綱吉は、湯島に聖堂を建てて儒学を奨励しました。綱吉は、生き物を極端に愛護する「生類憐みの令」を出したことでもよく知られています。綱吉の治世は30年と長きにわたり、亡くなる1709（宝永6）年まで続きました。

この綱吉の時代に、上方（京都・大坂）で富を得た上層町人や武士のあいだで多彩な文化が開花しました。上方を中心としたこの文化は、元禄（1688～1704年）の頃に絶頂期を迎えたことから「元禄文化」と呼ばれています。

ただし当時の経済は、すべてが順風満帆とはいきませんでした。政治が安定し、経済が上向いていたとみられる一方で、鉱山の金銀産出量は減少していました。幕府では、権威を示す寺社を次々造営していて、「明暦《めいれき》の大火《たいか》」後の江

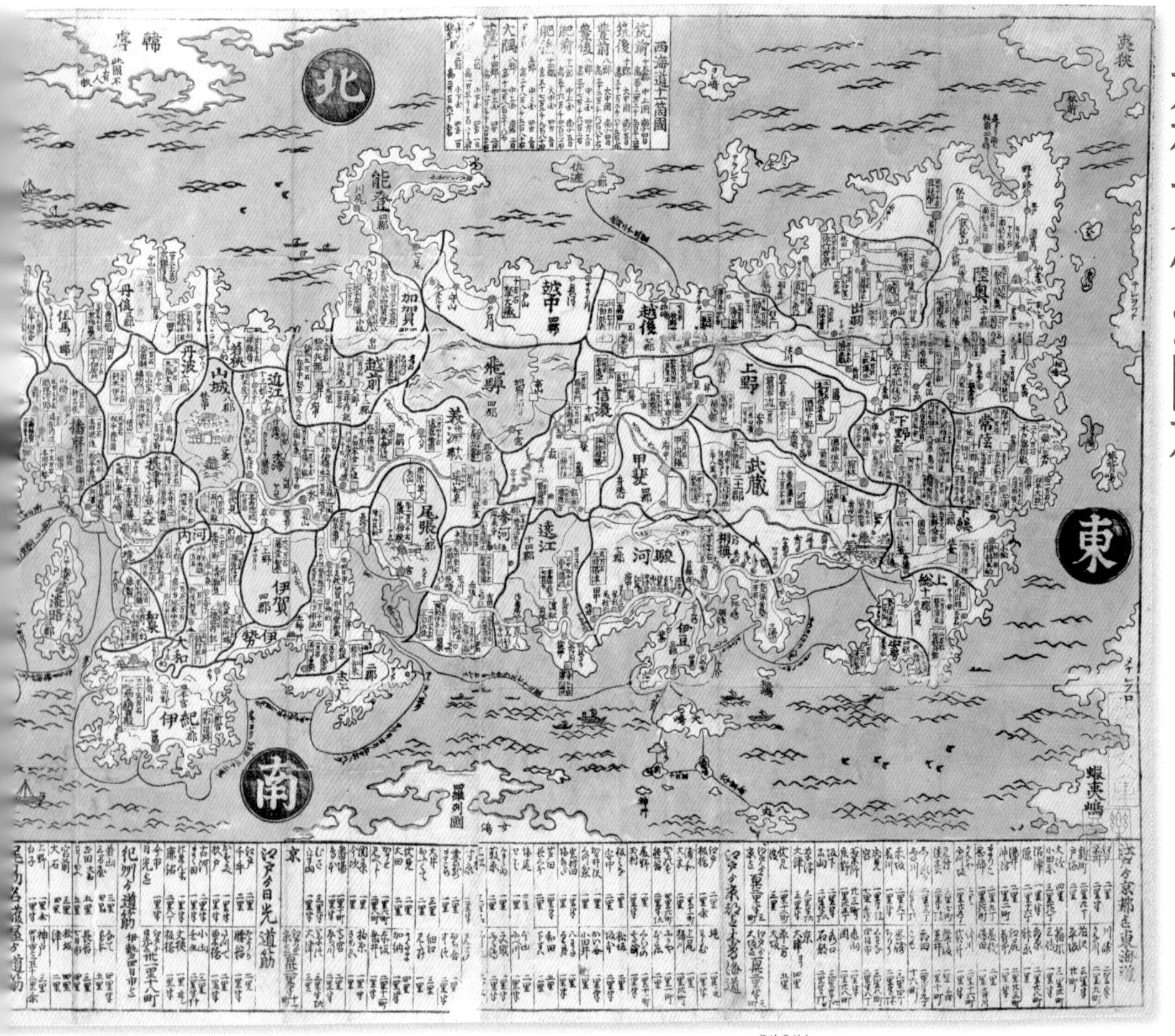

1702（元禄15）年に出版された「元禄日本国図」で、浮世絵師の石川流宣《りゅうせん》（「とものぶ」とも読む）が描きました。正確性には乏しく、誇張して絵画的に描写していますが、当時の最新情報が見やすく整理されていて興味深い地図となっています。カラー地図ですが、まだこの時代には色《いろ》板《いた》による色摺りはなく、1枚ずつ筆で色を付ける手彩色を行っていました。

戸の復興費もかさみ、財政は悪化していったのです。幕府勘定方の荻原重秀は、打開策として慶長金銀を質の悪い元禄金銀に改鋳。経済の混乱をまねきました。

小判や小粒金で豆まきをした?!
豪商・紀伊国屋《きのくにや》文左衛門

（国文学研究資料館 所蔵）

元禄の頃、材木商の紀伊国屋文左衛門は幕府の建築も請け負い、一代で巨万の富を築きましたが、その後没落したと伝えられています。1804（文化元）年刊の山東京伝著『近世奇跡考』に掲載されたこの絵は、文左衛門の絶頂期に遊里・吉原で小判や小粒金をばらまく豪遊伝説を描いています。

両替商

「両替屋」ともいわれた、当時の重要な金融機関。手数料を取って金銀銭の両替を行い、為替や預金、貸付、手形等も扱いました。1690（元禄3）年刊『人倫訓蒙図彙《じんりんきんもうずい》』より。

元禄日本国図

元禄文化
絵画
陶芸

すぐれたデザイン感覚を発揮した尾形光琳と乾山《けんざん》

尾形光琳は、1658（万治元）年に京都の裕福な呉服商に生まれました。経済的に恵まれて育った光琳は、父の死後も巨額の遺産を手にして放蕩生活に浸ります。画業専念を目指すのは、お金を使い果たした30代の終わり頃。傑作の多くは40～50代の作品です。光琳は俵屋宗達（20～23ページで紹介）の作風に強くひかれ、空間表現に長けた独自の画風を確立しました。陶芸で名を成した尾形乾山は光琳の弟です。京都の宗達、光琳、乾山、そして江戸時代後期の酒井抱一たちへと受け継がれていった装飾性豊かな芸術流派を「琳派《りんぱ》」と呼びます。

元禄文化の華やかなイメージが広がる光琳の傑作。国宝。中央に大胆な水流、左右には金箔の地に紅梅と白梅を咲かせるという心憎いほどの造形美に圧倒されます。

尾形光琳（兄）

軽妙なタッチの水墨画

竹虎図《たけとらず》

装飾性、空間処理を突き詰めた上の絵は、謎めく緊張感さえ漂いますが、こちらは、軽妙な筆づかいによる、愛嬌たっぷりのトラと竹の描写が秀逸。

（京都国立博物館 所蔵）

（MOA 美術館 所蔵）

水流の構図に魅了される尾形光琳の代表作　紅白梅図《こうはくばいず》屏風

ダイコンの絵付けが楽しい
鉄絵染付大根文茶碗《てつえそめつけだいこんもんちゃわん》

横から見た茶碗

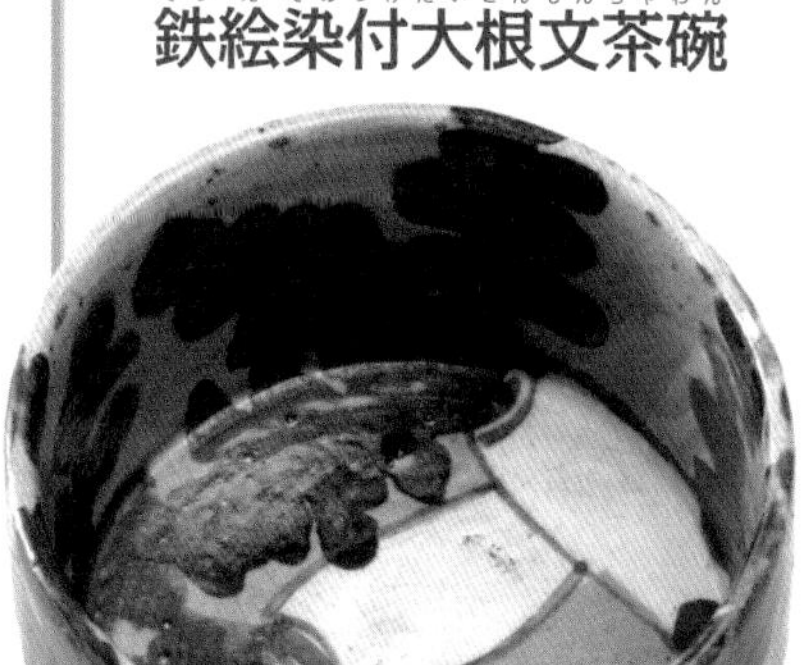

上から見た茶碗

（公益財団法人鍋島報效会 所蔵）

尾形乾山《けんざん》（弟）

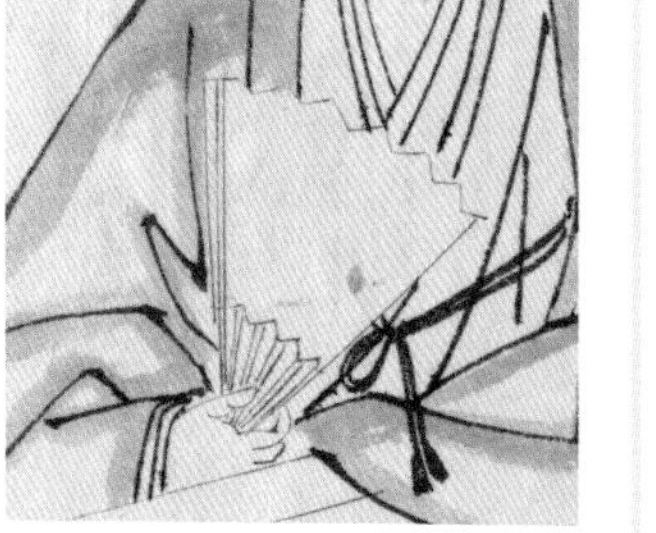

陶芸家で絵の才能も開花させた乾山は、遊び人の兄とは対照的に地道な生活を送りました。乾山の焼き物は、味わい深い形と色彩美に優れ、絵画的な絵付けをほどこした名品を数多く残しました。

井原西鶴が著した「浮世草子」は娯楽色の強い町人文学だった

俳諧師で「浮世草子」の作家となった井原西鶴は、元禄文化を語るうえで重要な人物です。

西鶴は、大坂の裕福な商家に誕生。若くして俳諧を学び、西山宗因の談林派で活躍します。1日のあいだにできるだけ多くの句を詠む「矢《や》数《かず》俳諧」を催し、千句越え、四千句越え達成と、次々記録を打ち立てました。

しかし西鶴は、数の多さで注目を集める俳諧のあり方に限界を感じたのか、1684（貞享元）年に一昼夜二万三千五百句という驚異的な大記録を残すと、矢数俳諧に終止符を打ち、浮世草子作家の道へと創作の主軸を移します。

井原西鶴の像
生國魂《いくくにたま》神社（大阪府）境内

浮世草子は、西鶴が著し1682（天和2）年に刊行された『好色一代男』以降、京都、大坂を中心に流行した町人文学です。知識人が書いていたそれまでの「仮名草子」（教訓色の強い小説や実用書など。24、25ページで解説）とは異なる、現実的で娯楽色の強い文学として上方を中心に人気を博し、その後の作家たちに大きな影響をあたえました。

『好色一代男』 1682（天和2）年刊〔大坂版〕

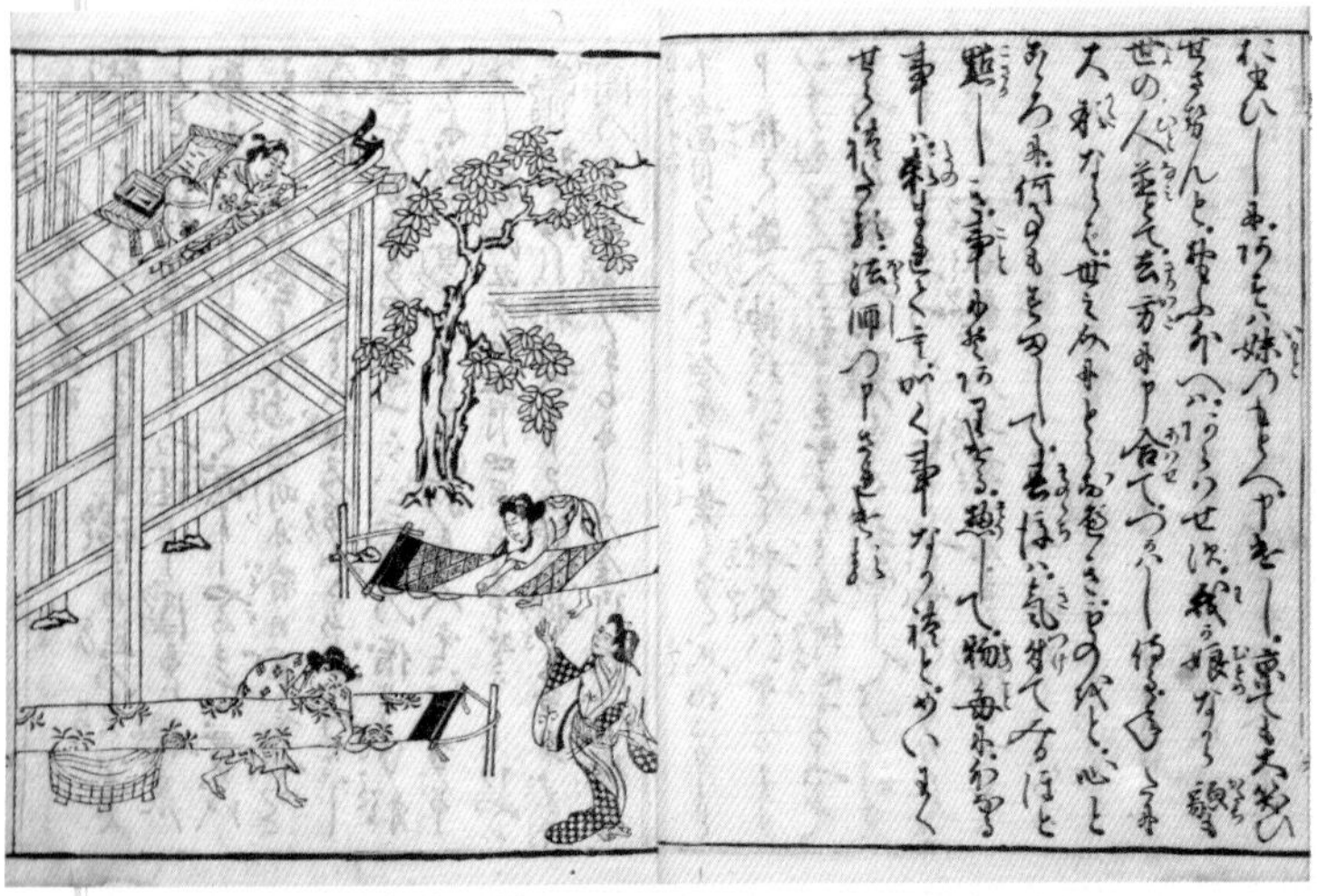

（国文学研究資料館 所蔵）

大坂版の挿絵は西鶴本人が描き、江戸版は、その絵をもとに絵師の菱川師宣（50～53ページで解説）が描きました。

大坂版の挿絵

江戸版の挿絵

西鶴初の小説で、浮世草子の嚆矢となった作品です。主人公の世之介が、7歳から54年間にわたり繰り広げる全8巻の恋物語で、平安時代の『源氏物語』54帖にならい1歳ごとに1章、全54章で構成しています。初版は大坂で出版されました（上の見開きは大坂版）。

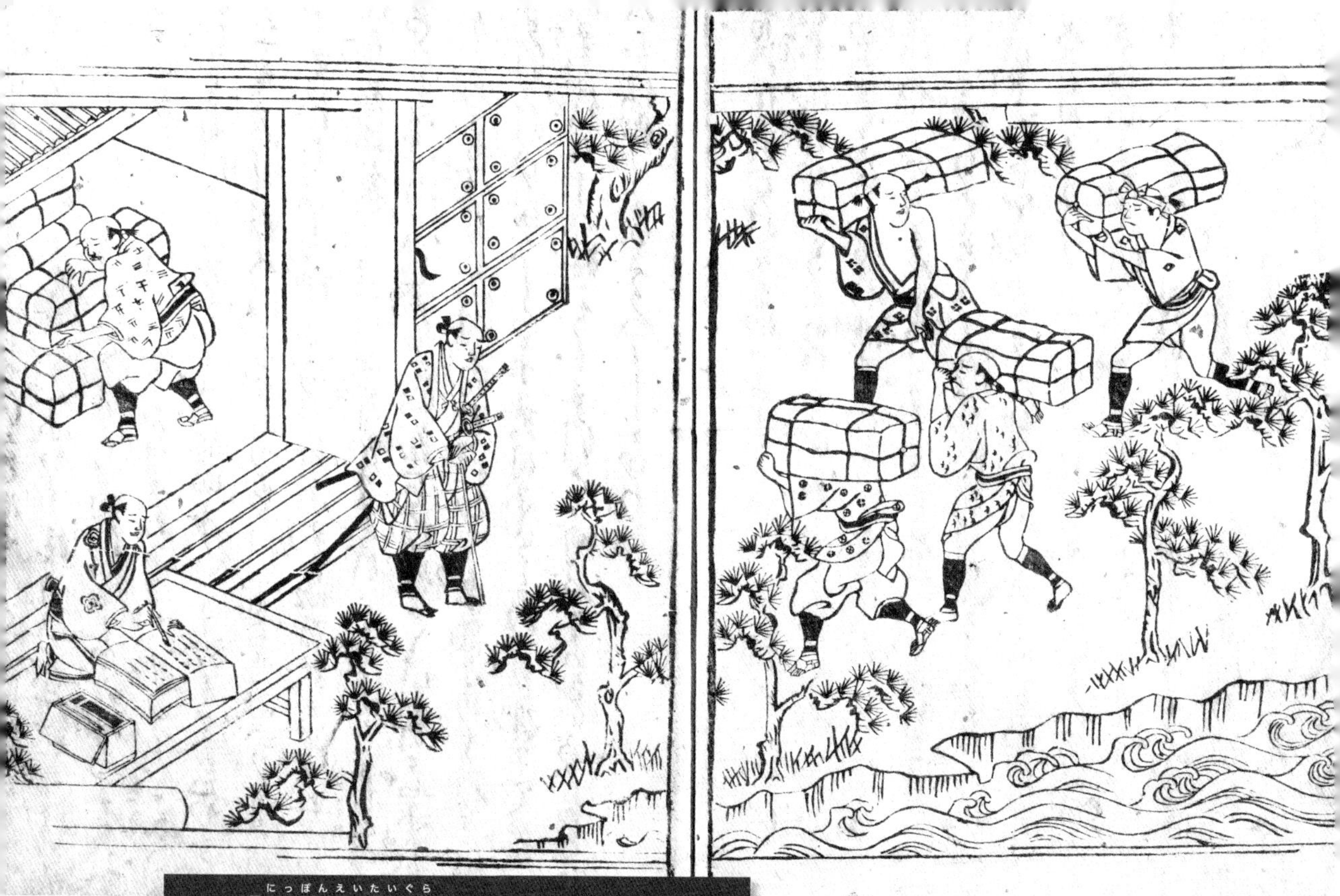

『日本永代蔵《にっぽんえいたいぐら》』 1688（貞享5）年刊

西鶴は、本作で初めて町人物を著しました。全6巻、各巻5章、全30話の短編小説集で、全話、富を得ようと奮闘する町人の姿を生々しく描いています。なかには実在の人物をモデルにした話もあり、虚実を取り混ぜて町人の経済生活を見事に浮かび上がらせています。単なる立身出世の成功談、教訓話にとどめず、人の欲深さ、苦い失敗談もリアルに織り込む物語づくりは高評価を得て、当時の人間模様、社会構造に踏み込んだ西鶴の代表作のひとつとなりました。

『世間胸算用《せけんむねさんよう》 大晦日ハ一日千金』 1692（元禄5）年刊

こちらも町人物の短編集で、全5巻に20話を収録。大晦日は1年の総決算日でした。経済生活におけるこの特別な1日を、町人たちは必死で切り抜けようとします。しかし金銭をめぐるトラブルが次々と発生……。西鶴は「あわれ」と同時に生じる「おかしみ」も描写。切なくも人間味にあふれた傑作です。

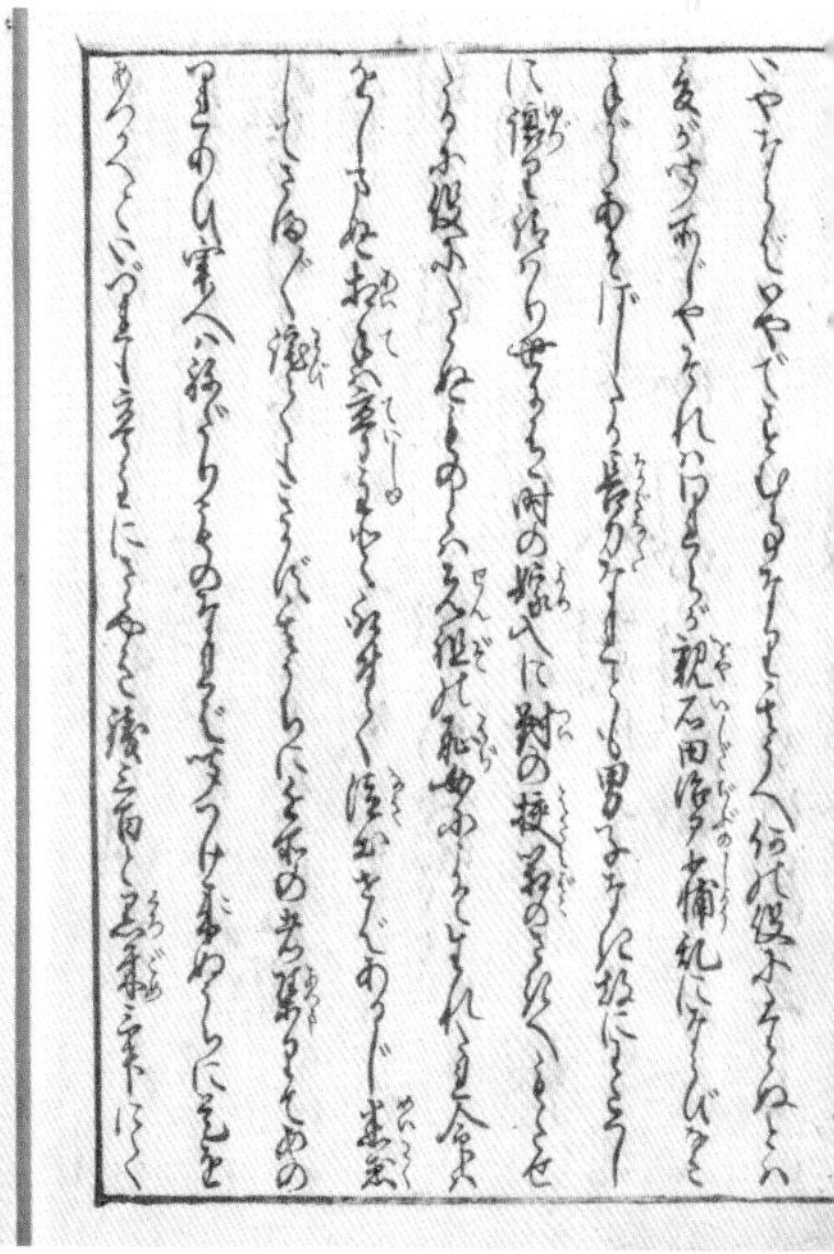

宮崎安貞は『農業全書』を著し関孝和は和算《わさん》で大成

江戸時代にはさまざまな分野の学者が活躍し、研究の成果を、版本や写本にして世に広めました。農学者の宮崎安貞と数学者（和算家）の関孝和も大きな功績を残しています。

宮崎安貞は、１６２３（元和９）年に安芸国《あきのくに》（広島県）広島藩士の家に生まれ、25歳のときに筑前国（福岡県）の福岡藩に仕えました。しかし、その勤めを30歳頃に辞し、浪人となって旅に出ます。

各地で農業を学んだ安貞は、女原《みょうばる》（福岡市西区）に住みつき、自ら農作業をはじめます。開墾、農耕、植林に励み、各地の農家を訪ねては農法や経験談を収集。農業の指導者にもなります。こうした生活を40年続けた安貞は、得てきた知識の集大成といえる体系的農書『農業全書』を著しました。

関孝和は、幕府直属の武士となり、和算家として大成しました。「和算」とは、日本人が独自に研究を進めた数学のことです。経済発展という時代背景もあり、江戸時代の初期から和算好きの集団が各地に誕生。さまざまな流派も生まれ、問題を出し合っては切磋琢磨していました。

和算書

関孝和は数々の難問に取り組み、解答を導き出しました。著作の刊行物はハイレベルな問題の解答などを著した『初微算法《はつびさんぽう》』（1674年刊）のみ。そのほかの自著は、手書きの書を門人たちが筆写した写本により伝えられました。右の和算書は、孝和の没後に出版された『括要算法《かつようさんぽう》』（1712年刊）です。門人が孝和の業績の一部をまとめた版本で、このページでは、円周率の計算について図入りで解説しています。

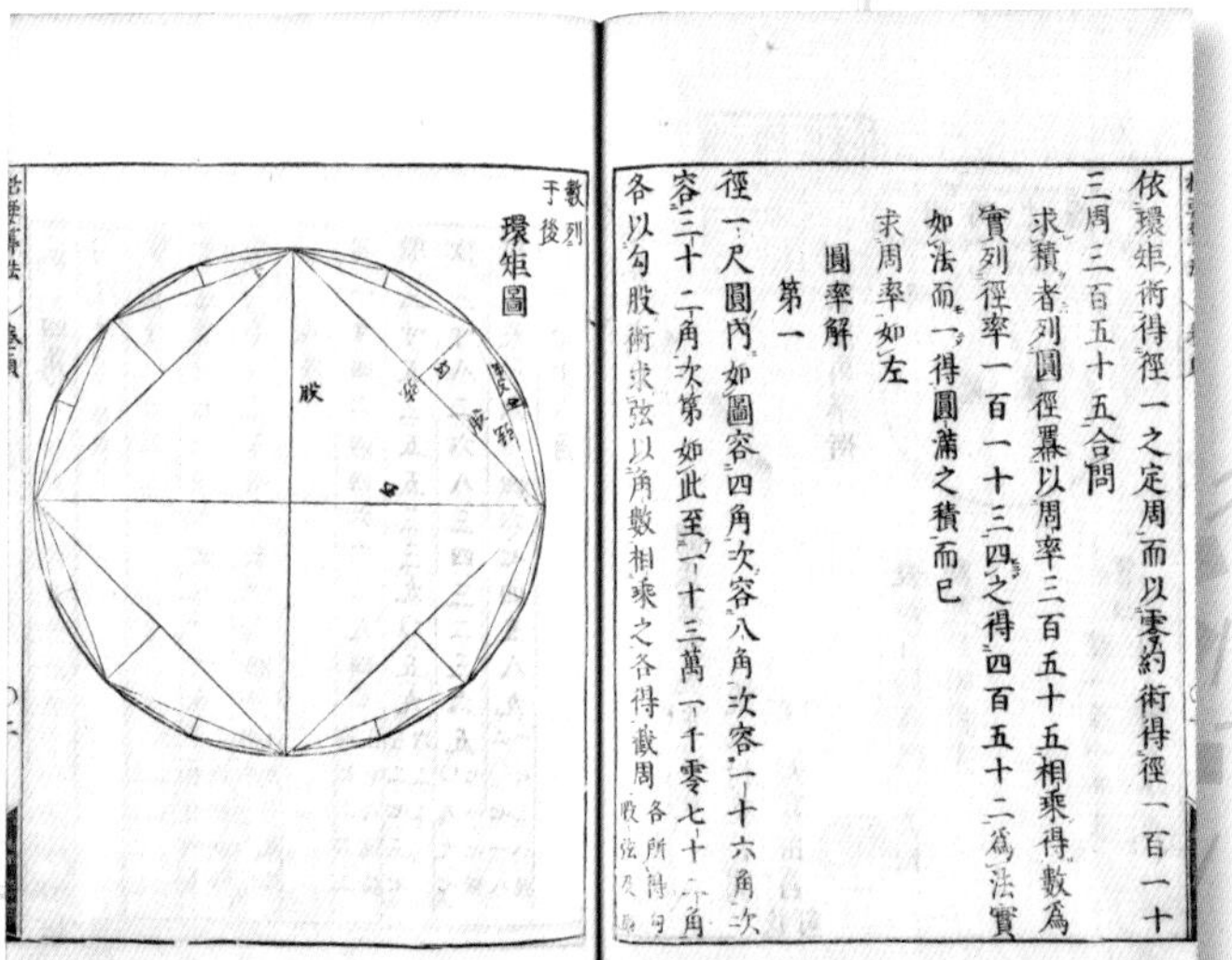
依環矩術得徑一之定周而以零約術得徑一百一十三周三百五十五合問
求積者列圓徑冪以周率三百五十五相乘得數爲實列徑率一百一十三四之得四百五十二爲法實如法而一得圓冪之積而已
求周率如左
圓率解
第一
徑一尺圓內如圖容四角次容八角次容一十六角次容三十二角次第如此至一十三萬一千零七十二角各以勾股術求弦以角數相乘之各得截周

數列于後
環矩圖

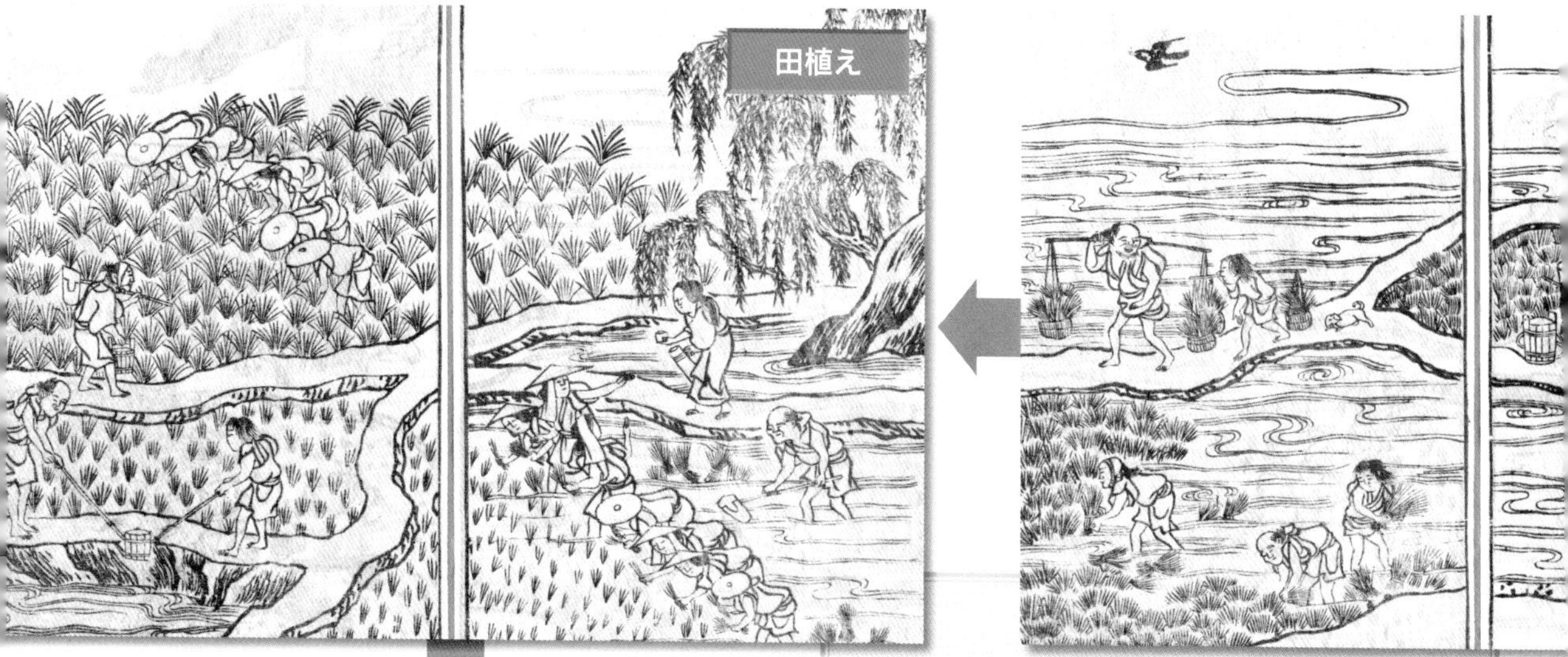

絵も充実!!

『農業全書』

1697（元禄 10）年刊。全 11 巻のうち、1 〜 10 巻を宮崎安貞がまとめ上げ、序文を本草学の大家・貝原益軒（27 ページで解説）が書きました。付録の第 11 巻は、益軒の兄・楽軒が著述。内容は多彩で、農事総論にはじまり、米、豆などの五穀、菜《さい》、果樹や薬種に至るまで詳細に解説しています。（掲載した稲作の絵は、1815 年刊の再版より）

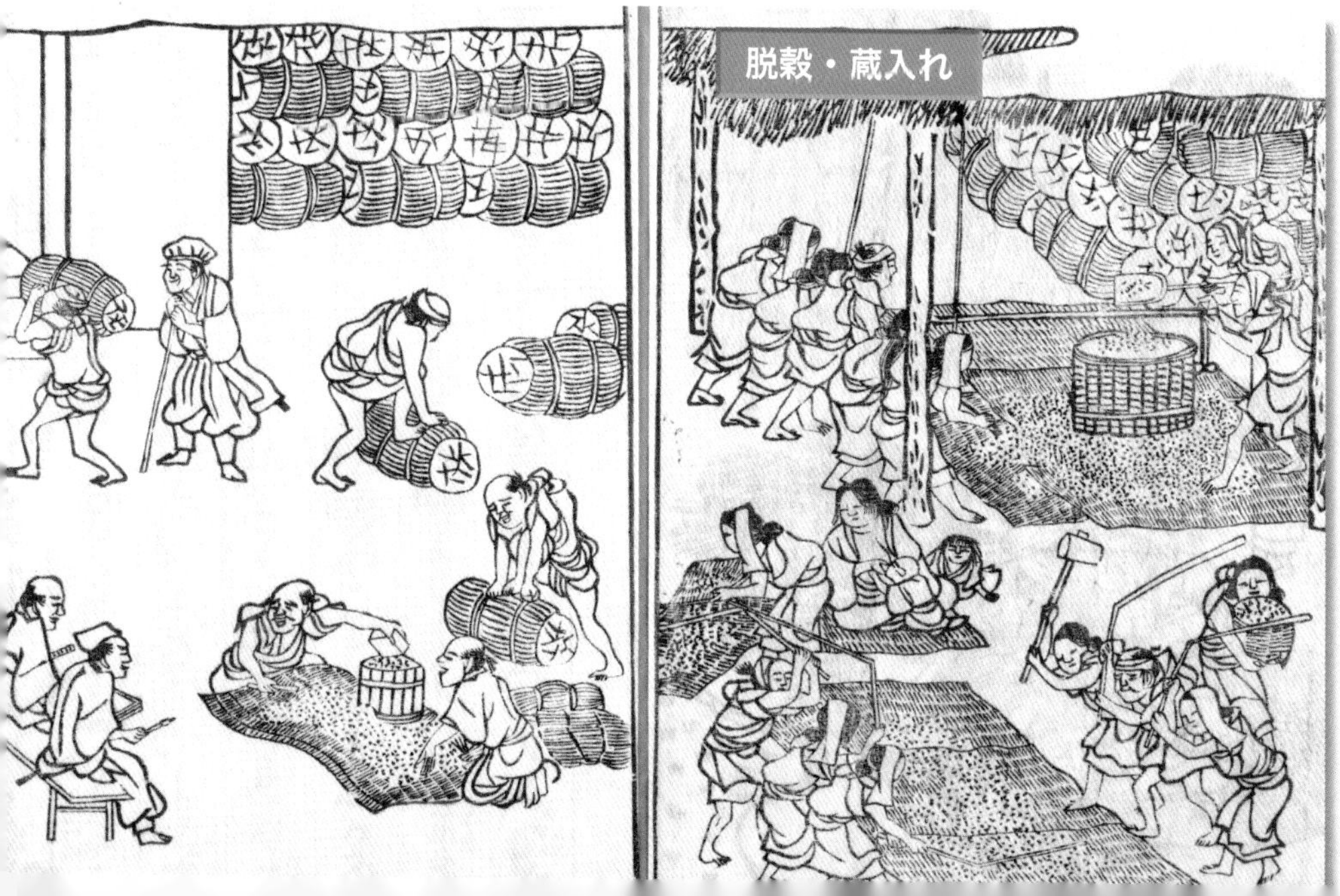

孝和も独自に和算を研究。高度な数式を次々生み出します。研究は高く評価され、「関流」として多くの門人をかかえ、優秀な後継者をたくさん輩出。全国にその名を知られる最大流派となりました。

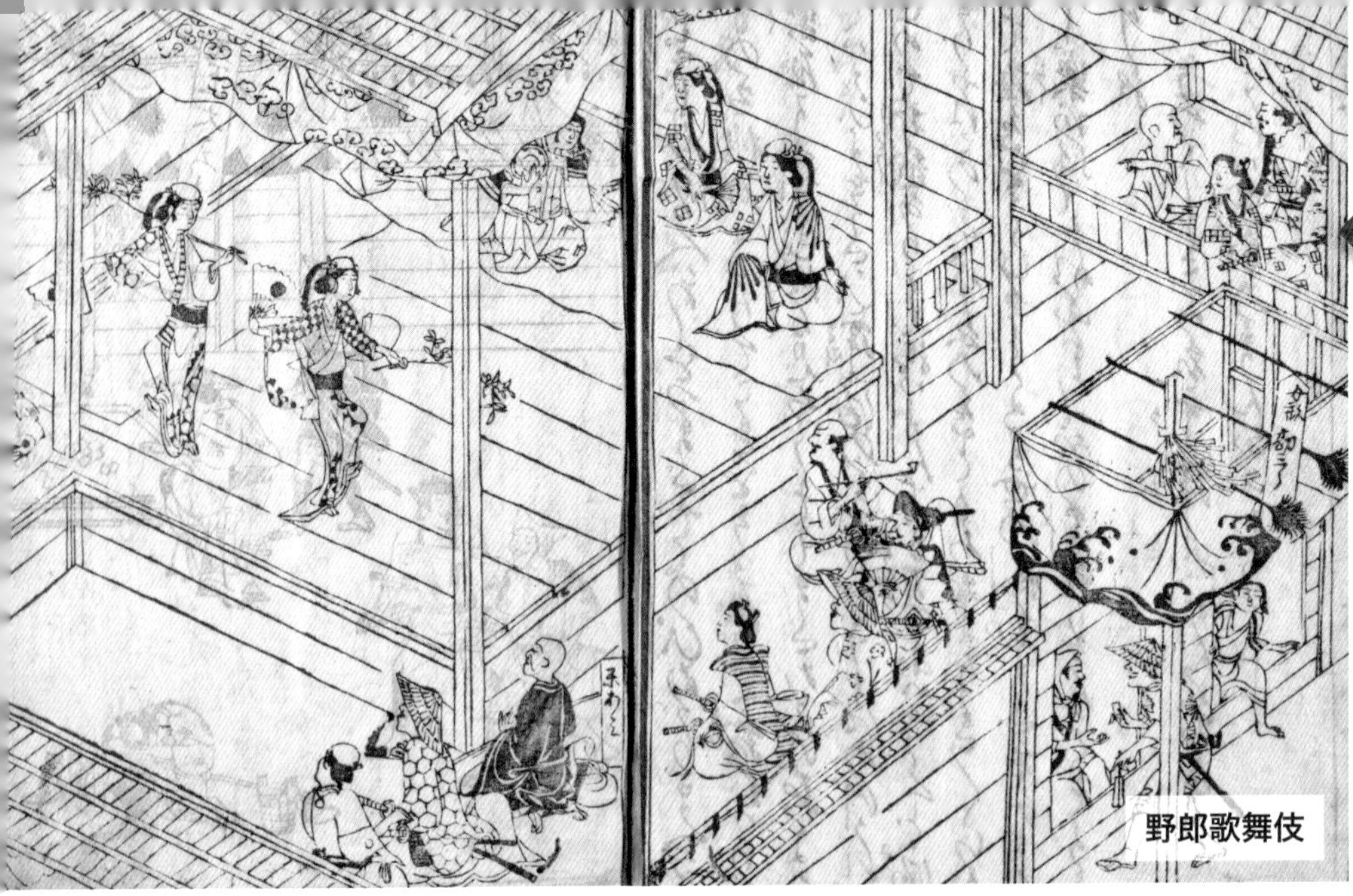

『東海道名所記』1659（万治2）年ごろ

野郎歌舞伎がはじまって６年後くらいに刊行された仮名草子。前髪を剃った男性たちが舞台上で技芸を披露。

演劇性を高めていった野郎歌舞伎から元禄歌舞伎の黄金期へ

歌舞伎は阿国歌舞伎からはじまり、魅惑的な容姿と踊りで観客を酔わせる女《おんな》歌舞伎や若衆《わかしゅ》歌舞伎の時代（以上、17ページで解説）を経て、技芸を重んじ演劇性を高めていく野郎歌舞伎の時代を迎えます。若衆歌舞伎禁止の翌年（１６５３年）からはじまった野郎歌舞伎は、前髪を剃り野郎頭《やろうあたま》となった大人の男性だけで芝居をすることを条件に許可されたと伝えられています。

初期の芝居は短く、若衆スタイルも残っていましたが、物語は徐々に複雑化して長くなっていきました。これにともない役者の方も、話の内容に合った主役をはじめ、男の役者が女性を演じる女方《おんながた》、悪役、脇役など、役者のキャラクターやそれぞれの力量にあった役が振り分けられるようになり、演劇として堪能できる基礎が形成されていきました。

この野郎歌舞伎が20数年続くと、江戸と上方で芸に秀でた大スターが登場。演目も、傑作、ヒット作が次々生まれて黄金期に突入します。

この熱狂の時代は「元禄歌舞伎」と呼ばれ、元禄年間（１６８８〜１７０４年）を中心におよそ50年続きました。

『江戸名所記』1662（寛文2）年

著者は、上の『東海道名所記』と同じ浅井了意《あさいりょうい》（28ページ参照）。舞台では、邦楽を生かした芝居を上演しています。

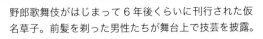

『人倫訓蒙図彙《じんりんきんもうずい》』 1690（元禄3）年

野郎歌舞伎で試行錯誤をしてきた芝居づくりが花開くように、歌舞伎は黄金期といえる元禄歌舞伎の時代に突入します。さまざまな職業、身分を絵入り解説した『人倫訓蒙図彙』では、元禄初期の歌舞伎を紹介。絵から役の振り分けが見て取れるので、芝居は複雑化しているようです。この数年後に、大スターが至芸を競い合う絶頂期に入ります。

楽屋の絵。左の「やろう」は、美男子の人気役者。右の「こんごう」は、そのお世話をする人です。

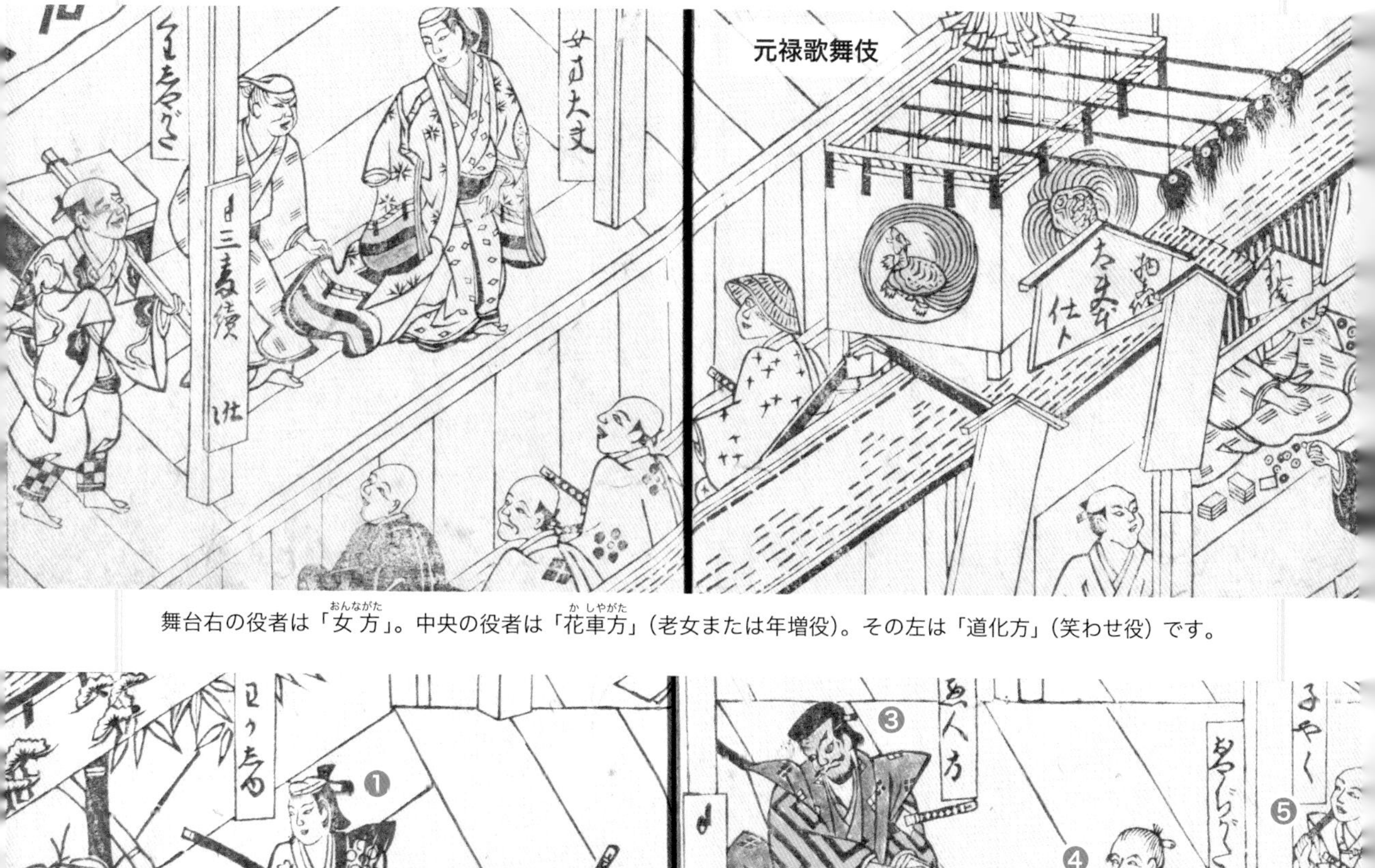

舞台右の役者は「女方《おんながた》」。中央の役者は「花車方《かしやがた》」（老女または年増役）。その左は「道化方」（笑わせ役）です。

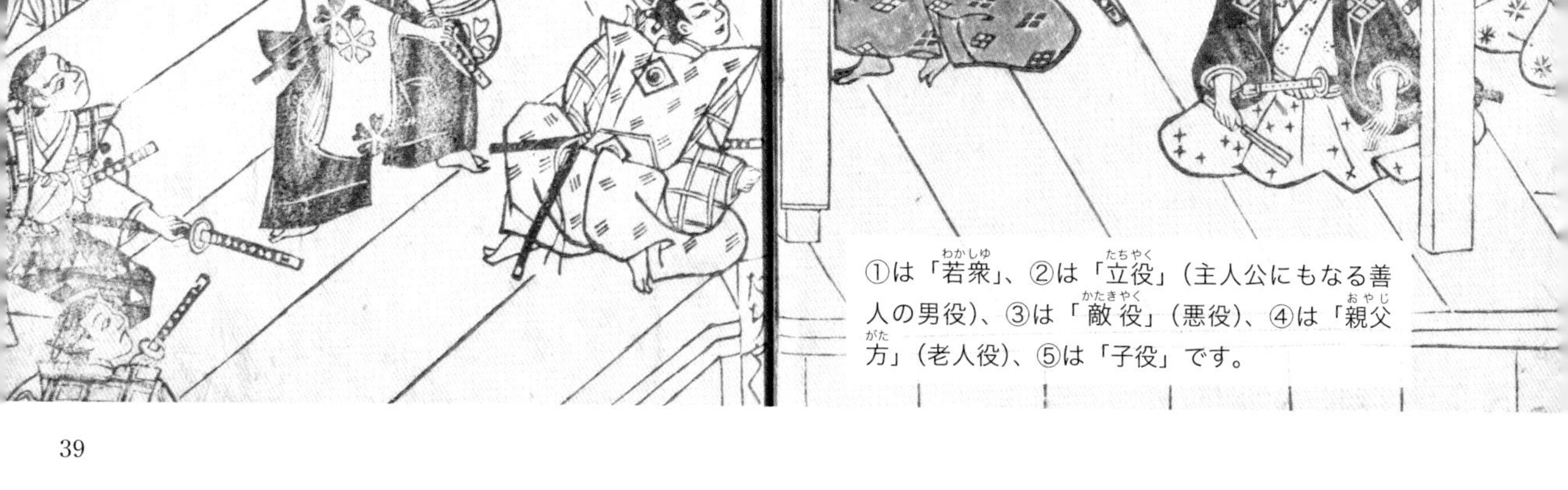

①は「若衆《わかしゆ》」、②は「立役《たちやく》」（主人公にもなる善人の男役）、③は「敵役《かたきやく》」（悪役）、④は「親父方《おやじがた》」（老人役）、⑤は「子役」です。

上方で「和事《わごと》」を完成させた坂田藤十郎 女方《おんながた》の芳沢あやめも大人気に

作品と役者の質が高まったことで、「元禄歌舞伎」と呼ばれる黄金期が訪れました。

芝居の脚本は、おもに主役級の役者が書いていましたが、物語の複雑化が進むと、脚本を専門に書く狂言作者が現れました。

才能があり技芸を磨いていった役者は、役者を批評する『役者評判記』（44ページで解説）という版本で、「極上」「上」などの評価をもらい、ファンを得て、スターの地位を駆け上がっていきました。芝居の場は、三都（京都・大坂・江戸）の座（芝居小屋）が支えていました。

上方（京都・大坂）の歌舞伎は「上方歌舞伎」と呼ばれ、江戸の「江戸歌舞伎」とは異なる芝居の特徴をもっていました。京都は文化都市、大坂は商業都市です。上方は、武士の人口が多い江戸と違い、町人が多く住む都市でした。

坂田藤十郎は、上方に暮らす町人たちの心をつかむ「和事」を完成させて、大スターとなりました。和事とは、美男子がやわらかみのある動きや話し方をして恋愛模様を演じることで、時には観客を沸かせる滑稽な場面も織り込まれました。

坂田藤十郎

藤十郎は、身分が高い人が何かの事情で姿を変える「やつし芸」を極めました（右の絵は、その一場面です。ほかの絵は、舞台で活躍する藤十郎を描いた絵入り狂言本より掲載）。

『傾城壬生大念佛《けいせいみぶだいねんぶつ》』

←近松門左衛門（60、61ページで解説）作で、1702（元禄15）年に京都で上演されました。藤十郎は、恋と酒に生きる男を演じています。

『傾城仏《けいせいほとけ》の原《はら》』

↓こちらも名作の誉れが高い近松の作。絵から芸達者な美男ぶりが伝わってきます。

芳沢あやめは、大坂の道頓堀にある芝居小屋に入り、若衆方《わかしゅがた》、女方《おんながた》として舞台を踏み、演技力の高さで人気を得ます。１６９８（元禄11）年には、傑作の呼び声が高い『傾城浅間嶽《けいせいあさまがたけ》』で女方を演じ、高評価を受けて一気に名声を上げました。この芝居の作者といわれる中村七三郎は江戸の役者ですが、京都で主演を務めて大評判となりました。

『傾城浅間嶽《けいせいあさまがたけ》』

見せ場が多いお家騒動物。あやめは舞台の中央に描かれています。

当時の歌舞伎役者は、座と１年契約を結んで専属となりました。その給金が千両を越えると「千両役者」といわれます。あやめは名声を得て、二代目市川團十郎とともに最初の千両役者となりました。

芳沢あやめ

江戸から来た 中村七三郎

江戸の役者ですが和事を得意とし、京都の舞台に挑戦。『傾城浅間嶽』で主演を務めると大当たりし、興行は120日も続きました。冴えた和事の演技は、坂田藤十郎も絶賛したといいます。

『傾城浅間嶽』

重要な文書を燃やすと、煙の中から人の姿が現れるという名シーン。その左手前に、名優の七三郎が凜々しく立っています。

豪壮な「荒事《あらごと》」で江戸歌舞伎の大スターとなった市川團十郎

市川團十郎（初代）

市川團十郎の名は、二代、三代と継がれ、現在も続く大名跡《だいみょうせき》となりました。七代目はお家芸の「歌舞伎十八番」を選定。初代は「勧進帳」「暫《しばらく》」などを初演しています。

京都・大坂の上方歌舞伎界は、元禄期に大盛況。坂田藤十郎が「和事」の芝居で、芳沢あやめが女方《おんながた》の演技で多くの観客を魅了していましたが、同時期に、江戸歌舞伎の舞台も大いに沸いていました。

ただし、芝居の内容、演出には大きな違いが見られました。江戸では、市川團十郎が派手なパフォーマンスを繰り出す豪壮な芸「荒事」に挑んで大喝采を浴びていたのです。

團十郎が創出した荒事とは、超人的な力をもった男が荒々しさを誇張して様式的に演じること。江戸で荒事が大当たりした要素としては、上方の観客との相違があげられます。

江戸は上方より、武士がはるかに多く住んでいました。武士の心情や日常をよく知る江戸の町人も、商売の信用や義理に重きをおく上方特有の気質とは異なり、理屈抜きの意地や心意気にこだわる気質をもっていました。

荒事は、そんな気質をもつ武士や町人の心を鷲づかみにして、波乱に富んだ物語世界に引き込んだのです。團十郎の派手な芝居は、誰しもがかかえている日頃の欲求不満をスカッと解消させたことでしょう。

【三升紋《みますもん》】

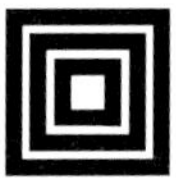

市川團十郎家の目印にもなる定紋《じょうもん》。大中小の箱形の升を入れ子にして、真上から見たところをデザインしています。

『兵根元曽我《つわものこんげんそが》』

1697（元禄10）年に中村座で上演。この作品を含めた荒事作品の多くは、團十郎が自作自演しました。

①は、曽我五郎（團十郎）が超人的パワーを得て竹を引き抜く有名な場面です。

❶

❷

現代の歌舞伎にもつながる大掛かりな舞台装置が、当時の絵入り狂言本から伝わってきます。

『百合若大臣《ゆりわかだいじん》』

1697（元禄 10）年に中村座で上演。百合若という武士が自分を裏切った家来に怒り、復讐に燃えます。当時の版本に登場する團十郎の顔の多くは、大きい鼻とぎょろ目で描かれています。

②は、芝居の最後を盛り上げる重要な場面。五郎（團十郎）の胴の下を防御する「草摺《くさずり》」を、朝比奈（中村伝九郎）が懸命に引っ張っています。③は、五郎（團十郎）に超人的パワーを授ける不動明王が登場する場面。息子の九蔵《くぞう》（当時10歳で、のちの二代目團十郎）が初舞台で不動明王の大役を演じています。

『役者評判記』

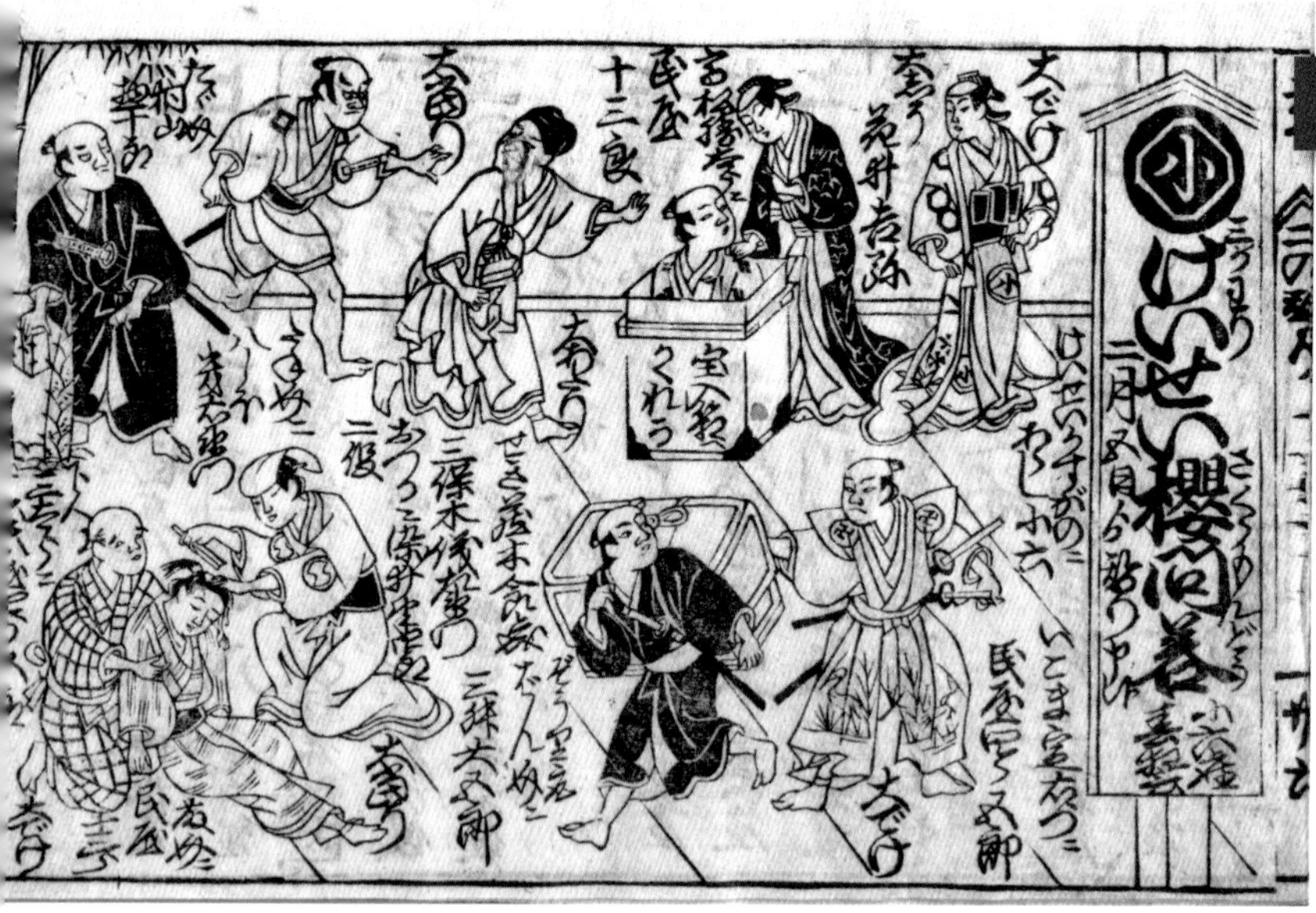

元禄期に入ると、歌舞伎役者を位付けして技芸を批評する『役者評判記』が刊行されるようになりました。そのひとつの1699（元禄12）年刊『役者口三味《やくしゃくちさみ》線《せん》』が好評を得ると、以後は毎年その形式を用いて、京都版、大坂版、江戸版が刊行されるようになりました。この定期刊行は、明治時代初期まで続きました。

『役者絵づくし』

これは新版（再版）の絵で、菱川師宣（50〜53ページで解説）を師とする師重《もろしげ》が筆を揮っています。初版は元禄元年ごろと推測され、江戸の芝居小屋の入り口や、市川團十郎、中村七三郎などの人気役者が多数描かれています。役者のせりふも紹介。当時の歌舞伎を知るうえでも貴重な版本です。

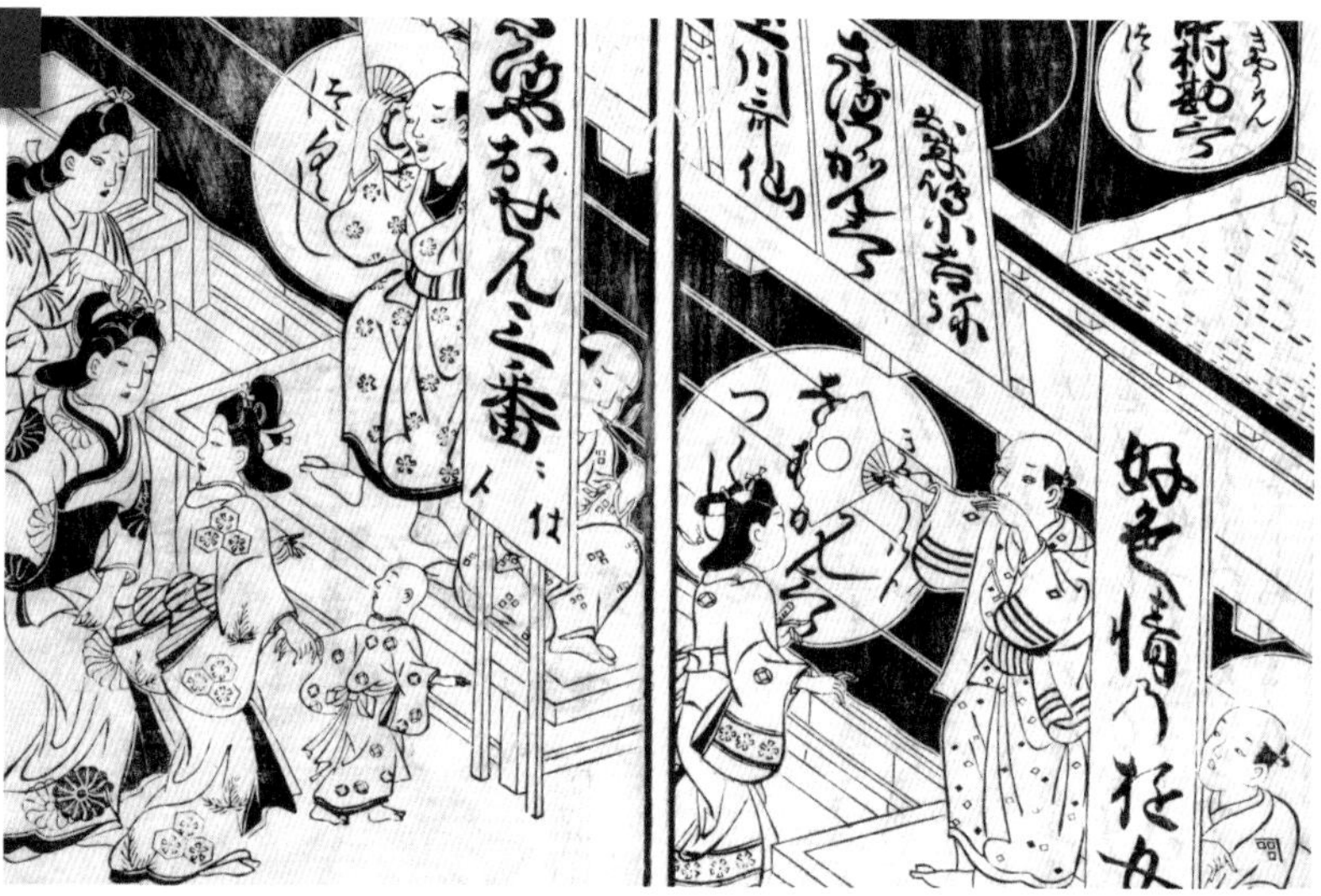

↑看板が並ぶ芝居小屋の入り口。台の上に客引きが立っていて、往来の人々を呼び入れています。

←太鼓・鼓《つづみ》・三味線・横笛の演奏に合わせて、役者が踊っています。役者はそれぞれの役にあった扮装をしていて、物語のなかに楽器の演奏と踊りを効果的に取り入れていたことがよくわかります。

→1740（元文5）年に刊行された『役者評判記』。このページでは、見開きの挿絵で、上演作品のハイライトシーンを集めて紹介しています。登場するどの役者も生き生きと描かれていて、ワンポイント情報が得られます。

↓役柄別に上位から役者名を並べ、「極上上吉」「上上吉」「上上」「上」などと評価し、注目されている役者は、良い点、悪い点などの批評文も掲載しています。『役者評判記』は、現在でも歌舞伎研究に役立てられています。

ひと目でわかる！
役者の評価表

当時の版本から見えてくる
江戸時代中期の歌舞伎

42、43ページの2作のように、元禄頃から歌舞伎作品のあらましを挿絵入りでまとめた絵入り狂言本が刊行されるようになりました。そのほか、歌舞伎役者を位付けして技芸を批評する『役者評判記』や、人気役者や芝居小屋を解説したり、起源や歴史を紹介したりする、歌舞伎ファンをターゲットにした版本が次々出版されていきました。

『古今役者大全』

初の歌舞伎百科事典といえる、全6巻の版本シリーズで、1750（寛延3）年に刊行。歴史、芝居小屋、役者、評判記などの歌舞伎情報が網羅され、その後70年も増摺《ましずり》されるロングセラーとなりました。この絵は、満員の観客の前で役者や座の代表者が顔見せし、「御《ご》ひいきを！」と挨拶しているところです。

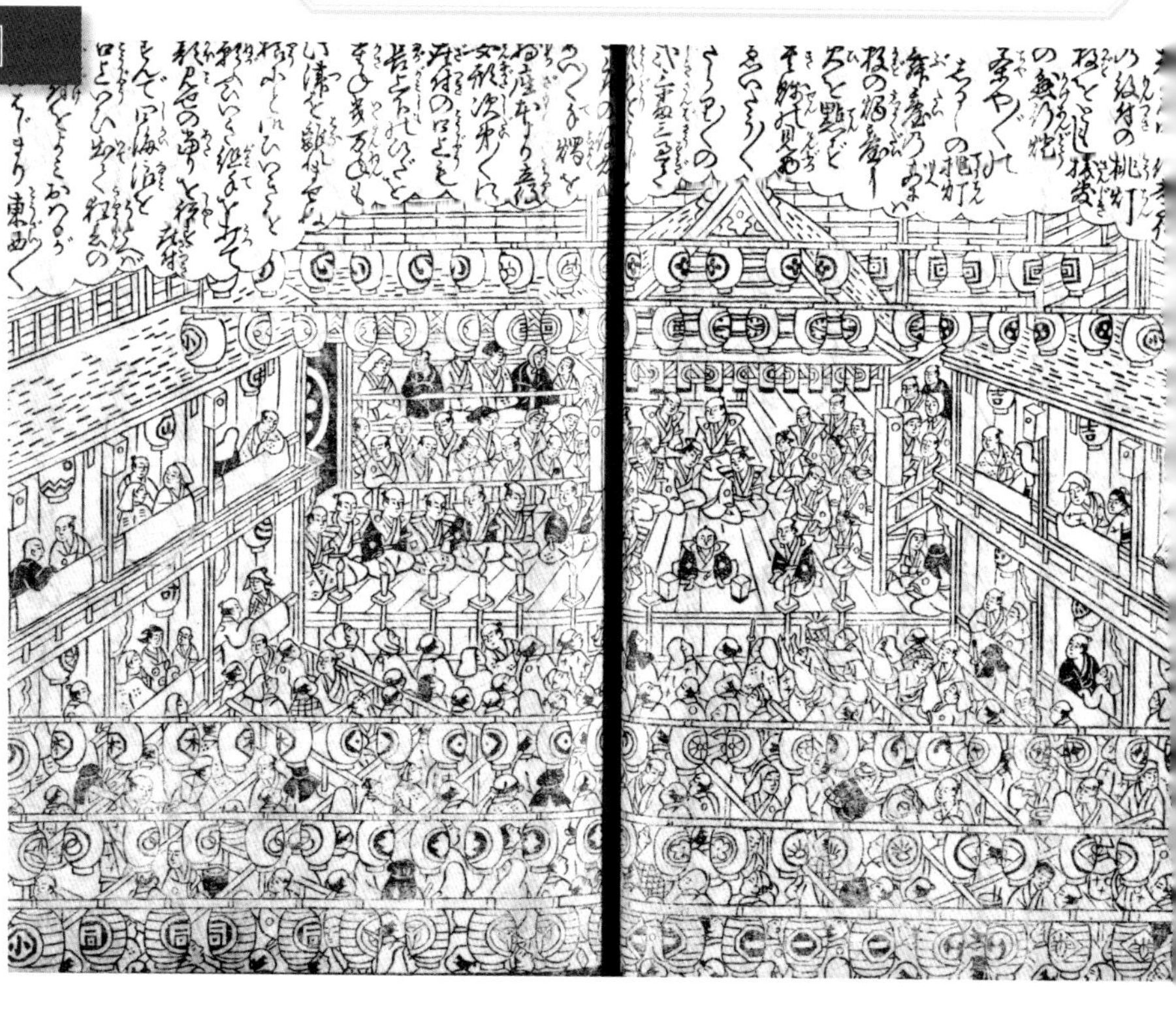

元禄最大の出来事

「赤穂事件」とは？

のちに「仮名手本忠臣蔵」のタイトルで人形浄瑠璃や歌舞伎の大当たり作となった

元禄14年3月14日（旧暦。西暦では1701年4月21日）、江戸城松之大廊下において、播州赤穂の藩主・浅野《あさの》内匠頭《たくみのかみ》長矩《ながのり》が突如腰の小刀を抜き、高家《こうけ》筆頭《ひっとう》の吉良上野介義仲《きらこうずけのすけよしなか》に斬りかかりました。浅野内匠頭はすぐさま取り押さえられましたが、吉良上野介は額と右肩に傷を負い、すぐに手当てを受けました。

話を聞いた五代将軍徳川綱吉は激怒します。

高《こうの》 師直《もろなお》（吉良上野介）

この日のうちに浅野内匠頭は切腹となり、お家は断絶、城は明け渡して領地は没収、という裁決が下されました（吉良上野介は、お咎《とが》めなし）。これが「赤穂事件（江戸城松之大廊下の刃傷《にんじょう》）」のあらましです。

その後、浅野内匠頭の家老・大石内蔵助良雄《おおいしくらのすけよしお》は、お家再興のために奔走。しかし、その道は絶たれてしまいます。

翌年の12月14日（旧暦。西暦では1703年の1月30日）、大石内蔵助以下四十七士（赤穂浪士）は、江戸の吉良邸に討ち入り、吉良上野介の首を取りました。執念ともいえる計画を実らせ、亡き主君の仇討ちを果たしたのです。これが、「赤穂事件（吉良邸討ち入り）」の顛末です。

塩冶《えんや》判官《はんがん》
（浅野内匠頭）

世間では、驚きとともに、壮大な仇討ちを賞賛する声も上がりました。幕府はおよそ1か月半の協議を経て、浪士たちに切腹を命じ、即日執行しました。

この元禄最大の事件は、人形浄瑠璃や歌舞伎などの恰好の題材となり、すぐに作品化されていきました。幕府は赤穂事件を想起させる芝居を中止させるなど目を光らせますが、ヒットが見込めることから時代や物語の設定を変え、虚実を混ぜることで新作がつくり続けられました。作家の近松門左衛門（60、61ページで解説）も、人形浄瑠璃作品「碁盤太平記」を残しています。

そして1748（寛延元）年、練り上げられた決定版ともいえる人形浄瑠璃作品「仮名手本忠臣蔵」が大坂の竹本座で上演されました。大当たりとなると歌舞伎でも上演。その後は、幾度上演しても飽きられず、集客力が落ちない大人気作となりました。

大星《おおぼし》由良之助《ゆらのすけ》（大石内蔵助）

「仮名手本忠臣蔵」では、幕府の目があり実名は出せないので、大石内蔵助→大星由良之助というように名前が変えられています。

討ち入り!

この見開きページに掲載した絵は、すべて江戸時代後期に描かれた錦絵です。討ち入り場面の上と右、右ページの塩冶判官は歌川国芳の作品。下は歌川芳艶《よしつや》の作品。右ページの高師直と大星由良之助は、歌川国貞が描きました。

「仮名手本忠臣蔵」の舞台を再現した葛飾北斎

心中事件など、衝撃的実話のスピーディなエンタメ化を得意とした人形浄瑠璃は、江戸城の刃傷事件に飛びつきます。いわゆる「忠臣蔵物」の先駆けとされる作品「傾城八花形《けいせいやつはながた》」は、刃傷の翌年10月に上演。なんと討ち入りの2か月前でした。本懐が遂げられると、さらなる話題に。騒ぎに便乗した歌舞伎作品も誕生し、関連出版物（錦絵や版本）も数多く出回るようになりました。忠臣蔵物の決定版といえる人形浄瑠璃「仮名手本忠臣蔵」の初演は、刃傷から47年後のこと。すぐに歌舞伎に移され、何度上演しても高収益が見込める娯楽作となりました。ここに掲載した色摺絵本の絵は、歌舞伎の舞台をもとに葛飾北斎が描いた『北斎忠臣蔵』からの抜粋です。本書は1802（享和2）年に刊行された『絵本忠臣蔵』から北斎の挿絵のみを集めた企画本で、元本の本文は、桜川慈悲成《さくらがわじひなり》（狂歌名は「親の慈悲成」）の作。慈悲成は戯作者で落語噺も創作。自ら烏亭焉馬《うていえんば》（66、67ページで解説）主催の高座にも上がりました。

大序《だいじょ》（鶴が岡 兜改《かぶとあらた》めの段）

幕府から中止を命ぜられないよう、時代は南北朝時代に設定。舞台は鎌倉の鶴岡八幡宮からはじまります。主要登場人物の多くは、『太平記』の人物名に変えられています。

十一段目（討ち入りの段）

→全11段にわたる「仮名手本忠臣蔵」には、主従や色恋などの人間模様がぎっしり詰め込まれています。最後の段となるこの場面は、強烈な劇的インパクトをもたらす吉良邸討ち入りの大立ち回り。北斎は、歌舞伎舞台ならではの醍醐味を独自の視点で描いています。

←炭小屋に隠れていた師直に斬りかかる由良之助。ほかの浪士が師直を見つけて引きずり出すという展開がよく知られていますが、ここでは直接対決。歌舞伎舞台の演出は、上演ごとに工夫が加わることが常で、定型に縛られることはありません。北斎が絵画的イメージを膨らませた可能性もあります。

本懐を遂げて泉岳寺に向かう義士たち　歌川国芳 画

嘉永期（1848〜54年）頃に描かれた歌川国芳による錦絵三枚続。右上の文には、「義士四十七人本望を遂《とげ》人数を揃えて良黒橋（両国橋）を…」とありますが、実際には永代橋を渡ったようです。馬に乗った服部という大目付（旗本）が立ち塞がっていますが、義士たちから話を聞くと菩提寺（泉岳寺）への通行を許します。このあたりの演出も定型はなく、桃井若狭助が義士たちの労をねぎらうという別展開もあります。

観賞用の浮世絵版画を最初に誕生させた菱川師宣

47ページの「討ち入り」の絵は、濃密でカラフルな多色摺りの浮世絵（錦絵）で、江戸時代後期に描かれました。ここで解説する絵師の菱川師宣は、こうした鑑賞用の浮世絵版画を、江戸で最初に生み出した人です。

師宣は、安房国《あわのくに》（千葉県南部）の縫箔師《ぬいはくし》の家に生まれ、絵師を志して江戸に出ました（生年は不詳）。絵師になった師宣は、絵入り版本の仕事に力を入れます。

絵入り版本の多くは、１６５７（明暦３）年に江戸を焼き尽くした「明暦《めいれき》の大火《たいか》」（28ページで解説）まで、京都や大坂の版元が刊行して江戸に運んでいました。しかし大火後は、復興とともに江戸の版元からの発刊が増えていきます。師宣は、その勢いに乗ったのです。１６７２（寛文12）年刊行の絵本『武家百人一首』には、初めて絵師名を掲載。この分野の第一人者となり、生涯に１５０種以上の版本絵を手掛けました。

また、師宣は絵入り版本から絵を独立させて、鑑賞用の「一枚絵」を誕生させました。一枚絵は墨1色からはじまりましたが、鑑賞用絵画の量産が可能になったことで、町人でも買える画期的な絵画となり、人気に火がつきます。師宣は制作工房をつくり、長男の師房や弟子も育成。「見返り美人図」などの直筆絵画（肉筆浮世絵）も多数制作し、１６９４（元禄７）年に没しました。

その後は、多彩な浮世絵作品が次々摺られて、さらにカラー化などの技術革新が進むと、江戸時代の後期には、47ページのような手の込んだ多色摺り作品も出版できるようになったというわけです。

酒呑童子《しゅてんどうじ》 褒賞《ほうしょう》

19枚組み『酒呑童子』の結末場面で、源頼光が退治した鬼の首を帝にささげて褒美を受け取るところ。墨１色の一枚絵に、筆で色付けをしています。
（千葉市美術館 所蔵）

「見返り美人図」（東京国立博物館 所蔵　Image: TNM Image Archives）

見返り美人図

肉筆浮世絵の美人画で、広く知られた師宣の代表作。すぐれた技巧を用いて、当時のファッションを鮮明に浮かび上がらせています。帯の結び方を見せたいのでしょうか、不思議な魅力をかもし出す不自然なポーズにも注目したいところ。

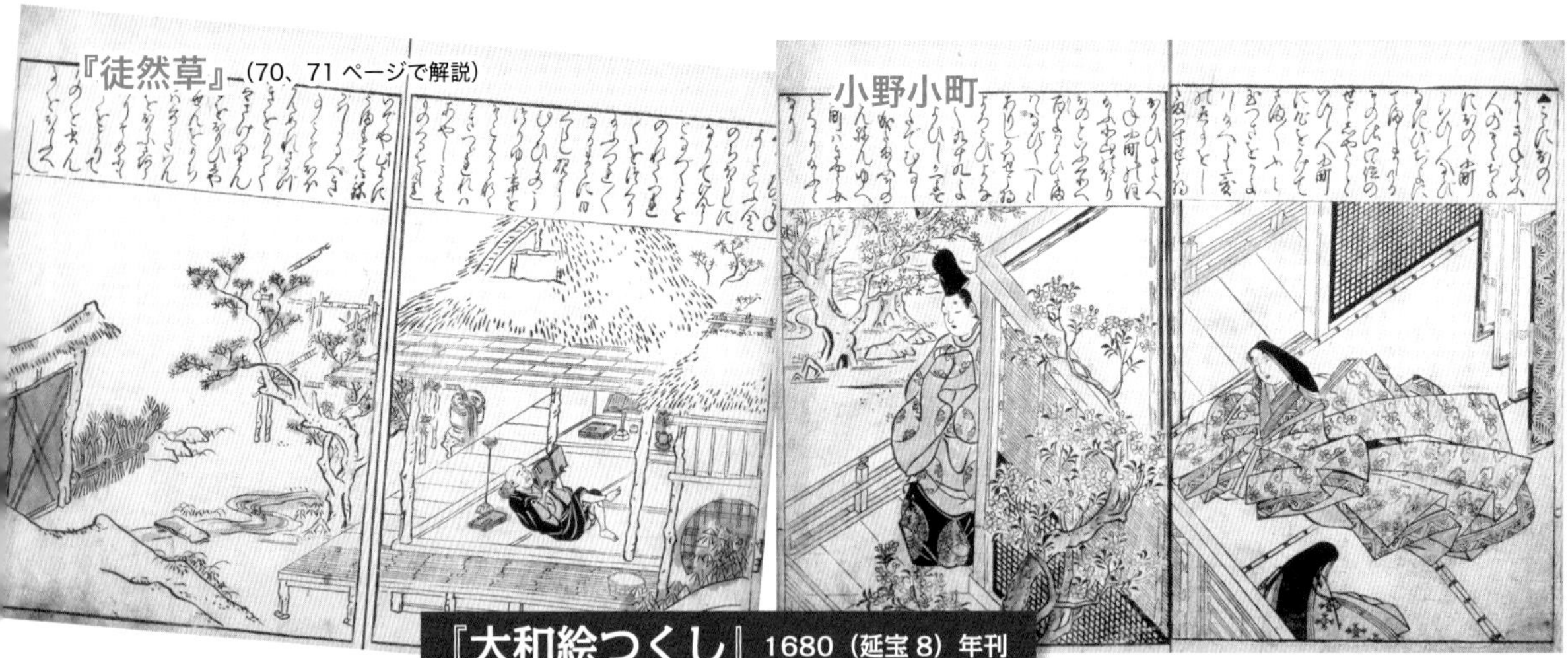

『大和絵つくし』1680（延宝 8）年刊

本の楽しみを広げた
菱川師宣の絵入り版本

風俗画のジャンルに入る浮世絵は、①木版の本（版本）の絵、②木版の一枚絵、③絵師直筆による肉筆浮世絵、に大別されます。菱川師宣は①の仕事に打ち込み、②を最初に手掛けて、③でも傑作を残した絵師です。

師宣は①で、150 種を超える多種多彩な版本の挿絵に取り組みました。定番の挿絵スタイルにこだわらず、文よりも絵の割合を多くするなど、新しい見せ方にチャレンジ。種類も、小説、名所案内、歴史物、実用書、風俗等の挿絵や絵本など多岐にわたります。ここでは、本の楽しみを広げた師宣の絵入り版本から一部を紹介します。

『大和絵つくし』は、謡曲や古典などを題材にした絵本で、構図に冴えが見られます。『大和武者絵』は、武者たちの名場面を描いた絵本。『狂歌たび枕』は、東海道の名所を巡り狂歌詠みに励む男の話です。師宣の挿絵は明るくのどかで、旅心をくすぐります。

『和国百女《わこくひやくじょ》』は、女性の風俗絵本。仕事中の様子などを巧みに描いています（長男の師房が筆を執ったともいわれています）。

『狂歌たび枕』1682（天和2）年刊

『大和武者絵』1683（天和3）年頃刊

『和国百女』1695（元禄8）年頃刊

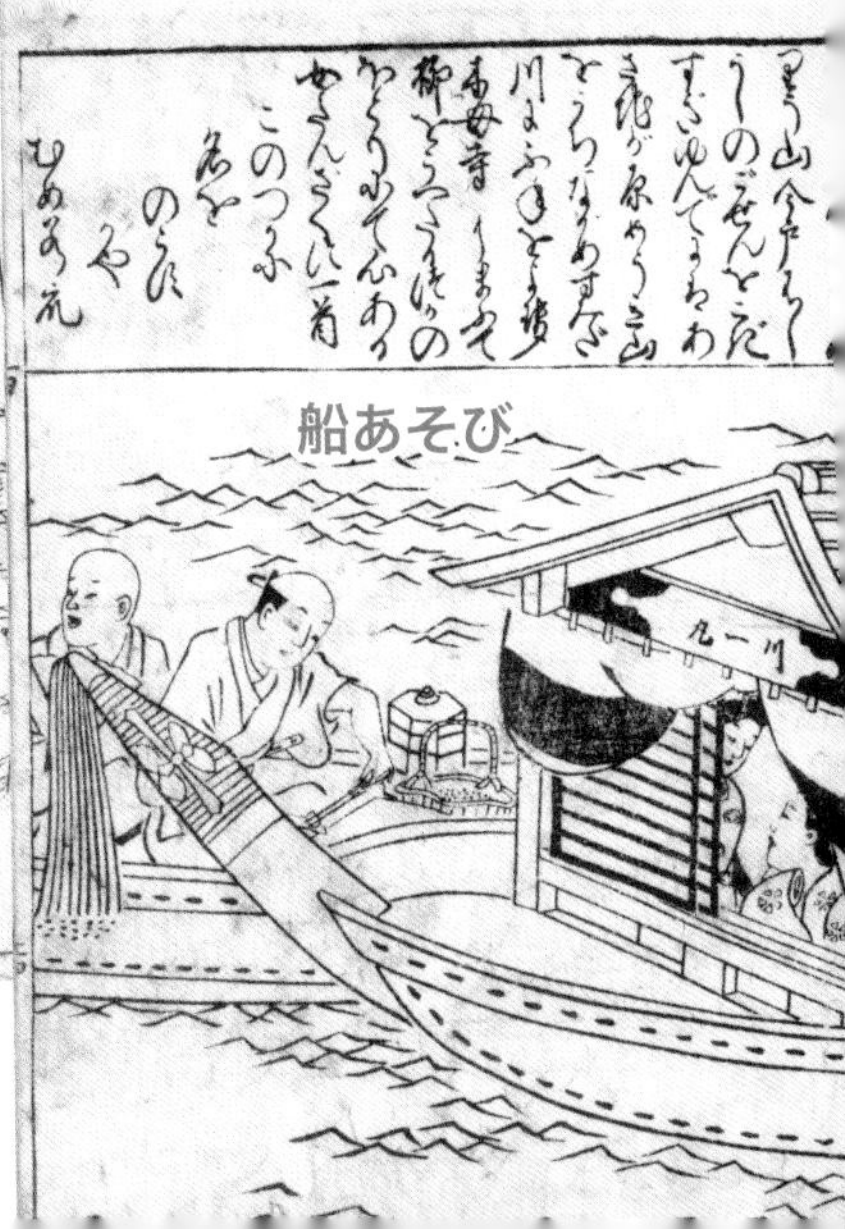

浮世絵は墨1色では物足りない……カラーへの挑戦がはじまった

菱川師宣は、木版の本（版本）から絵だけを独立させて、鑑賞用の浮世絵版画（一枚絵）を誕生させました。

当時の版本は墨1色で摺られていたので、カラー本にしたいときは、人の手で1枚1枚筆で色を付ける手彩色を行っていました。これは大変な手間を要するので、特別注文の版本以外は、墨1色の刊行を基本としていました。師宣が生み出した鑑賞用の浮世絵版画（一枚絵）も、墨1色の「墨摺絵」から制作が開始されています。

しかし色鮮やかな肉筆浮世絵と比較すると、鑑賞用の一枚絵は墨1色では物足りません。そこで、カラーへの挑戦がはじまります。

手彩色のはじまりは「丹絵」から。明るい橙色が出せる「丹」という鉱物系の染料のほか、黄色や緑色の染料を使用しました。その後「紅絵」が登場。「紅」という、紅花《べにばな》からつくった高価な染料を用いることで、幅の広い、やわらか

この絵を描いた絵師は、元禄の終わり（1704年）頃から活躍した奥村政信。初期は大判墨摺絵の組物を多く手掛け、この絵もそのうちの1枚と考えられます。墨1色でも迫力がありますが、着色した絵も見てみたくなります。

墨摺絵《すみずりえ》（墨1色）

丹絵《たんえ》（手彩色）

紅絵《べにえ》（手彩色）

（山口県立萩美術館・浦上記念館 所蔵）

人形を遣《つか》う「千ねんうり」。西村重長が1716～36年の享保期に描いたとされます。「千ねんうり」とは「千歳飴売り」のこと。要所に使われている紅の色が、今も鮮やかに残っています。

な色調の赤色が出せるようになりました。

また、紅絵と同時期に、墨に膠《にかわ》を入れて墨部分を塗る「漆絵」も誕生しました。絵の一部にこの特殊な墨を用いると、光沢を生じた黒色が強調されて、きりっと絵を引き締めました。

そしてついに、色版の版木（色板《いろいた》）を用いて色摺りをする「紅摺絵」の時代を迎えます。以後は、色版の使用が基本となり、1765（明和2）年には、よりカラフルな「錦絵」（73ページで解説）が誕生します。

紅摺絵《べにずりえ》（2〜3枚の色板《いろいた》による色摺り）

（山口県立萩美術館・浦上記念館 所蔵）

「水売兵助 坂東彦三良」。鳥居清満が1763（宝暦13）年に描いたとされる役者絵。「紅摺絵」は墨1色摺りの上に2〜3枚の色版（色板《いろいた》）を摺り重ねる手法で、大きな技術革新でした。この絵の出版から数年後に、色版の数をぐんと増やした「錦絵」が誕生します。

漆絵《うるしえ》（手彩色）

（山口県立萩美術館・浦上記念館 所蔵）

「荻野伊三郎 山下亀松」。二代鳥居清信が1734（享保19）年頃に描いた歌舞伎の役者絵です。墨に膠を入れて塗ったところは、アクセントの効果を生んでいます。

新たな俳諧の世界を創出し すぐれた紀行文も残した松尾芭蕉

松尾芭蕉

1765（明和2）年刊行の『俳諧百一集』に掲載された、松尾芭蕉の肖像画。

和歌の一形式である短歌は、「五七五七七」で詠みます。このうちの上の句「五七五」と、下の句「七七」を分けて、交互に詠み続けていく詩歌を「連歌《れんが》」といいます。

連歌のうち滑稽味をもつものが「俳諧之連歌」で、略して「俳諧」と呼ばれました。

俳諧で最初に詠む句（五七五）を「発句《ほっく》」といいます。これを独立させて、発句のみを詠む作品づくりも江戸時代に広まりました。

「発句＝俳句」といえますが、「俳句」と呼ぶよ

1836（天保7）年に刊行された『江戸名所図会』（巻之七）より。芭蕉庵に住んでいる芭蕉が描かれています。庭には池があり、有名な句「古池や 蛙飛びこむ 水の音」は、芭蕉が43歳のときにこの芭蕉庵で詠みました。

（国文学研究資料館 所蔵）

うになるのは明治時代以降です。

松尾芭蕉は、俳諧の道を極めた俳人です。

芭蕉は1644（寛永21）年、伊賀国（三重県）に生まれました。19歳から藤堂藩の若君に仕えて俳諧を知り、ともに親しみます。

しかし若君は病死。芭蕉は江戸に出ます。35歳で俳諧の師匠（宗匠《そうしょう》）となり、「桃青《とうせい》」の俳号を用いていた37歳のときに、門人の杉風《さんぷう》、其角《きかく》、嵐雪《らんせつ》らの作品を収めた『桃青門弟独吟二十歌仙』を刊行。芭蕉一門（蕉門《しょうもん》）は門人を増やして勢いづきます。

同年の冬に芭蕉は、日本橋から深川の草庵に移り住みます。翌年、門人から贈られたバショウ（芭蕉・バナナの仲間）がよく茂ると、草庵は「芭蕉庵」と呼ばれるようになり、この頃から「芭蕉」の俳号が用いられるようになります。

芭蕉は各地を旅して、新たな俳諧の世界を創出していき、すぐれた紀行文も残しました。『おくのほそ道』もそのひとつです。旅先では句会を催し、地方にも蕉門が形成されていきました。芭蕉は、「蕉風《しょうふう》」と呼ばれる独自の俳諧を確立していったのです。

1694（元禄7）年、芭蕉は旅先で病に倒れて51年の生涯を終えました。「旅に病んで夢は枯れ野を かけ廻る」。これは、亡くなる数日前に芭蕉が詠んだ句です。

俳諧師

1690（元禄3）年に刊行された風俗事典『人倫《じんりん》訓蒙図彙《きんもうずい》』（全7巻）は、絵とともにさまざまな職業を解説しています。下はその中の1ページで、「俳諧師」を紹介。俳諧師とは、門人などに詠み方を指導し、作品を批評したり、優劣を決めたり、句会を催したりすることを生業とする俳人のこと。芭蕉も俳諧師のひとりでした。

『おくのほそ道』の旅

芭蕉は46歳となった1689（元禄2）年、芭蕉庵を人に譲り、近くの採茶庵《さいとあん》に移りました。そこで短期間居住。3月に門人の河合曽良と2人で『おくのほそ道』の旅に出発しました（写真は、採茶庵跡にある芭蕉旅立ちの像）。

芭蕉たちは武蔵国から奥羽（東北地方）、北陸の諸国を巡り、8月下旬に美濃国大垣（岐阜県大垣市）に着きました。

この旅の俳諧紀行『おくのほそ道』は、四百字詰め原稿用紙にして30枚程度。決定稿が完成したのは、旅から5年後の1694（元禄7）年4月でした。芭蕉は創作性を高め、文や掲載句を推敲し、改稿を重ねていたのです。芭蕉はその年の10月に、旅先の大坂で病没。版本として初版が刊行されたのは、その8年後でした。

江戸時代に人気を博した人形浄瑠璃 現在は「文楽」の名で芸を継承

人形浄瑠璃

元禄元年頃に初版が刊行された『役者絵づくし』という版本の絵で、人形浄瑠璃の舞台を描いています。この頃は、ひとりが1体を操る「ひとり遣《づか》い」でした。

人形浄瑠璃は、太夫《たゆう》と呼ばれる語り手が、三味線を伴奏に物語を語り、人形が操られる、日本独自の人形劇です。

上演中は「太夫」「三味線弾き」「人形遣《づか》い」が一体となって至芸を繰り出すことから、「三業一体の芸」などといわれています。

人形遣いは、自身が操る人形（登場人物）のセリフを語ることはありません。進行する物語の主導権は、おもに太夫が握っています。太夫は登場人物のセリフをすべて引き受けて、心情や情景描写なども巧みに交え、熱のこもった独特の節をつけながら物語を語り尽くします。

「浄瑠璃」とは、太夫が語る物語（語り物）のこと。江戸時代初期に三味線を伴奏に取り入れ、人形操りと結び付いて、人々を視覚的にも物語の世界に引き込む人形浄瑠璃の芝居が形成されていったといわれています。

この上演スタイルは、三都（京都・大坂・江戸）を中心に全国へと広がり、歌舞伎と影響を及ぼし合いながら発展していきました。人形浄瑠璃の人気がさらに高まると、延享〜

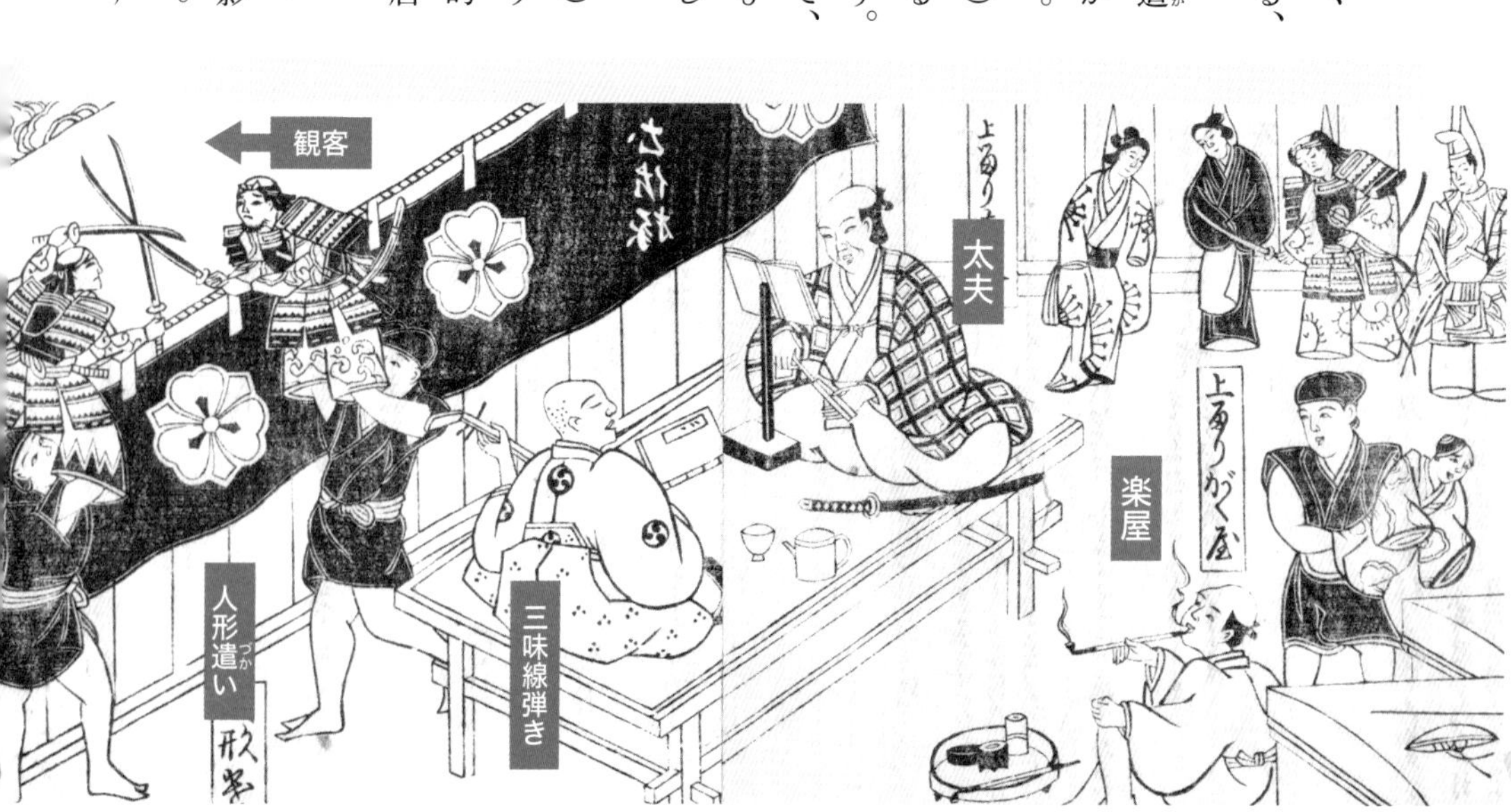

寛延期（1744～51年）頃には、「歌舞伎は無きが如《ごと》し」といわれるほどの絶頂期を迎えます。その後は衰退期に入りましたが、芸は脈々と伝承されていきました。

人形浄瑠璃は現在も「文楽」の名で、名作の上演が続けられています。

1690（元禄3）年に刊行された風俗事典『人倫訓蒙図彙《じんりんきんもうずい》』より。人形浄瑠璃の舞台裏が描かれています。この絵から、「観客には、太夫と三味線弾きの姿を見せなかった（その後、見せるようになる）」「人形はひとり遣《づか》い（その後、1体を3人で遣う三人遣いが登場）」「人形に足はついていない（その後、足付きになる）」などがわかります。

昔から親しまれた人形の芸

江戸時代以前に、人形を操る芸を見せて各地を巡回する傀儡師《かいらいし》（「くぐつし」ともいう）や夷舞《えびすまい》がいました。当時の絵を見ると、胸の前に下げた箱を舞台にして、語ったり歌ったりしながら人形を操っていたようです。こうした芸が浄瑠璃と結びついて人形浄瑠璃に発展したと考えられています。大道での人形操りは、江戸時代になっても存続していました。

1682（天和2）年刊の『絵本このころくさ』より。菱川師宣が、人形を操る傀儡師を描いています。

←1690（元禄3）年刊行の『人倫訓蒙図彙』より。夷舞で、歌いながら人形を踊らせています。

大坂の人形まわし。1730（享保15）年初版の『絵本御伽品鏡《おとぎしなかがみ》』より。子どもは大喜び。

人形浄瑠璃の新時代を築いた 作家の近松門左衛門と、太夫《たゆう》の竹本義太夫

太夫の語り物を「浄瑠璃」といいます。この名はどこから付けられたのでしょうか。

江戸時代以前の人々の多くは、物語の写本や版本が少なかったこともあり、琵琶法師などによる演奏付きの語り物を聞くことで、物語の世界を楽しんでいました。室町時代後期には、牛若丸（源義経）と浄瑠璃姫の恋物語を語る「浄瑠璃物語」が大ヒットします。その人気は衰えず、その後、同様の節回しで語るほかの物語も浄瑠璃というようになったのです。

江戸時代の初期には、三味線での伴奏が主流となり、人形浄瑠璃も評判となります。また、歌舞伎や座敷で聞かせる浄瑠璃も広まり、さまざまな流派が生まれました。

人形浄瑠璃では、元禄の前に、新時代を築く2人の男が登場します。作者の近松門左衛門と太夫の竹本義太夫です。

竹本義太夫は近松門左衛門の作品を得て、義太夫節を完成させます。以後は、義太夫節が人形浄瑠璃の定番となりました。

作家 近松門左衛門

1653（承応2）年、越前国（福井県）で武士の子として生まれ、10代で京都に移り住み、教養を身につけて、人形浄瑠璃や歌舞伎の作者となりました。1684（貞享元）年、大坂の道頓堀に人形浄瑠璃の劇場・竹本座を旗揚げした竹本義太夫は、この近松の作品「世《よ》継《つぎ》曽《そ》我《が》」を語って大評判となります。近松は翌年、義太夫のために「出世景清」を書き下ろしました。ここに強力なコンビが誕生。のちに、それまでの浄瑠璃を「古浄瑠璃」、コンビ作以後の浄瑠璃を「新浄瑠璃」と呼ぶようになり、浄瑠璃

太夫と三味線弾き

左は江戸時代後期に出版された版本『声曲《せいきょく》類纂《るいさん》』の挿絵ですが、1723（享保8）年刊の別の本に載った挿絵を再掲載しています。義太夫は1714（正徳4）年に没しましたが、語り芸は継承されていきました。義太夫節を語る太夫と、その独特の節回しに合った伴奏をする三味線弾きの息が合うと、物語は熱を帯びて観客に届きます。昔のファンは人形浄瑠璃を「聞きに行く」と言っていました。

は新時代を迎えました。近松は義太夫と組んで、「曽根崎心中」などの大ヒット作や傑作を次々書きました。

太夫 竹本義太夫

大坂の農家に生まれて浄瑠璃語りの修行を積みました。1684（貞享元）年、大坂の道頓堀に人形浄瑠璃の劇場・竹本座を旗揚げし、近松作品を義太夫節で語って大好評を博します。近松はその後、義太夫のために傑作を次々提供。作品に恵まれた義太夫も、芸を完成の域に高めて観客を沸かせます。義太夫節は、既存の浄瑠璃（古浄瑠璃）を凌駕する支持を得て、人形浄瑠璃の定番となっていきました。その至芸は、現在の文楽に受け継がれています。

この世のなごり
夜のなごり

心中ブームまで巻き起こした近松の大ヒット作「曽根崎心中」

1703（元禄16）年、醤油屋の手代《てだい》（使用人）・徳兵衛と遊女のお初が、大坂の「天神の森」で心中する事件が起きました。近松門左衛門は、「曽根崎心中」と題して、すぐに浄瑠璃化。心中からわずか1か月後に大坂の竹本座で初演されると大当たりとなります。この作品により、同時代に生きる町人の出来事を題材にした「世話浄瑠璃」という新ジャンルが誕生しました（それまでの浄瑠璃は、時代物ばかりでした）。また、この作品の影響もあり、心中はブームとなります。心中事件が起きるたびに新たな浄瑠璃作品が生まれ、近松作品だけでも心中物が11作も書かれました。困惑した幕府は1723（享保8）年に心中禁止令を出しましたが、その後にも心中の大ブームが起きています。

曽根崎心中
お初・徳兵衛

実際に心中があった 露天神社《つゆのてんじんしゃ》（大阪府）

この神社の「天神の森」で、お初と徳兵衛が心中しました。近松が浄瑠璃化した「曽根崎心中」は大ヒット。上演されるたびに、観劇した人々が参詣、慰霊に訪れるようになり、「お初天神」とも呼ばれるようになりました。（右は2人の像）

17か月も上演が続いた「国性爺合戦《こくせんやかっせん》」など 近松は数々の傑作を提供

近松門左衛門は、1724（享保9）年に72歳で亡くなるまでの生涯に、およそ100作もの人形浄瑠璃作品を書きました。そのほかにも、上方歌舞伎の名優・坂田藤十郎にすぐれた脚本を提供するなど、歌舞伎作者としても功績を残しました。名作は今も上演され、世界でも高い評価を受けています。近松の才気を感じる傑作2作品を紹介します。

からくり人形の大仕掛けも楽しめる

「用明天皇職人鑑《ようめいてんのうしょくにんかがみ》」

「曽根崎心中」が大当たりしたあと、近松は竹本座の専属作者になります。その第1作目が、1705（宝永2）年初演のこの作品です。新しく座元となった竹田出雲《たけだいずも》がからくり芝居の出身だったこともあり、舞台上に釣られた大きな鐘から蛇体が出るなど、意表をつく仕掛けも楽しめる作品となりました。

←奥行きを感じる、見どころの多い舞台。人形遣い、太夫、三味線弾きが姿を見せる「出遣《づか》い」「出語り」も評判となりました。

手づくりの工夫がいっぱい!!

からくり人形で、桜の花を鮮やかに咲かせました。

雨雲のからくり。実際に水を降らせたようです。

座元・竹田出雲

作者・近松門左衛門

三業（太夫・三味線弾き・人形遣い）が描かれています。人形には足がなく、まだ「ひとり遣い」です。

中央に見えるものは和楽器の鼓《つづみ》です。空中に鼓を浮かせて、打つ音も響かせるという趣向のよう。

←主人公の和藤内《わとうない》。

人気が衰えず 17か月も 上演が続いた 近松の傑作

「国性《こくせん》爺《や》合戦《かっせん》」

竹本義太夫は1714（正徳4）年にこの世を去りました。近松はその後継者と竹本座のために作品を書き続けます。義太夫が亡くなった翌年に上演されたこの作品は大ヒット。17か月ものロングランとなりました。父が明の人、母が日本人という主人公の和藤内《わとうない》が、明国再興のために大活躍するという壮大な話で、歌舞伎にもなり、繰り返し上演されています。

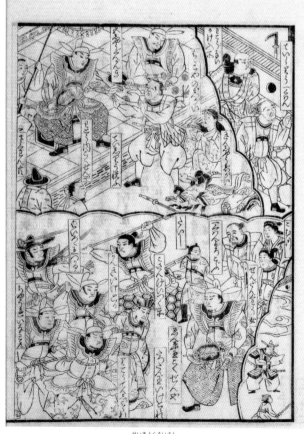

江戸時代後期に刊行された『声曲類纂《せいきょくるいさん》』より。「国性爺合戦」のハイライトシーンを集めて描いています。（国文学研究資料館 所蔵）

人形浄瑠璃は歌舞伎と影響し合いながら発展
歌舞伎人気を上回る絶頂期へ

17か月続演という大記録を打ち立てた「国性《こくせん》爺《や》合戦《かっせん》」は、竹本義太夫亡きあとの竹本座の地盤を固める人気作となりました。この作品はすぐに歌舞伎にもなり、役者が演じて観客を沸かせました。人形浄瑠璃と歌舞伎は、密接に関わりながら発展していったのです。

人形浄瑠璃の舞台づくりは、歌舞伎から学んでいるところが見られます。そのお返しのように、物語性にすぐれた人形浄瑠璃のヒット作は、歌舞伎に次々移されました。お互いにいいとこ取りをして、共存共栄を目指したのです。

ただし、人形の動きと役者の動きは異なります。人形浄瑠璃は太夫が物語のすべてを語りますが、歌舞伎は役者自身がセリフを語り、太夫と三味線が絡む場面も、役者を引き立てることに重点を置きます。人形浄瑠璃と歌舞伎は、それぞれの長所を生かす舞台づくり、演出を模索していたといえるでしょう。

「国性爺合戦」を成功させた人形浄瑠璃は、人気沸騰。全盛期に向かいます。ピークは、1720年代から訪れ、一時期は歌舞伎人気を凌駕し、盛況ぶりはおよそ30年続きました。

浄瑠璃や歌舞伎によく登場!!

曽我兄弟に江戸時代の人々が熱狂!! 近松も腕を振るった「曽我物」とは？

曽我兄弟（兄は十郎・弟は五郎）は鎌倉初期に実在した武士で、1193（建久4）年に父の敵を討ったことで知られています。その後、芸能の分野で「曽我物語」として作品化され、全国にこの物語が広まっていきました。江戸時代には、浄瑠璃や歌舞伎で「曽我物」と呼ばれる作品が次々当たり、数多くつくられるようになります。1720年代頃からは、江戸の歌舞伎の各座で正月興行が恒例となり、浮世絵も人気に。近松門左衛門も曽我物を手掛けて、人形浄瑠璃と歌舞伎の両方に傑作を提供しています。

↑幕末の浮世絵（錦絵）に描かれた曽我兄弟。左上が思慮深くやさしい兄の十郎、右下が勇ましい弟の五郎。

→1718（享保3）年、竹本座初演の「曽我《そが》会稽山《かいけいざん》」（近松作）を絵にしています。この人形浄瑠璃作品は、構成に長けた曽我物の傑作といわれ、わずか1日の出来事で物語が進み完結します。

全盛期を迎えた人形浄瑠璃

1703年、義太夫の弟子のひとりが独立して豊竹座《とよたけざ》を創立。芸風の違いを打ち出し、竹本座と競うようになります。義太夫と近松がこの世を去った後も、両座は火花を散らしながら人形浄瑠璃の人気を盛り上げていきました。人形浄瑠璃の全盛期は1720年代から1751（宝暦元）年頃まで。歌舞伎人気を上回る絶頂期には、「歌舞伎は無きが如《ごと》し」とまでいわれました。

『北条時頼記《ほうじょうじらいき》』(番付)

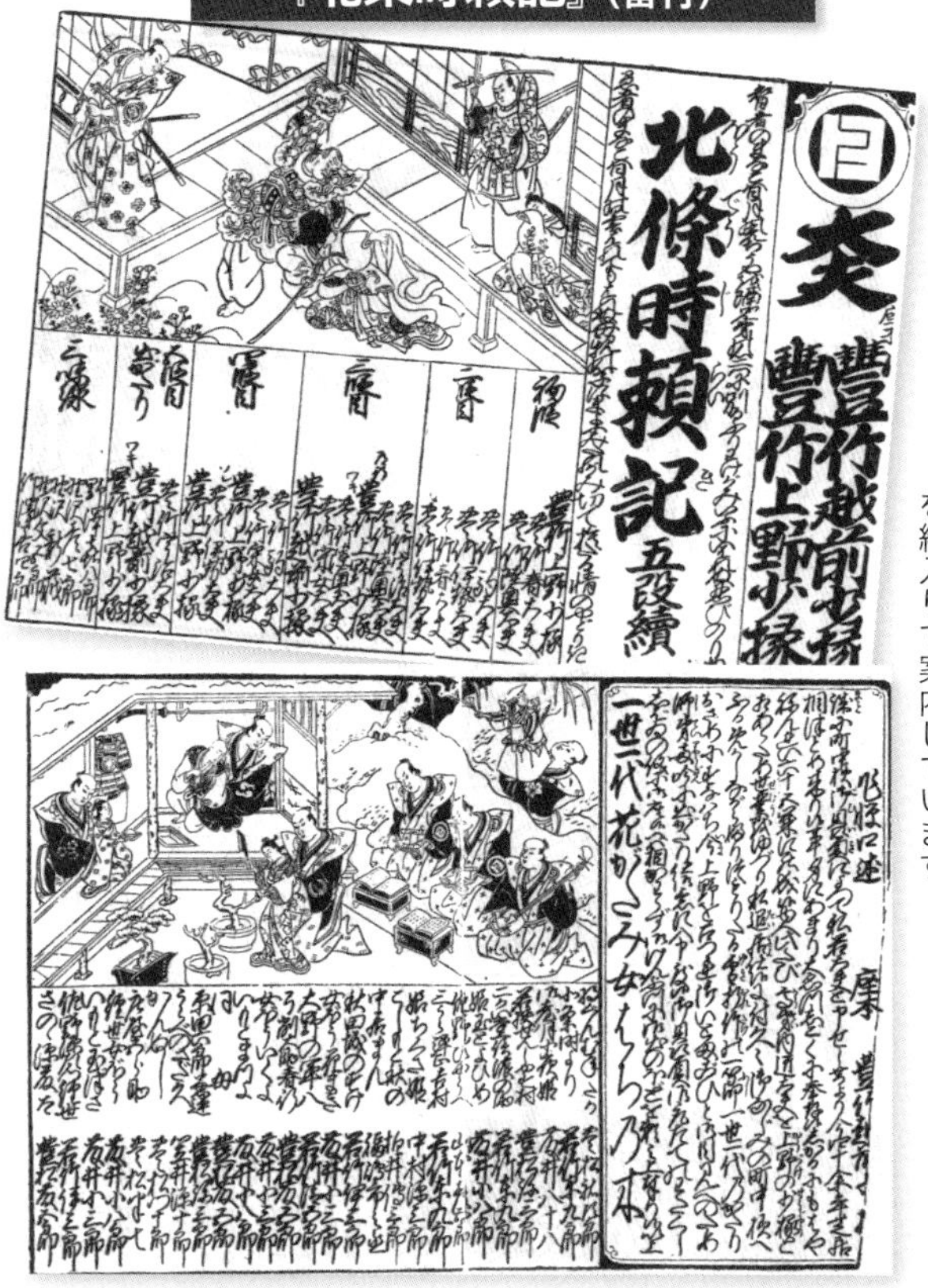

←「番付」とは、今の宣伝用チラシのようなもの。上は1746（延享3）年に豊竹座で上演された「北条時頼記」の番付です。下は、「出語り」「出遣い」を絵入りで案内しています。

『年忘座舗操《としわすれざしきあやつり》』

1755（宝暦5）年刊『年忘座敷操』より。複数の人形遣いを配して、人形の配役に合わせて操る「ひとり遣い」の妙技を描いています。

寄席にチャレンジ！

話芸のプロが江戸時代に活躍 落語の歴史

林家正蔵

安土桃山時代に豊臣秀吉の前で滑稽話を披露した僧侶の安楽庵策伝《あんらくあんさくでん》は、「落語の祖」といわれています。著書の『醒睡笑《せいすいしょう》』には、およそ1000話もの笑い話が収められていて、なかには今も演じられている落語の元ネタも入っています。ただし策伝は、諸大名などに招かれて話をしていた僧なので、落語家が本業ではありませんでした。

職業落語家のはしりといえる人は、江戸時代の元禄期の前（1680年代）に突如3人現れました。3人は、京都、大坂、江戸の三都で、それぞれ独自のスタイルを打ち出し、話芸を披露して銭を得ていました（下のカコミで解説）。

今の落語のスタイルに繋がるブームが訪れるのは、それから約100年後です。

江戸で大工をしていた烏亭焉馬《うていえんば》は、1786（天明6）年から自作の落し噺《おとしばなし》（落語）を定期的

元禄頃

話術の達人が三都に出現

1680年代に笑いの話芸を職業とする人が、京都、大坂、江戸の三都に現れました。3人は同時期に活動していましたが無関係。どの人も「落語家の祖」といえます。

京都 露《つゆ》の五郎兵衛《ごろべえ》

寺社の境内や歓楽街などで滑稽な話をして銭を得ることを「辻噺《つじばなし》」といいます。話術の天才・露の五郎兵衛は四条河原などで辻噺を披露しました。この絵は、北野天満宮（13ページで解説）で話をしているところ。

江戸 鹿野武左衛門《しかのぶざえもん》

家に招かれ、屋内で滑稽な話をして銭を得ることを「座敷噺《ざしきばなし》」といいます（絵では、矢印の先が武左衛門）。また、武左衛門は中橋広小路（現在の八重洲通り）の小屋で辻噺の興行も行いました。

大坂 米沢彦八《よねざわひこはち》

生國魂《いくくにたま》神社の境内に小さな小屋をつくり、辻噺をしたり、その時々の風俗や役者の物真似をして参拝の人々から笑いを取りました（絵は、現在の境内にある米沢彦八の碑より）。

に披露する会をはじめます。この会は大盛況となり、刺激を受けた三笑亭可楽や三遊亭圓生たちは落語を職業とするようになります。話芸に磨きをかけた可楽は、興業として成り立つ寄席の落語にチャレンジしました。

江戸時代後期

江戸

三笑亭《さんしょうてい》可楽《からく》

三題噺《さんだいばなし》が大人気に!

櫛《くし》職人だった可楽は、寄席の高座で落語を行いましたが失敗に終わります。可楽は櫛職人をやめて再出発を決意。修行に励み「三題噺」をはじめます。これは客に三つの言葉を出してもらい、その言葉が出てくる噺を即興でつくりあげて披露するというもの。出来の良さが評判となり、寄席で才能を開花させました。可楽は職業落語家となり大成し、弟子も育てました。

江戸時代後期

江戸

仕掛け怪談で名を揚げた

林家正蔵

落語家が次々誕生し、寄席の時代に入った江戸の落語は、化政期（1804～30年）に隆盛。寄席の数は100軒を超えました。三笑亭可楽の弟子だった林家正蔵は、西両国で自ら寄席を経営し、毎日出演するようになります。得意としたのは「怪談噺」。鳴り物、仕掛け、照明に凝り、幽霊も登場させて観客の度肝を抜きました。

正蔵の怪談本『尾《お》尾《び》屋《や》於《お》蝶《ちょう》三世《さんせ》談《ものがたり》』

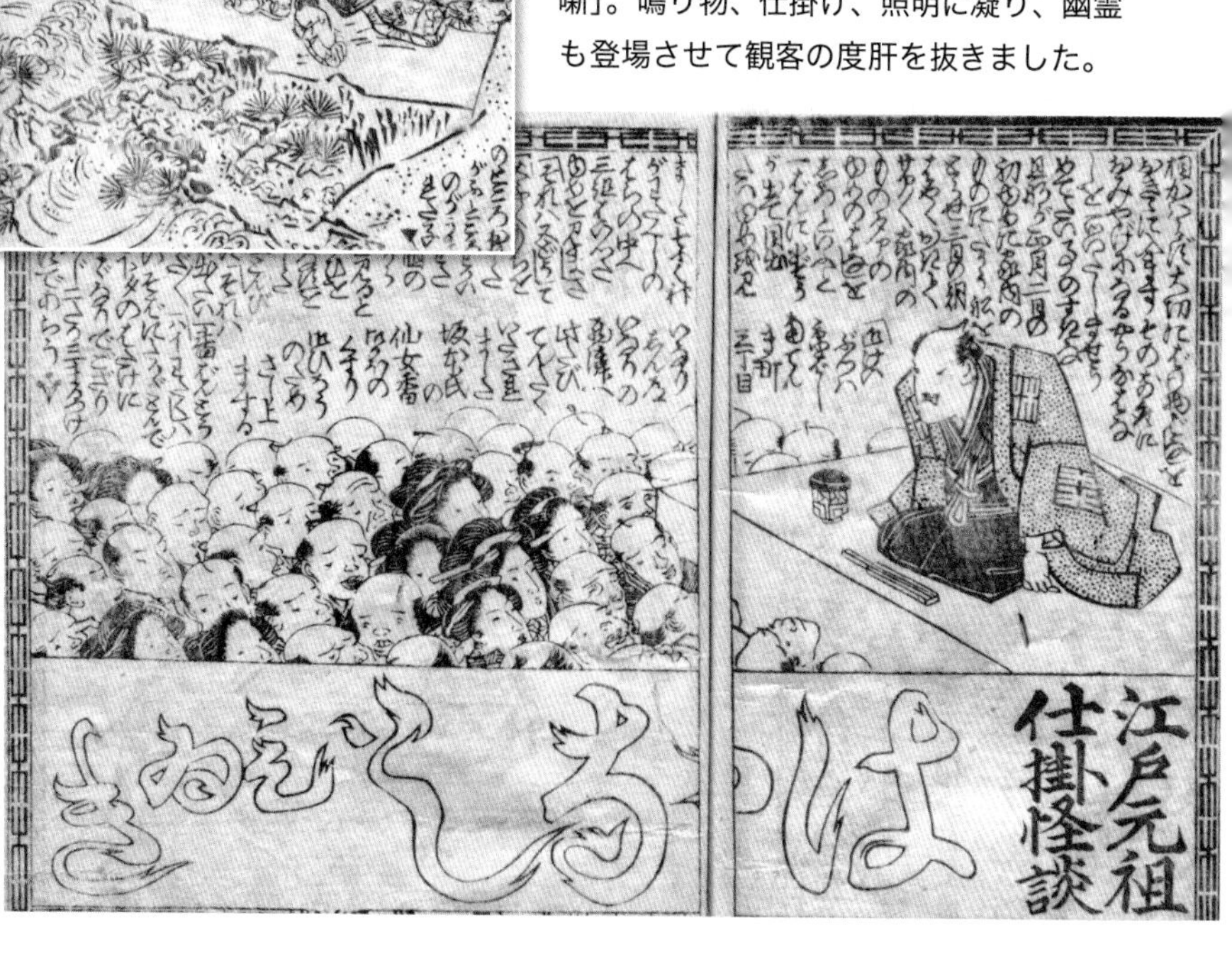

1825（文政8）年に刊行された林家正蔵作の怪談本。本の冒頭（右の絵）で寄席の高座で熱演する正蔵と大入りの客を歌川国貞が描写していて、当時の盛況ぶりを感じさせます。本文は上のような劇画コミック風。大胆な絵に文を組み込んだ、草双紙形式のページが展開します。

江戸時代中期に京都で画才が開花

のちの浮世絵師に多大な影響をあたえた西川祐信《すけのぶ》

1671（寛文 11）年に京都で生まれた西川祐信は、狩野派や土佐派の日本画を学びました。その後、江戸の菱川師宣らの影響を受けて浮世絵師に転向。優雅で品のある画風を確立すると、肉筆美人画や絵本、版本の挿絵などを多数手掛けて、上方浮世絵界の第一人者になりました。没年は 1750（寛延３）年。当時としては長命で、祐信は 80 歳まで生きました。江戸でも評判となった祐信の絵は没後も人気が衰えず、錦絵をはじめた鈴木春信ら江戸の浮世絵師たちに多大な影響をあたえました。

（千葉市美術館 所蔵）

享保期（1716 〜 36 年）頃に制作された肉筆画の絵巻物「四季風俗図巻」。祐信は、水辺でのひとときを楽しむ人々の動きを繊細に描いています。

八代将軍 徳川吉宗が実施した 享保の改革

八代将軍 徳川吉宗

幕府三大改革のうち、最初に行われた改革です。長い江戸時代の節目にもなった三大改革は、政治、経済のみならず、文化にも影響を及ぼしました。

「享保の改革」は、八代将軍徳川吉宗の長期にわたる在職中（1716〜45年）に行われています。

改革の目的は緩んだ幕政の立て直しで、最大の課題は財政再建でした。上米《あげまい》の制（※1）、通貨の統一、新田開発の推進、サツマイモなどの新作物栽培の奨励、米価調整、目安箱（※2）の設置などが実施され、質素倹約や合理化が進められました。

また、年貢の増収を図るため、農民にはその年の豊作、凶作にかかわらず一定の年貢を納めさせる「定免法」が施行されました。しかし凶作で悲鳴を上げる農民による一揆が増えます。

このほか吉宗は書物に目を向け、産業や医学、天文学などの分野で役立つ洋書の輸入を許可しました。

（※1）上米の制＝参勤交代で大名が江戸に滞在する期間を1年から半年に減らすかわりに、諸大名から1万石につき100石の割合で米を上納させる制度。

（※2）目安箱＝庶民が不満や要求を投書する箱。

（国文学研究資料館 所蔵）

『絵本雪月花』

反物《たんもの》を見たり、火熨斗《ひのし》（炭火の熱を利用するアイロンのような道具）で着物のしわを伸ばしたりしている女性たち。この絵本は、祐信没後の1753（宝暦3）年に出版されていますが、初版本かは不明。

『絵本千代見草』

秀逸な和歌を選び、祐信がイメージを膨らませて見開きごとに絵にした絵本で、1741（寛保元）年刊。頭句にある「たをやめ（手弱女）」とは、たおやかで優美な女性のこと。

鎌倉時代末期に成立か、といわれている

『徒然草』は

江戸時代初頭から世に広まった

序段と243段からなり、各段の内容は多種多彩。教養、教訓のみならず、笑いを誘う通俗的な話もある……などの特色をもつ『徒然草』は、『枕草子』『方丈記』と並ぶ日本三大随筆のひとつに数えられています。作者は兼好法師で、成立は鎌倉時代末期か、といわれていますが、その後は長らく限られた知識人のみが知る作品となり、広く読まれることはなかったようです。ところが、江戸時代初頭に「烏丸本」と呼ばれる古活字本や版本が出回るようになると、一気にブレイク。知識人が読み解く注釈書も、江戸時代前期に次々刊行されました。挿絵入りの各種普及版は、庶民の読書意欲も喚起。『徒然草』は万人が読むに値する古典としての評価を得ました。京都で江戸時代中期に名を成した浮世絵師・西川祐信も徒然草人気にあやかり、構図に秀でた『絵本徒然草』を残しています。

第13段より。上部に「ひとり燈《ともしび》のもとに 文（書物）をひろげて みぬ世の人を友とするこそ こよなふ なぐさむわざなれ」と、はじまりの文を挿入。兼好は読書家で、歌人としても知られています。

『絵本徒然草』 1740（元文5）年刊　画 西川祐信

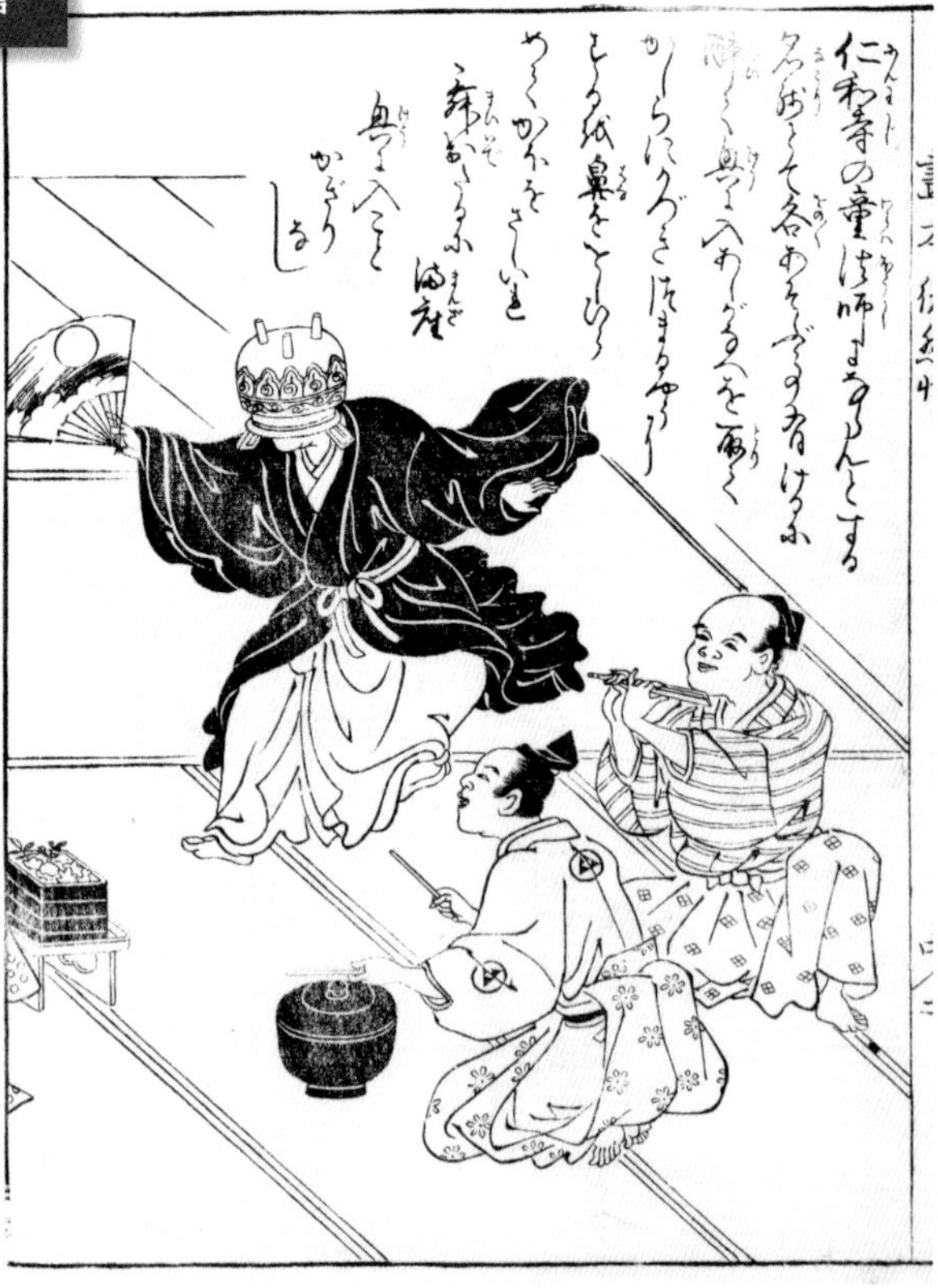

『つれづれ草』1703（元禄16）年刊

第8段より。「世の人の心まどわす事において、色欲にまさるものなし」といった内容の文からはじまります。このあと例として滑稽な話をもってくるところが兼好らしいところ。久米の仙人は、洗濯している女の白い脛《すね》を見て神通力を失います。単純ですが読者（とくに男性）の共感が得られやすい段で、挿絵を担当した絵師の腕の見せどころにもなりました。左に示したように、絵入りの徒然草にはこの段のお決まりの挿絵が頻出しています。比較するとよくわかりますが、上の挿絵は出色の出来栄えです。

『新板繪入《しんぱんえいり》つれづれ草』1712（正徳2）年刊

第53段より。この話もよく絵に描かれます。遊芸を披露しあう場にて、仁和寺の法師が酔った勢いで傍らの足鼎《あしがなえ》（三本足の金属製容器）を頭にかぶり陽気に踊ってみせると、一同大ウケに。ところがしばし踊ったあと、足鼎が抜けなくなります。血が流れ息も詰まってきたので、なんとか足鼎を打ち割ろうとしましたが失敗に終わります。法師は同行者に手を引いてもらい、杖をついて、京都の医師のもとまで歩いていきました。しかしそこでも抜くことができません。悲嘆にくれる法師……。結局、ある者の提案を聞き入れて、力任せに抜くことに。耳鼻は欠けましたが足鼎はようやく抜け、法師は命拾いをしました。その後も法師は長く病んだということです。

幕政の力を得た田沼意次の時代に 江戸を中心に展開した宝暦・天明文化

多芸多才の人 平賀源内

高松藩（香川県）の足軽の家に生まれ、長崎に留学。多種の教養を修めて、1756（宝暦6）年に江戸へ出ました。源内は、本草学者、科学者として活動。日本初の物産会を開催し、博物書を刊行。鉱山開発を計画し、エレキテルを復元します。また、油絵の洋風画を学んで、描き方を人々に教授。さらに戯作者として版本を出版。人形浄瑠璃作者にもなりました。1780（安永8）年に人を殺めて獄死。

1787（天明7）年刊の『紅毛雑話《こうもうざつわ》』より。エレキテルは摩擦により静電気を起こす装置で、オランダで発明されました。医療用でしたが効果はみられず、おもに見世物用として使われたようです。源内は破損した装置を長崎で入手し、江戸で復元して人々を驚かせました。

八代将軍徳川吉宗は、幕府の財政を立て直すために「享保の改革」を行い、将軍職を長男の家重に譲ると、その6年後の1751年に68年の生涯を閉じました。この年に元号は「宝暦」に変わります。元号はその後、「明和」「安永」「天明」と続き、幕府ではこの間に、田沼意次が権勢を振るいます。

意次は吉宗に仕えて幕臣となり、九代将軍家重のもとで出世し、大名になった人です。家重の子の家治が十代将軍となると、1767（明和4）年に将軍を助ける側用人に。その5年後には、老中にまで登りつめます。

幕政の力を得た意次は、経済政策に取り組みます。田沼時代は、米社会から貨幣社会への移行が進んだ時期といえるでしょう。経済的に恩恵を受けた江戸の武士や上層町人のあいだでは、創造的な文化活動が活発化します。田沼時代は文化への規制が少なく、比較的自由に活動できたのです。

江戸を中心に風通しよく伸びやかに展開したこの時期の文化を、本書では「宝暦・天明文化」と表記することにします。

日本で最初の 西洋医学の翻訳書

『解体新書』

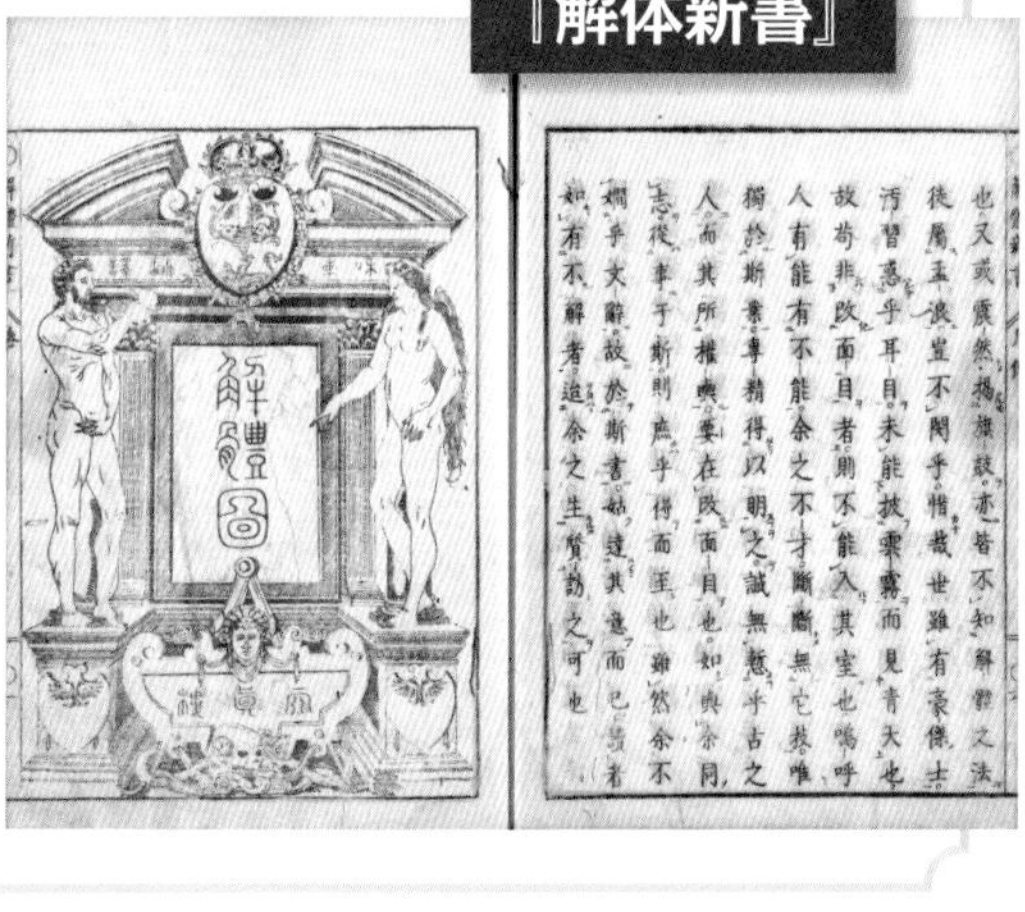

1774（安永3）年に刊行された『解体新書』は、ドイツ人クルムスの著作本をオランダ語に訳した医学書『ターヘル・アナトミア』をもとに翻訳された西洋医学書です。

蘭学者の杉田玄白は、この『ターヘル・アナトミア』を最初に見たとき、細部まで描かれている解剖図に注目しました。1771（明和8）年、玄白は蘭学者の前野良沢《りょうたく》と処刑された死刑囚の解剖を見学しましたが、本の解剖図と同じだったので驚嘆。すぐに良沢らと翻訳することに。しかし、翻訳作業は難航しました。

浮世絵を より豪華に カラフルに

色版の数をぐんと増やした 錦絵《にしきえ》が誕生！ 鈴木春信 作品が大人気に!!

1670年頃、絵師の菱川師宣は鑑賞用の浮世絵版画を誕生させました。最初は墨1色でしたが、筆で色をつける手彩色がはじまり、その後、2～3枚の色板《いろいた》（色版）を摺り重ねる色摺り（紅摺絵《べにずりえ》）が流行りました。色摺りのチャレンジはさらに続き、1765（明和2）年に鈴木春信らは色版の数をぐんと増やした豪華な浮世絵版画を制作。このカラフルな版画はたちまち人気となり「錦絵」と呼ばれるようになりました。以後錦絵は、浮世絵版画の主流となるのです。

（山口県立萩美術館・浦上記念館 所蔵）

「浮世美人寄花《はなによする》 山しろや内 はついと 萩」。1769～70（明和6～7）年頃に描かれた鈴木春信の錦絵です。「はついと」という美人を、萩の花にたとえて題にしています。掛け軸の中から恋文を渡そうと手を伸ばすサル。女性たちは、すぐに気づきました。絵は、以前の紅摺絵より色数が増えています。春信が描く可憐な美人は、当時とても人気があり、ほかの絵師たちがまねるほど一世を風靡しました。

版本の絵も描いた春信

1763（宝暦13）年刊の『絵本古金襴《えほんこきんらん》』より。「野分《のわき》」（台風など、秋に強く吹く風）の歌に合わせた絵が臨場感たっぷりに描かれています。錦絵で大成する以前の春信は、紅摺絵の役者絵や絵本などの版本の絵を描いていました。

幕府公認の江戸遊廓
吉原 1

吉原は江戸の地に誕生した唯一の幕府公認遊郭街です。営業開始は1618（元和4）年。当初の所在地は、現在の日本橋人形町付近でした。

しかしこの一帯は急激に都市化が進んでいったため、幕府は1656（明暦2）年、本所か浅草寺裏手の田園地帯（日本堤《にほんづつみ》）のどちらかに移転を迫ります。

その翌年、江戸の大半を焼き尽くす「明暦《めいれき》の大《たい》火《か》」（28ページで解説）が発生。吉原は焼失し、臨時の仮宅《かりたく》営業を経た後、候補地から選ばれた日本堤に移転します（このため、移転前の吉原を「元吉原」と呼びます）。

官許を得たこの吉原のほか、江戸には幕府非公認の私娼地である岡場所も繁盛。近くて簡便、格安などの強みを生かし、江戸市中の各地に広がります。吉原のみならず、深川や品川、新宿などの岡場所も含めると、料金のランクはピンからキリまで。あらゆる階層の男たちを誘惑の世界に引き込み、ひとときの色恋を金で売る商いが拡大しました。

商いは遊女を中心に繰り広げられましたが、その仕事を支える人々も多くいました。とくに流行の最先端をいく街を形成していた吉原では、経済効果を生み、ファッション、年中行事、音楽、美術、芝居、出版物等に関する多種多彩な文化の発信源や題材になりました。

豪華な衣装を身にまとい吉原のメインストリート（仲の町）を練り歩く高級遊女の花魁道中は華やかさを増し、江戸後期には一般女性も見学できる観光ショーとなります。

しかし我が身を売る遊女にとっては苦界《くがい》の日々であり、巧みに演出された「光」とは背中合わせに、病気や客とのトラブル、災害などの暗い「影」も交錯する危うさを常に抱えていました。

上の錦絵は、歌川国貞画「北郭《ほつかく》月の夜桜」。「北郭」とは、吉原のこと。江戸時代後期の錦絵で、吉原に一箇所しかない出入り口の「大門《おおもん》」から内部の遊郭街にまっすぐ伸びるメインストリート（仲の町）を覗くように描いています。人々が楽しんでいるのは、通りの中央に並んで咲き誇る吉原名物の夜桜。旧暦3月3日の紋日《もんび》に満開となるよう、期間限定で根付きの桜が毎年移植されました。

鈴木春信は吉原に実在した166人の遊女を描写

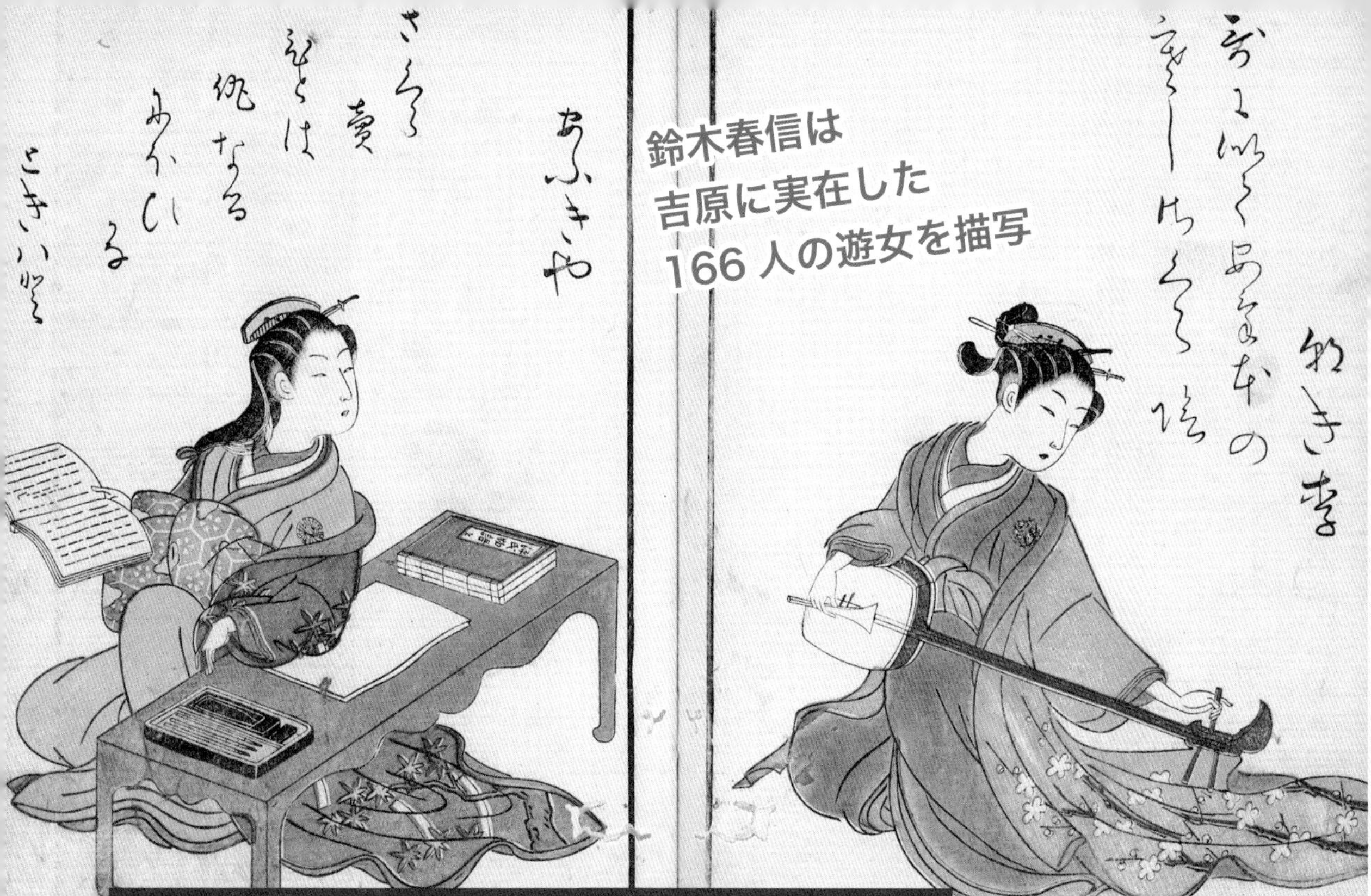

『絵本青楼美人合《せいろうびじんあわせ》』 1770（明和7）年刊　画 鈴木春信

鈴木春信は色版の数を劇的に増やした錦絵の創始者として知られていますが、当時は独特の作風も絶賛され、一斉を風靡するほどの爆発的人気を得ました。しかし多作に走りオーバーワークが続いたためか、春信は40代の若さで急逝。豪華仕様、全5巻の本作は、没年に刊行された春信唯一の多色摺絵本となりました。ここには吉原に実在した166人もの遊女が登場。遊女自作の発句を入れ、全身像を丹念に描いています。ただし似顔ではなく、春信調を貫いた美人画で構成。背景描写はなく、1ページにひとりの遊女が次々現れます。道具と絡めた遊女のしぐさは多彩で軽やか。しかし、さり気なさのなかに各人の体温が感じられ、顔には凛とした力が。洗練と品格の極みともいえる女性美に酔わされます。当時の吉原には教養を身につけようとした遊女がいて、上左の遊女は『源氏物語』を、下右の遊女は『風雅集』（『風雅和歌集』）を読んでいます。

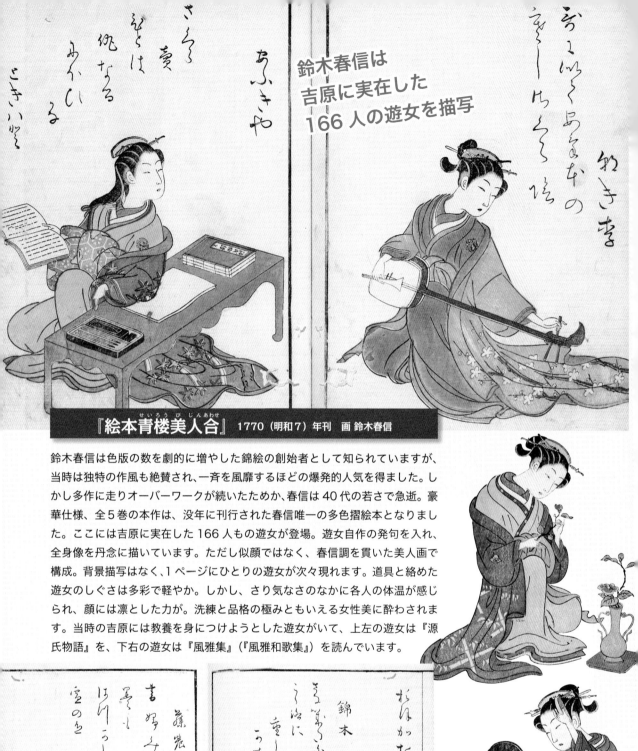

幕府公認の江戸遊廓 吉原 ②

浅草寺裏手に移転後の吉原遊郭街は、東京ドーム1.5個分くらいの広さがあり、元吉原の規模を大きく上回りました。最盛期には3,000人以上の遊女が暮らし、働く人の数を加えると、総人口は1万人くらいになります。ここには日用品を取り揃えた雑貨店があり、医者もいました。吉原は暮らしに困らない独立した街を形成していたのです。

客層は、年月を経るごとに変わっていきました。元吉原からはじまる初期の遊客は、大名や旗本などの上級武士が大半でした。元禄期（1688～1704年）には、一部の豪商が金をばらまくほど派手に遊びます。その後は、裕福な町人が中心となり、さらなる大衆化に歯止めが利かなくなります。

遊びの作法は簡略化が進み、料金もリーズナブルに。宝暦期（1751～64年）には、高嶺の花的存在だった遊女最高位の太夫と第2位の格子はいなくなってしまいます。

こうした変遷も頭に浮かべながら、吉原を題材にした作品を味わうのも一興といえます。

『青《せい》楼《ろう》美《び》人《じん》合《あわせ》姿《すがた》鏡《かがみ》』 1776（安永5）年刊　画 北尾重政・勝川春章

鈴木春信が生み出した独特の美人画は、多くのファンを獲得したことから急逝後も出版需要が衰えず、模倣作品や、明らかな影響が見られる作品が数多く出回りました。本作も春信の『絵本青楼美人合』を意識した作品で、描かれている遊女のなかには春信絵本の模倣も散見されます。版元は蔦屋重三郎で、作画は当時トップクラスの技量を備えていた北尾重政と勝川春章。二人の絵師は、ひと時くつろぐ複数の遊女たちを、精緻に描き込んだ室内に溶け込ませて、見所の多い秀作に仕上げています。絵には統一感があり、重政と春章の違いを見分けることは困難ですが、2人はほかの作品で独自路線を開拓。多くの門人を育てて大成しました。

「新かなや」という遊郭に実在した遊女たち。左の遊女（たち花）は、和歌（あるいは思いを寄せる男の名？）を短冊に書いて、七夕の葉竹に結びつけています。右は、筆を手に取る遊女（ゑぐち）。中央の2人は、『古今集』などを参考にしながら短冊用の和歌を詠もうとしているようです。

洒落本《しゃれぼん》の定型となった遊里小説

『遊子方言《ゆうしほうげん》』1770（明和7）年刊
著 田舎老人多田爺《いなかろうじんただのじじい》

春信の『絵本青楼美人合』が話題となった頃に出版された傑作遊里小説。江戸時代中期から知識人が余技として書きはじめた「洒落本」（遊里を舞台とした俗文学書）の１冊ですが、江戸の吉原を描いた本作はとりわけ出来がよく、その後の洒落本の定型となる画期的な作品となりました。サイズは現在の文庫本くらいの小本《こほん》。形状や色などの見た目から、「蒟蒻本《こんにゃくぼん》」とも呼ばれています。リアルな会話のやりとりを生かした流麗で写実的な描写は、今の小説に通じる読み味があり、滑稽ながらも個々の人物の心の内まで浮かび上がらせてうならせます。愉快な名の著者は、本屋の丹波屋利兵衛という説が有力。挿絵に頼らない文芸色の強い洒落本ですが、遊び方の作法や遊女との会話に不慣れな吉原初心者のガイドブックにもなったようです。

正午から午後４時くらいまでは「昼見世」の営業時間ですが、遊客は少なかったようで、暇を持て余す遊女もいました。その後、午後６時頃からはじまる「夜見世」までは自由時間。この絵は、その時間帯にくつろいでいる、「扇屋」という遊郭に実在した遊女たちを描いています。遊女たちは本を読んだり、台の上に乗せた的に開いた扇を投げて落とす投扇興《とうせんきょう》という遊びに興じたりしています。

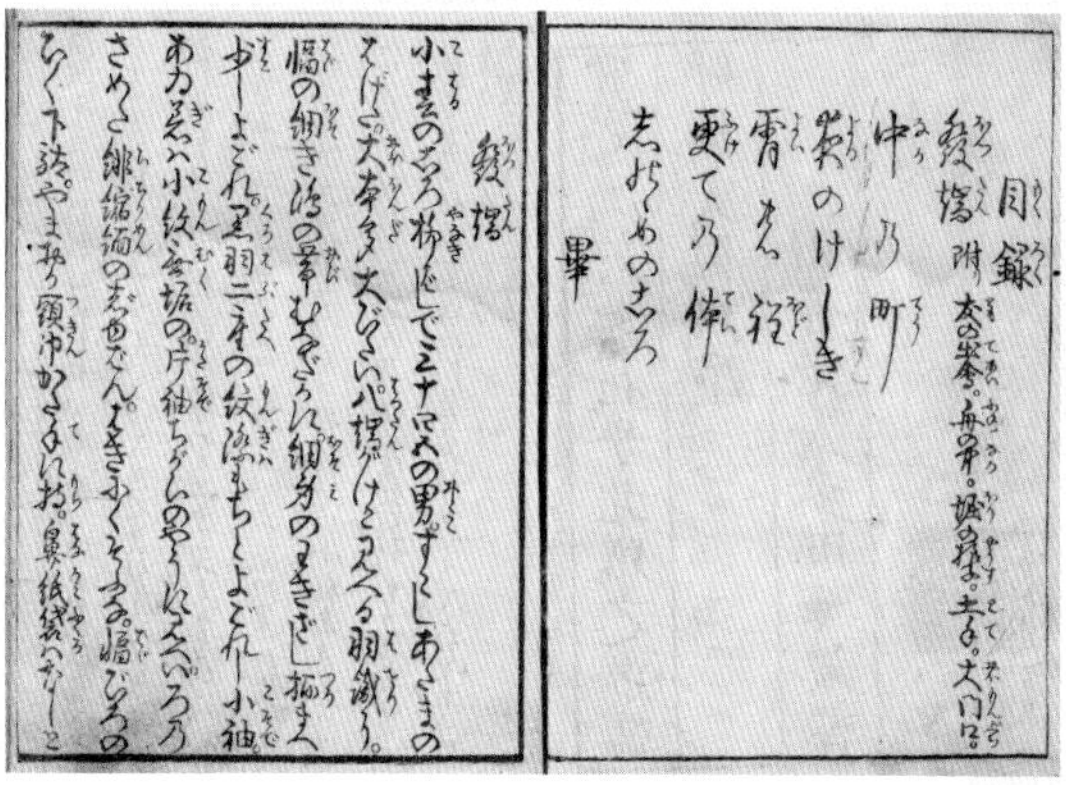

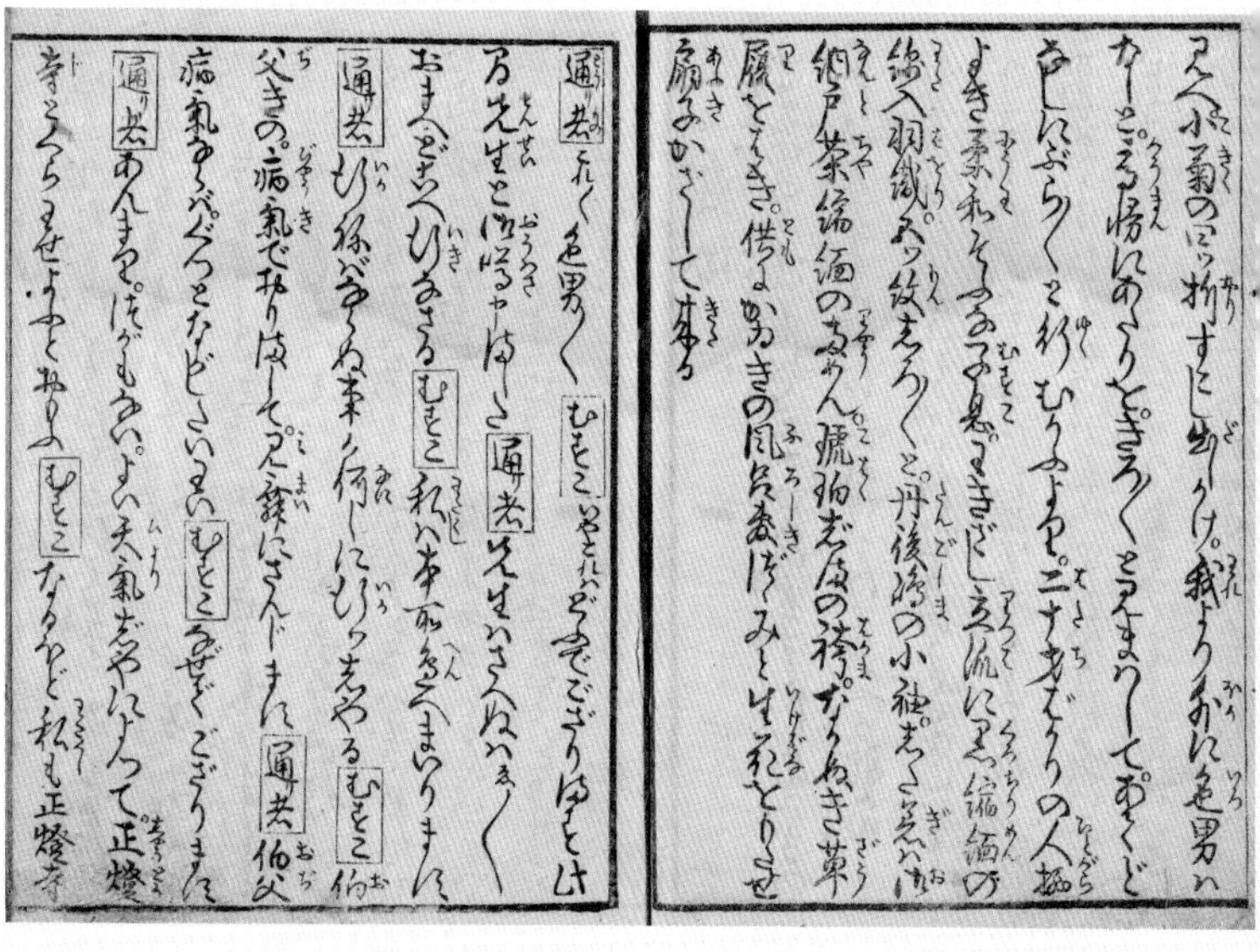

【あらすじ】通人《つうじん》（右の文中では「通り者」）を気取った男が、吉原を目指して柳橋あたりを歩いていると、うぶな若者（同「むすこ」）に出会います。うぬぼれの強い男はその若者を調子よく誘います。男は「通《つう》」の何たるかを若者に示そうとして、船宿や猪牙舟《ちょきぶね》の中で講釈をはじめ、自慢話をまくしたてます。……が、通人の振舞には遠く及ばず、徐々に馬脚を現していきます。大門《おおもん》を入った先の茶屋でも、出会う人ごとに半《はん》可通《かつう》（通人ぶる野暮な未熟者）であることをさらけ出してしまい、ついには遊女にも嫌われて冷たくあしらわれる始末。これに反して、うぶでおとなしい若者は、遊女に好かれてモテまくるのでした。

大田南畝《なんぽ》らにより狂歌ブームが到来 狂歌集や狂歌絵本が出版された

狂歌は、和歌のうちの短歌形式を用いた、滑稽な味わいをもつ歌です。歴史は古く、和歌の余技として楽しまれていました。江戸時代中期になると、狂歌は上方（京都・大坂）で上層階級、俳人、狂歌師たちにより、独立した知的文芸として広められ流行しました。

天明期（1781～89年）になると、江戸で狂歌の一大ブームが巻き起こります。最初に中心となったのは、若い幕臣の大田南畝《なんぽ》（別号、四方赤良《よものあから》・蜀山人《しょくさんじん》）、朱楽菅江《あけらかんこう》、唐衣橘州《からころもきっしゅう》でした。この3人は「天明狂歌の三大家」と呼ばれています。なかでも幅広い知識と才能に恵まれたリーダー格の大田南畝は、『万載《まんざい》狂歌集』の編者となるなど、スター的な存在でした。

詠み人を集めた狂歌会はいつも大盛況。町人知識層の参加も増えて、新たな狂歌グループも誕生していきます。すぐれた狂歌は、狂歌集や狂歌絵本として出版されました。

当時の文芸界のリーダーとして知られる
大田南畝

和歌は「雅」を重んじますが、狂歌はおもに日常の「俗」に目を向け、洒落や風刺を効かせて詠みます。過去の和歌を学び、深い教養を身につけた大田南畝はその達人でした。南畝の機知、センス、斬新な視点や痛快なひねりは、滑稽な狂歌を味わい深いものにしました。

> いたづらに 過ぐる月日も おもしろし
> 花見てばかり くらされぬ世は
> 四方赤良（大田南畝）

> 里の子に 追いかけられて いが栗の
> 地をにげまわる 風のはげしさ
> 朱楽菅江

大盛況だった天明期の狂歌会

恋川春町《こいかわはるまち》（85ページで解説）の作・画による1784（天明4）年刊の黄表紙『万歳集《まんざいしゅう》著微来歴《ちょびらいれき》』（上の南畝の絵も同じ書）より。江戸京橋の茶屋で開催された「百さえずりの狂歌の会」を絵にしています。

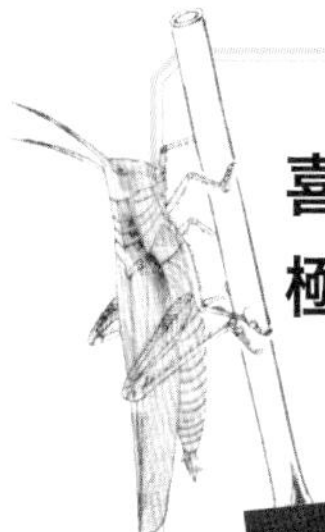

喜多川歌麿が描いた極上の狂歌絵本

すぐれた狂歌は、一枚摺りや狂歌集などの版本として編集され、出版されました。1788（天明８）年刊の『画本虫ゑらみ』は、絵を鑑賞しながら狂歌の作品世界が味わえる「狂歌絵本」です。描いた絵師は、美人画で知られる喜多川歌麿。微細を極めた描写に圧倒されます。

『画本《えほん》虫ゑらみ』

収められた狂歌は、すべて「恋」がテーマ。虫を題材に恋をどう詠んだのかが、美しい絵とともに楽しめます。「赤蜻蛉《あかとんぼ》」の狂歌は、「天明狂歌の三大家」のひとり、朱楽菅江の作。「しのぶより 声こそたてね 赤蜻蛉 をのがおもひに 痩ひこけても」は、胴体の細いアカトンボを、告白できない恋やつれの人にたとえています。

トカゲやヘビは爬虫類ですが、当時は虫の仲間として載せています。「虵《へび》(蛇)」の狂歌は、「かきおくる 文もとぐろを まき紙に つもる思ひの たけはながむし」とあり、「とぐろ」「ながむし」にヘビを掛け、愛しい人につもる思いを長々と文にしたためる、切ない恋心を詠んでいます。

喜多川歌麿と東洲斎写楽は版元の蔦屋重三郎が売り出した浮世絵師

前ページに掲載した『画本《えほん》虫ゑらみ』の版元(出版元)は、蔦屋重三郎です。蔦屋は、江戸で出版プロデューサーの才をいかんなく発揮し、企画力が光る版本や浮世絵(錦絵)を次々世に出しました。

ここでは蔦屋が新人として売り出し、今や世界にまでその名が知れ渡っている2人の浮世絵師について解説します。

ひとり目は喜多川歌麿。蔦屋は『画本虫ゑらみ』刊行の4年ほど前に歌麿を見出し、絵本などを描かせます。『画本虫ゑらみ』は、狂歌絵本の代表作となりました。この刊行の2年後に、蔦屋は女性の上半身を大きく見せる「美人大首絵」を歌麿に描かせると大ヒット。歌麿は美人画の巨匠といわれる人気絵師となりました。

2人目は、のちに海外で高い評価を得た東洲斎写楽です。蔦屋は写楽に28枚もの「役者大首絵」をいきなり描かせて、1794(寛政6)年にデビューさせました。そのなかの1枚が、有名な江戸兵衛の絵です。

しかし、当時は美化した役者絵が好まれたため、生々しい写楽の絵はヒットに至らなかったようです。写楽は何度か新作を発表すると、デビュー後わずか10か月で、姿を消してしまいました。

写楽が描いた 歌舞伎役者

「二代目瀬川富三郎《せがわとみさぶろう》の大岸蔵人妻《おおぎしくらんどつま》やどり木」。1794(寛政6)年に出版された大判の錦絵で、デビュー作28枚中の1枚です。背景に光沢のある黒雲母摺《くろきらずり》がほどこされ、新人としては破格の売り出しとなりました。しかし顔がリアルすぎて、評判はいまひとつだったようです。
(山口県立萩美術館・浦上記念館 所蔵)

歌麿が描いた美人

↑『画本虫ゑらみ』刊行の翌年くらいに出版された狂歌絵本『潮干《しおひ》のつと』より。この題名は「潮干狩りのおみやげ」という意味です。貝を題材に詠んだ狂歌をもとに、歌麿が美しい絵にしています。この見開きページは、女性たちが「貝《かい》合《あわせ》」というゲームに興じているところ。

1804～06年ごろに出回った「夏衣裳当世美人 荒木《あらき》仕入《しいれ》の織島向《おりしまむ》キ」。歌麿晩年の作で、呉服屋「荒木屋」の広告錦絵です。手前の女性がマクワウリをむいています。着ている格子縞《こうしじま》の着物と雲柄の帯は、荒木屋が仕入れた商品のようです。

（山口県立萩美術館・浦上記念館 所蔵）

絵師の円山応挙は、京都で写生画を確立 絵画の新たな潮流をもたらした

独自に写生画を追求した 円山応挙

円山応挙登場以前の絵画は、日本の風景や風俗などを装飾的に描いたやまと絵や、山水画などが主流でした。その系統で多くの流派が生まれ、美が追究されてきたのです。応挙はその影響を受けつつも、写生で魅了する絵画を京都で確立し、圧倒的な支持を受けて新たな潮流をもたらしました。

ただし応挙が目指した写生画法は、対象物をありのまま微細に写し取るだけではありませんでした。対象物の本質をとらえて、生きているものには生命力をもたらし、写実を超えた絵画的臨場感を宿らせようとしたのです。では、「写生派の祖」といわれる応挙は、どのような人物だったのでしょう。

応挙は１７３３（享保18）年、丹波国（京都府）の農家に誕生。15歳の頃に京都の奉公先で画力が認められ、狩野派の絵師に絵を習います。しかし写実技法を用いた西洋画や中国の絵にもひかれていき、絵師になると独自の写生画に挑んで完成させました。その後は、長沢芦雪などの弟子も大勢かかえて円山派を形成。１７９５（寛政７）年に応挙は63歳で没しました。また、応挙に師事した呉春は、四条派を興しています。二派は円山・四条派として、その後の京都画壇の主流となり、近代の日本画に至るまで多大な影響を及ぼしていきました。

（大乗寺 所蔵）

襖絵　松に孔雀図
（16面中の4面）

大乗寺（兵庫県）の襖16面に展開する応挙の絵画。1795（寛政7）年4月に完成。金箔の地に墨のみで描いていますが、松とクジャクは鮮やかな色が立ち上がってくるような生命力を湛えています。応挙はこの時63歳。病と戦いながらこの後も大作を2作完成させて、同年7月にこの世を去りました。

洋風画を描いた 司馬江漢

江戸に生まれて町絵師として活躍した司馬江漢は、とても器用な画家でした。狩野派に学び、鈴木春信（73ページで解説）の弟子となって浮世絵を描き、中国の写生画も習います。その後、平賀源内（72ページで解説）と出会い、西洋画に傾倒。洋風画家の道にも足を踏み入れます。1783（天明3）年には、日本初の腐食銅版画（エッチング）を制作。油彩画も描きました。さらには随筆などの執筆にも力を入れ、西洋の天文学、地理学も紹介するなど、多くの著書を出版しました。

1783（天明3）年制作の日本初の腐食銅版画（エッチング）。手彩色により着色しています。タイトルは「三囲景《みめぐりのけい》」。絵の右に隅田川を、左に江戸名所の三囲神社を描いています。

『雨月物語』は、前期読本《よみほん》の傑作 大人向けの草双紙（黄表紙《きびょうし》）も登場

江戸時代に出版された「読本《よみほん》」は、文芸色の強い小説で挿絵がつきます。これとは別ジャンルとなる「草双紙」は、絵の中に文を入れ込んだ小説です。

読本は中国の大衆小説の影響を受け、日本の史実や物語も取り入れて創作された伝奇（奇談）が多く、刊行期により前期読本と後期読本に分けられます。

前期読本は寛延～天明期（1748～89年）に、京都や大坂で刊行されました。その最高傑作が、1776（安永5）年に出版された上田秋成作の『雨月物語』です。全9話を収めたこの怪異短編小説集は、幕末近くまで増し摺りされました。

一方の草双紙は、表紙の色で区別できる「赤本」「黒本」「青本」「黄表紙《きびょうし》」と、数冊を綴じて長編物として刊行された「合巻《ごうかん》」の総称です。このうちの黄表紙は、風刺性を内在させた知的な滑稽さが味わえる大人向けの小説として人気を得ました。1775（安永4）年に刊行された『金々先生栄花夢《きんきんせんせいえいがのゆめ》』はその記念碑的な作品で、量産されていった黄表紙のお手本となりました。

前期読本の怪異短編小説集

上田秋成《あきなり》の『雨月物語』

→「貧福論《ひんぷくろん》」より。武士の岡左内《おかさない》は、部屋にお金を並べて喜ぶほどのお金好き。ある夜、左内の枕元に小さな老人が現れます。「私は、あなたが大切にしている黄金の精です」と切り出す老人は、お金の話を投げかけて議論となります。

↓「白峯《しらみね》」より。旅に出た西行法師が白峯を訪れると、崇徳院の怨霊が現れて……。

（国文学研究資料館 所蔵）

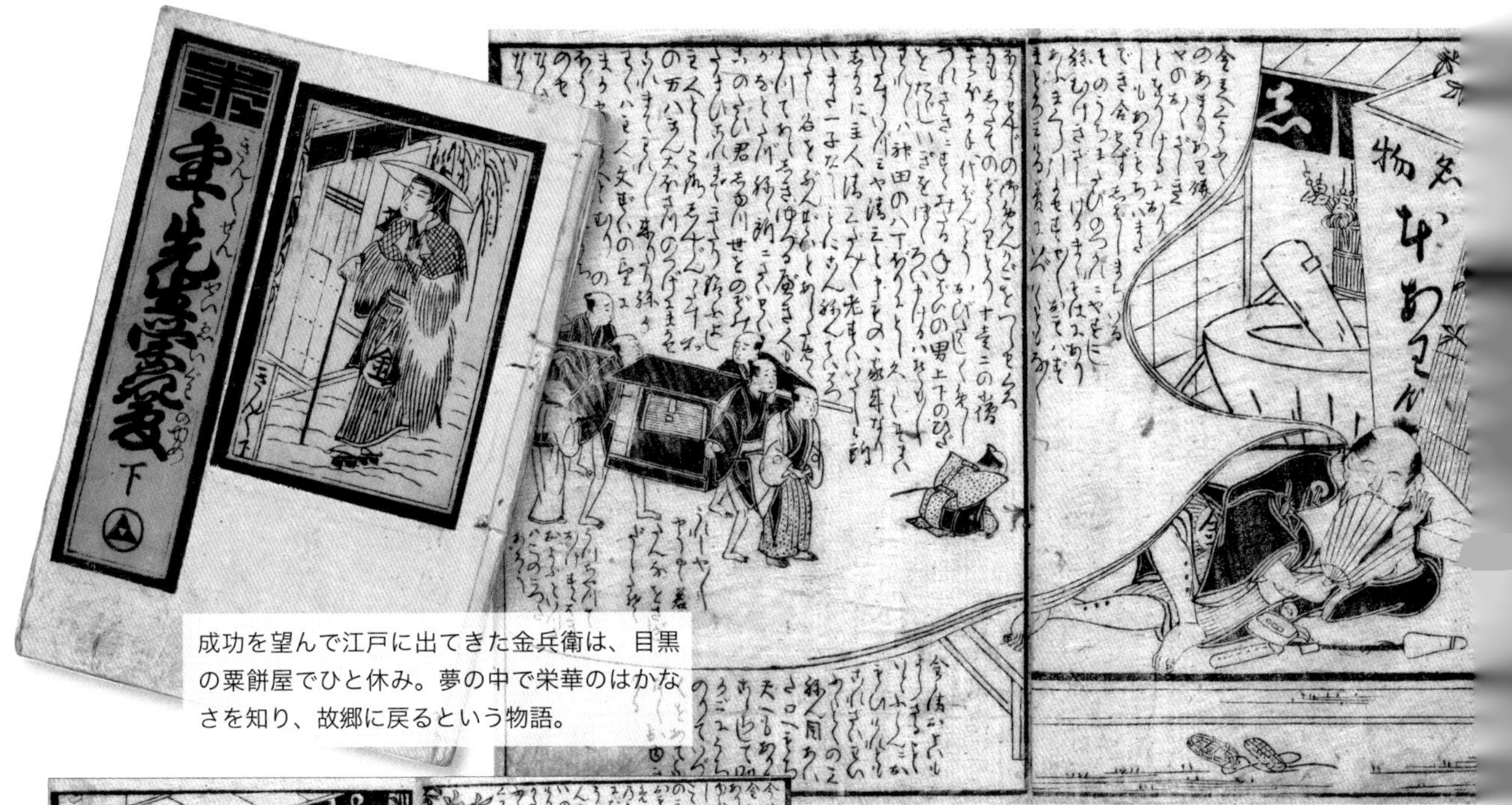

成功を望んで江戸に出てきた金兵衛は、目黒の粟餅屋でひと休み。夢の中で栄華のはかなさを知り、故郷に戻るという物語。

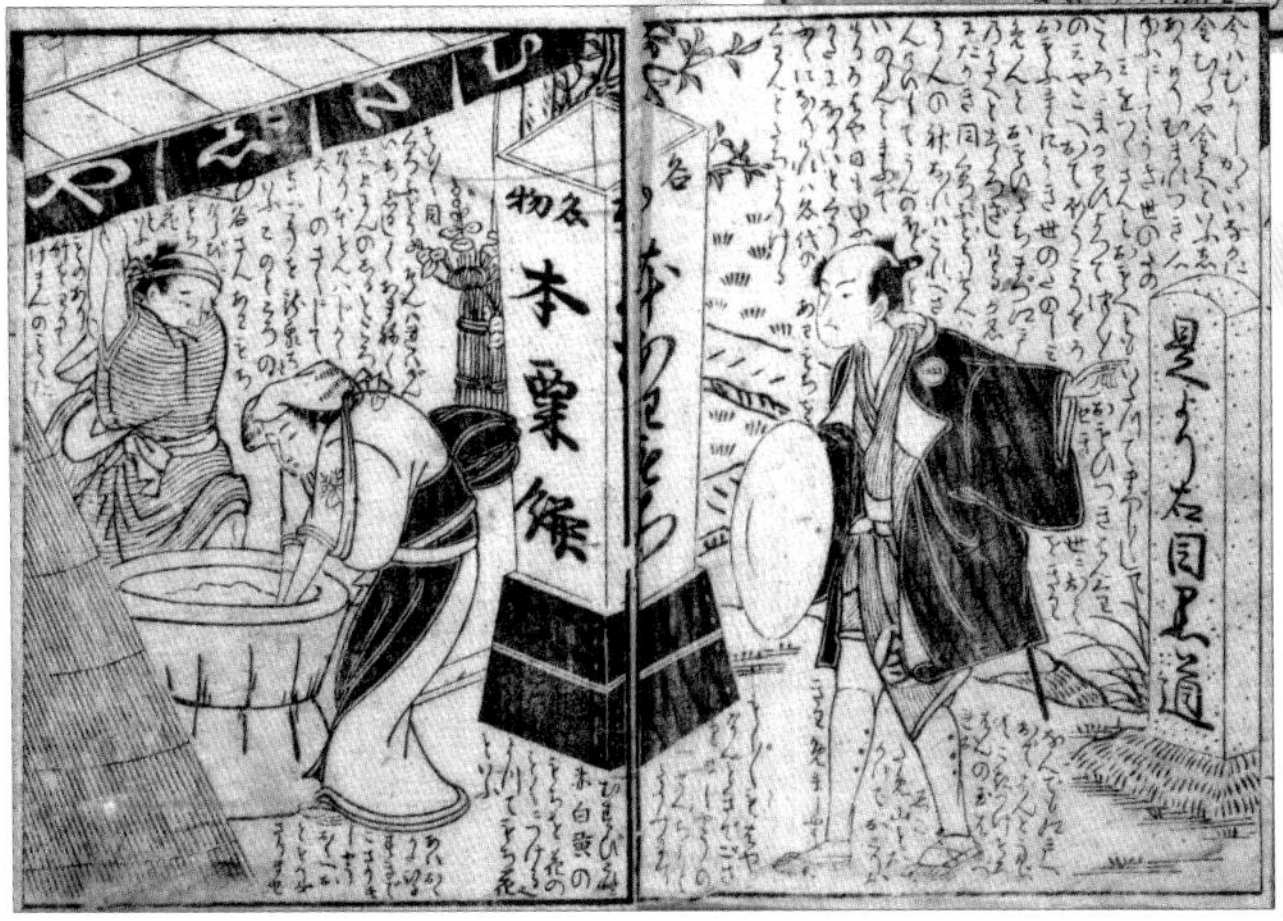

（国文学研究資料館 所蔵）

黄表紙のはじまり

恋川春町《こいかわはるまち》の『金々先生栄花夢《きんきんせんせいえいがのゆめ》』

1775（安永4）年に刊行。著者の恋川春町は駿河国（静岡県）小島《おじま》藩の家臣で、流麗な絵も描きました。この作品は、大人が読む小説として成立させたところが画期的でした。追随して山東京伝（92、93ページで解説）らも出版。1806（文化3）年まで黄表紙の時代が続きました。春町は「酒上不埒《さけのうえのふらち》」の狂名で、狂歌師としても活躍しました。

「もののあはれ」論を提唱した国学者 本居宣長

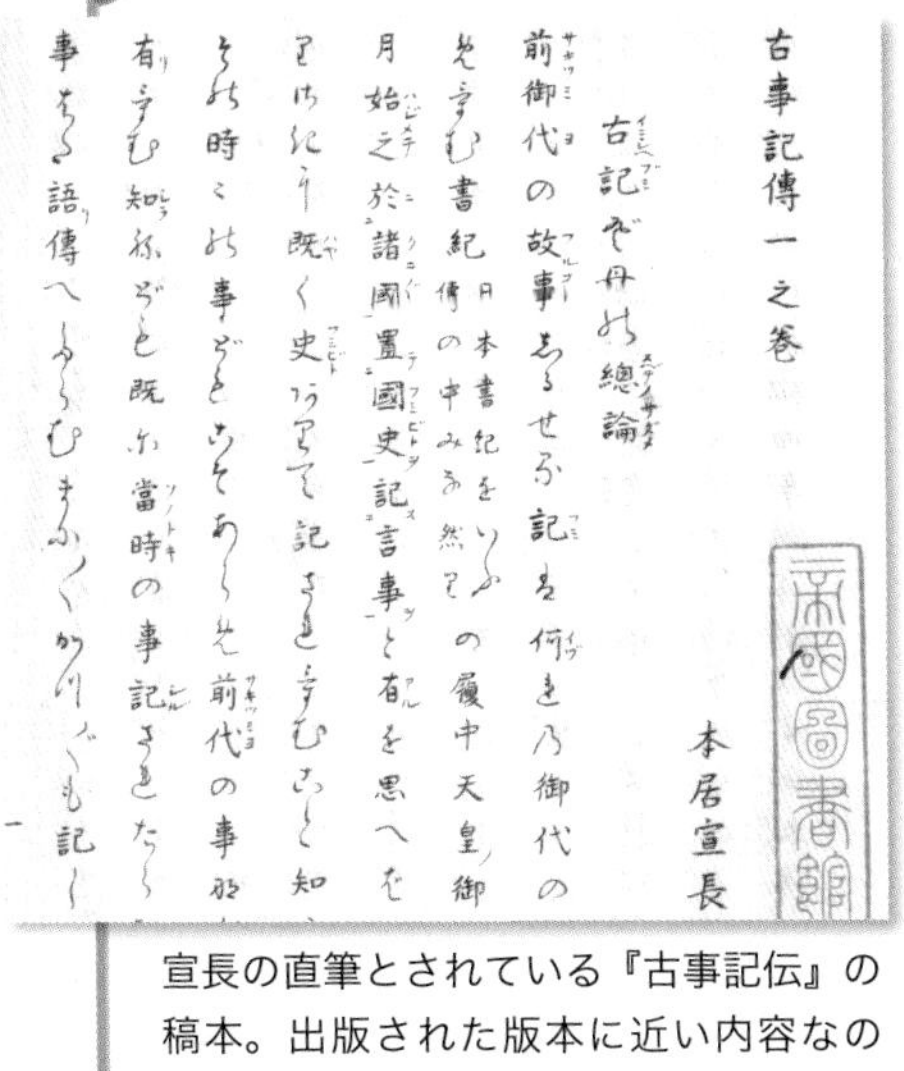

宣長の直筆とされている『古事記伝』の稿本。出版された版本に近い内容なので、最終原稿と考えられています。

「国学」とは、古典を研究して、日本固有の精神、文化を究明しようとする学問のこと。伊勢国（三重県）の木綿商に生まれた本居宣長は、読書に励み、医術、儒学を学んで、国学者となりました。生涯に著した本は78種、200冊以上。そのなかの『古事記伝』（全44巻）は、宣長の学問の集大成といえる大作で、30年以上かけて1798（寛政10）年に完成させました。宣長は『源氏物語』も研究。そこに息づく感情、情緒の本質は、「もののあはれ」であると唱えました。

江戸時代中期・後期の俳諧

江戸時代前期に活躍した松尾芭蕉は、独自の詩情を追求し、俳諧に高い文芸性をもたらしました。しかし芭蕉没後は、俳諧に親しむ人が増えたにもかかわらず俗化が進み低迷期に入ります。そうした状況から脱却すべく、芭蕉を神格化する復興運動が江戸時代中期におこりました。そのなかから与謝蕪村が現れ、後期には、小林一茶が後世に残る作品を数多く残しました。

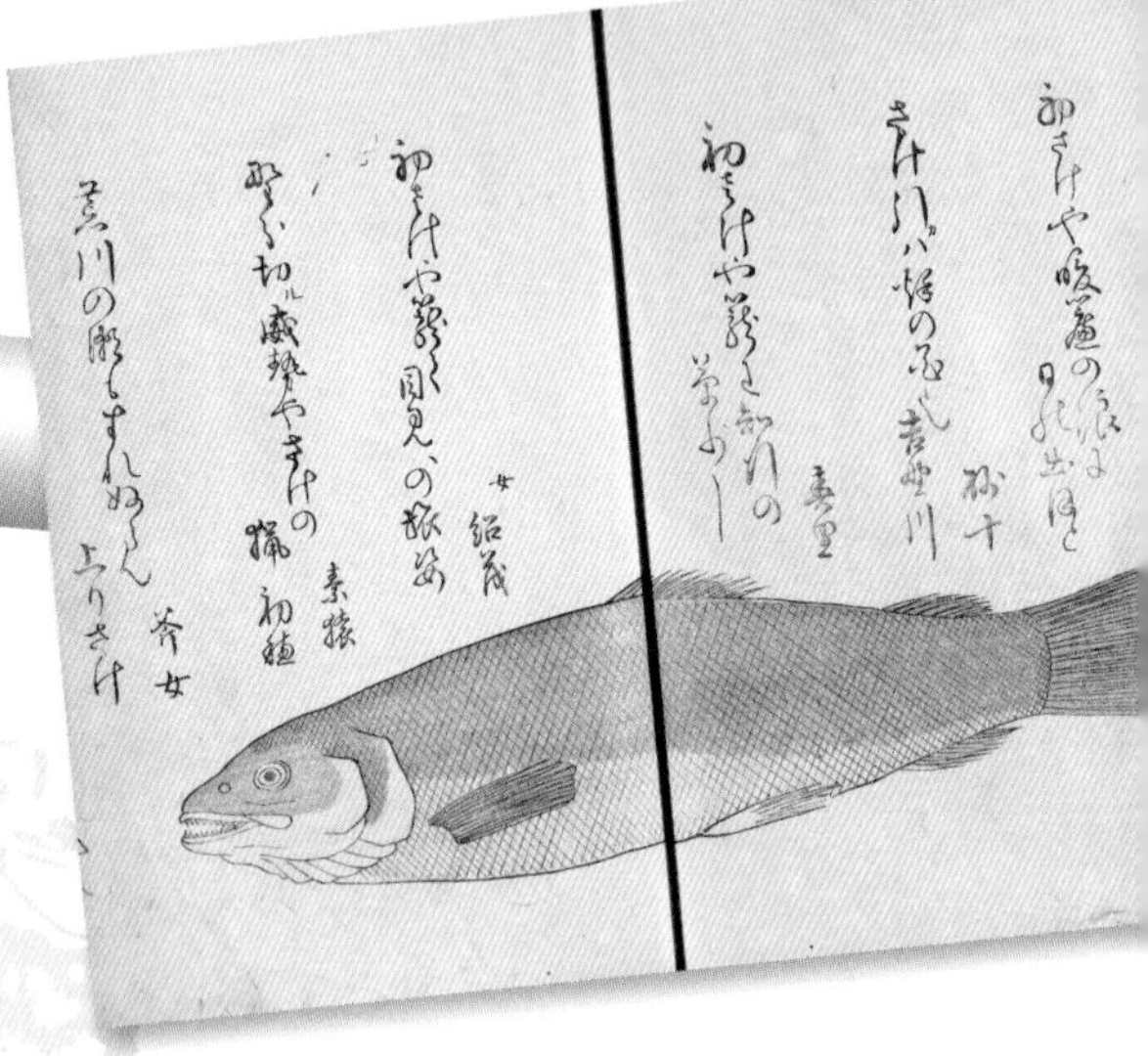

1762（宝暦 12）年に刊行された絵入り俳諧書『海の幸』。このページでは、サケを詠んだ発句を並べて、絵を大きく入れています。

与謝蕪村

（俳人・画家）

（京都国立博物館 所蔵）

蕪村は、松尾芭蕉の死去から22年後の1716（享保元）年に、摂津国東成郡《せっつのくにひがしなりぐん》（大阪府）で誕生。20歳の頃に江戸に出て、俳人・早野《はやの》巴人《はじん》の門人になりました。巴人が没すると、約10年にわたり地方を旅し、36歳から京都に定住します。蕪村は芭蕉を慕い、芭蕉の絵も多数描きました。しかし俳諧の作風は異なり、絵画的な情感を込めた作品を多数残しています。蕪村は画業にも打ち込み、池大《いけのたい》雅《が》と並び、文人画の大成者にもなりました。

春の海 ひねもすのたり のたりかな

菜の花や 月は東に 日は西に

夏河を 越すうれしさよ 手に草履

斧入れて 香に驚くや 冬木立

学問は 尻からぬける ほたるかな

1778（安永7）年に蕪村が制作した図巻『奥の細道図』の一部。旅立つ松尾芭蕉と随行した曽良を描いています。蕪村はこうした絵をはさみながら、芭蕉の紀行文『おくのほそ道』の全文を書写。同様の内容で屏風なども制作しています。

小林一茶（俳人）

一茶は多作の俳人です。五七五による発句の数では、芭蕉の約千句、蕪村の約三千句に対して、一茶は約二万句と、ずば抜けて多くの作品を残しています。一茶は、芭蕉の死去から69年後の1763（宝暦13）年に、信濃国（長野県）の農家で誕生。15歳のときに江戸に出ました。その後の消息は約10年にわたり不明ですが、俳人の二六庵竹阿に俳諧を学び、諸国行脚の生活をはじめます。平易な言葉を用いて多くの発句を詠んだ一茶は、晩年に故郷に帰り定住しますが、不幸が次々襲いかかります。24歳年下の女性と結婚して、三男一女をもうけたのですが、子は次々亡くなり、妻も病死してしまいます。2人目の妻とはすぐに離婚。3人目の妻を迎えると、翌年、地元の柏原《かしわばら》宿《しゅく》に大火が発生。自宅も類焼して、焼け残った土蔵に住むことになります。その年の1827（文政10）年11月に、65歳だった一茶はその土蔵の中で死去しました。

うまさふな　雪やふふはり〳〵と

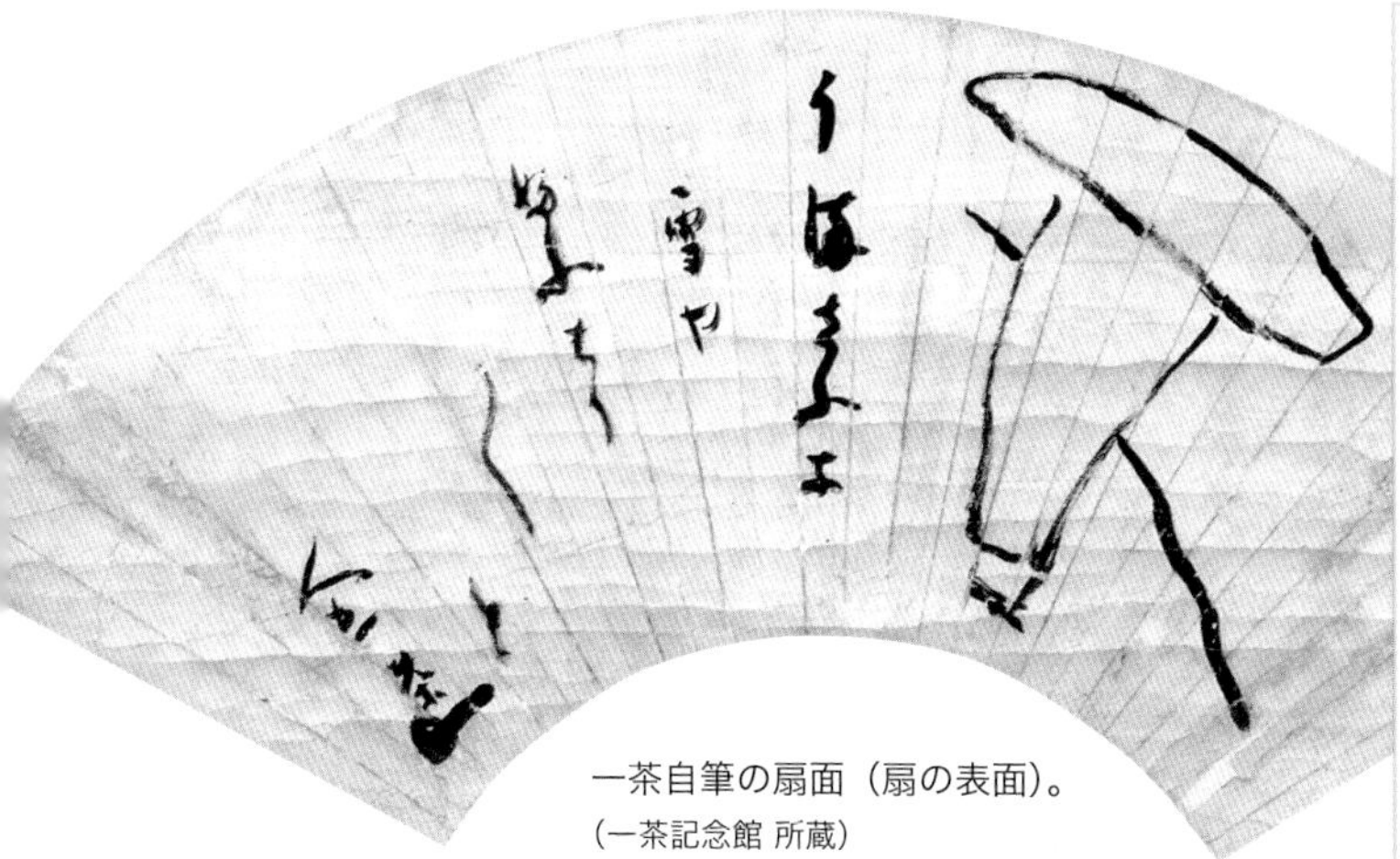

一茶自筆の扇面（扇の表面）。
（一茶記念館 所蔵）

すずめの子　そこのけそこのけ　お馬が通る

めでたさも　中位なり　おらが春

名月を　とってくれろと　泣く子かな

やせ蛙　負けるな一茶　ここにあり

これがまあ　終のすみかか　雪五尺

一茶が最晩年を過ごした土蔵（復元・国史跡）。1827（文政10）年、大火で宿場だった柏原の大半が焼けて、一茶の自宅も類焼しました。やむなく一茶は焼け残ったこの土蔵に移り住み、同年に一生を終えました。

（写真提供　一茶記念館）

江戸時代後期の園芸ブーム

歌川国貞が1844年（天保15）ごろに描いた「豊歳五節句遊《ほうさいごせつくあそび》」。母がキクの手入れをしている横で、娘が花をうれしそうに見ています。

園芸ブームは、元禄期（1688～1704年）におこり、そのあと化政期（1804～30年）でも大きなピークを迎えました。園芸は、場所を取らない鉢植えの普及もあり、武士、町人、農民に浸透。栽培技術も進んで、世界でも類を見ない独自の園芸文化を形成していきました。当時の園芸通は、見た目の美より変わった葉や花に価値を見出していたようです。

ブームになった変化《へんか》アサガオ

当時の園芸通は、無難な美しさより、奇妙な形をした葉や花に価値を見出す傾向がありました。とくにアサガオは化政期に、珍花、奇葉といえる変異を楽しむ「変化アサガオ」の一大ブームが巻き起こります。この人気にあやかり、たくさんの変化アサガオを歌や絵入りで紹介した版本も出版されました。

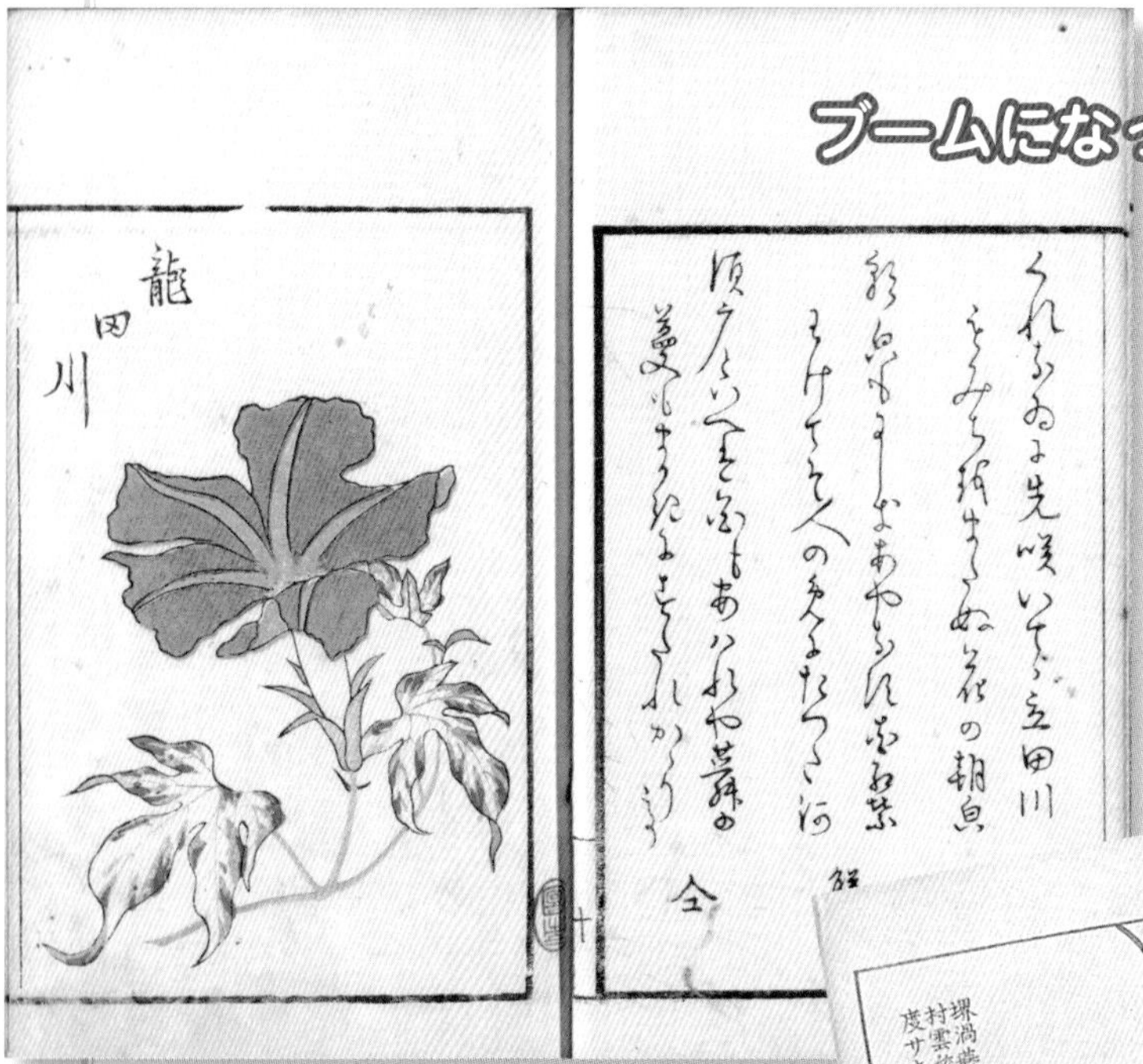

↑ 1815（文化12）年に大坂で初版が刊行された手彩色による版本『花壇朝顔通《かだんあさがおつう》』。約180品種の変化アサガオを収録。この見開きには、左ページに「龍田川」と名付けられた花と葉の絵を入れ、右ページに関連した歌を紹介しています。

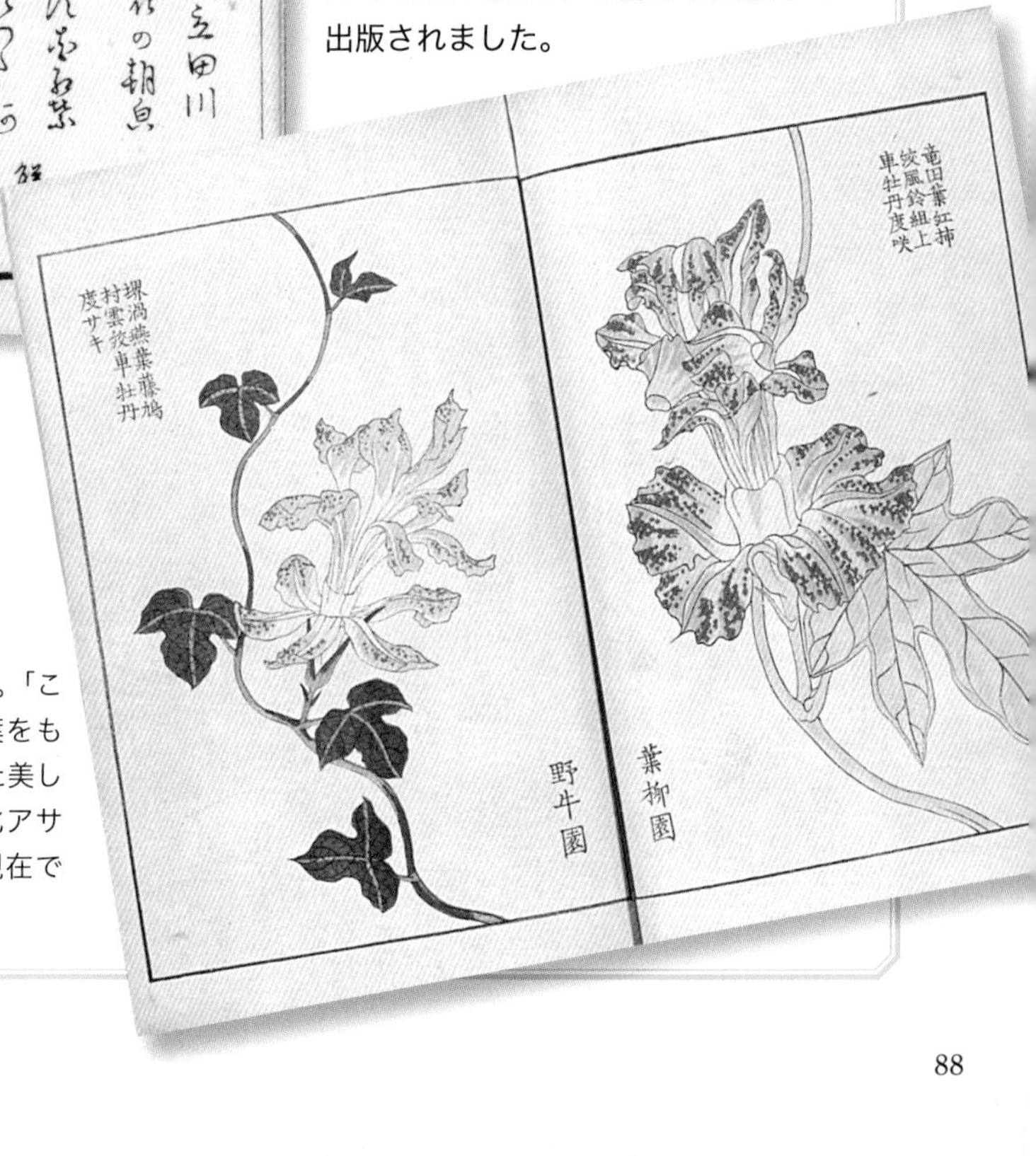

→『朝顔三十六花撰』1854（嘉永7）年刊。「これがアサガオ？」と目を疑うような花と葉をもつ変化アサガオを36品種厳選して掲載した美しい図譜です。この頃はタネをつけない変化アサガオも栽培されていました。図譜には、現在では存在しない品種も見られます。

「百種接分菊」。1845（弘化２）年刊、歌川国芳画。当時、植木屋の今右衛門は、１本の台木から100品種を接ぎ木して花を咲かせ、大きな話題となりました。それぞれの花には、品種名を書いた名札を下げています。

おどろきの百種接分菊《ひゃくしゅつぎわけぎく》

人気があったオモト

1832（天保3）年の摺物《すりもの》「小《こ》おもと名寄《なよせ》」。オモト（万年青《おもと》）は、細長い葉を楽しむ観葉植物です。品種が豊富で、さまざまな葉の形や模様が見られることから、化政期以降大流行しました。絵の小万年青は、すべて品種が違い、鑑賞用の豪華な鉢も目を楽しませてくれます。

鉢植えが大流行！

植木市を描いた「四季花くらべの内 秋」より（三枚続の内の2枚）。1853（嘉永6）年刊、歌川国貞画。安価な鉢が流通すると、園芸ブームは庶民にも広がります。場所を取らず、移動させやすく、並べ方も自由。手軽に楽しめる鉢植えは、当時の人々の趣味心をくすぐりました。

それ、わかる〜
うまいな〜

川柳は「おかしみ」が魅力の五七五

川柳は、滑稽味や風刺精神を基調に、人情、世相、風俗などを軽妙に詠んだ五七五の短詩で、宝暦期（1751 〜 64 年）頃から盛んになりました（川柳は、当初「付句《つけく》」でした。右下の「柄《から》井《い》川柳《せんりゅう》」で解説）。

俳諧の発句も五七五で詠みますが、川柳は季語や切れ字（「〜や」「〜かな」など）を必要としません。自由度が高いこともあり、庶民にいたるまで通俗的な作品が数多くつくられました。そのなかには、今でも共感して笑えたり、出来の良さに感心したりする傑作があります。江戸時代に詠まれた膨大な数の川柳は、当時の人々の生活ぶりや心情を知る資料としても貴重です。

ひんぬいた 大根《だいこ》で道を 教へられ

ねかす子を あやして亭主 しかられる

わたしが川柳です
柄《から》井《い》川柳《せんりゅう》

江戸時代後期刊『先哲像伝《せんてつぞうでん》』より。

宝暦期（1751 〜 64 年）頃、点者《てんじゃ》（作品の評価をする人）が「前句《まえく》（七七）」というお題を示す摺物《すりもの》を配布し、その題に付ける「付句《つけく》（五七五）」を広く募集する「前句付《まえくづけ》」が流行しました。前句付の点者は、参加者から参加料を取り、集めた付句から優秀作（勝句《かちく》）を選び、結果を半紙に摺って発行しました。これを「万句合《まんくあわせ》」といいます。勝句として掲載された人は、木綿一反、平椀セットなどの景品がもらえたこともあり、応募者が殺到して大人気となりました。柄井川柳は、当時たくさんいた点者のひとりで、もっとも信頼される点者となり、1762（宝暦 12）年には 1 万句以上の応募作を集めるほどの盛況を極めました。その後、付句は前句なしでも作品として詠まれる独立した短詩となり、「川柳」と呼ばれるようになりました。

天明の飢饉

1782（天明2）年から1787（天明7）年にかけて続いた全国的な大飢饉。気象異変が起こり、冷害、洪水、浅間山の大噴火などで大凶作となり、各地で餓死者が続出。疫病も流行して、全国で90万人以上の死者を出しました。この天明の飢饉と、享保の飢饉、天保の飢饉は、「江戸時代の三大飢饉」といわれています。

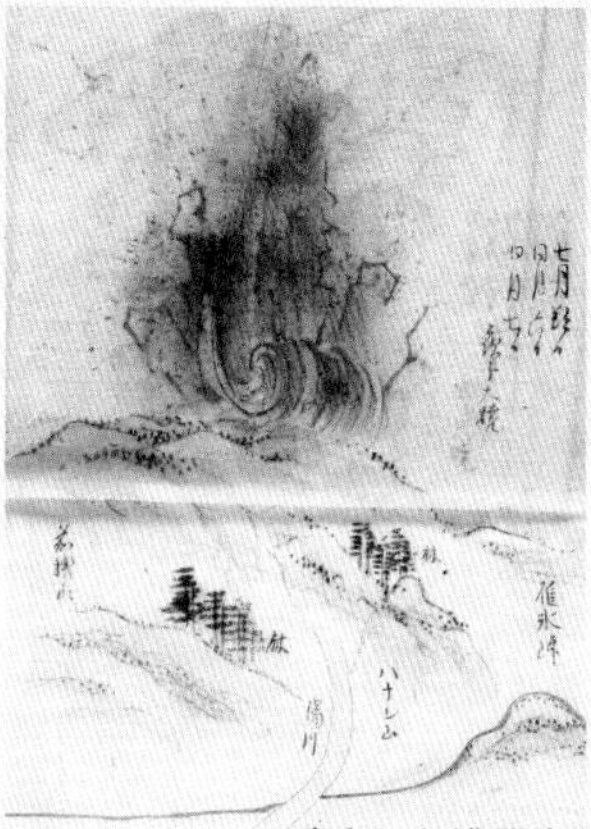
噴火した浅間山
（国立公文書館デジタルアーカイブ）

1783（天明3）年に描かれた『浅間《あさま》山焼《やまやけ》』より。浅間山（群馬県・長野県）は、この年の4月に噴火活動を開始。5～7月までの変化を絵にしています。このページは、7月大噴火の様子。規模の大きさが想像できます。

寛政の改革

松平定信

経済政策を進めた田沼意次の時代は、江戸を中心に新たな文化を生みましたが、農村は疲弊していました。天明の飢饉が追い打ちをかけると一揆や打ちこわしが起こり、幕府は財政難に陥ります。田沼は失脚。次の老中松平定信は、1787（天明7）年から改革（寛政の改革）に取り組みます。質素倹約を進めて、農政に力を入れ、情報統制のために出版の取り締まりも強化。しかし、あまりの厳しさに不満の声が上がり、定信は1793（寛政5）年に失脚しました。

これ小判 たった一ト晩 ゐてくれろ

入りもせぬ 物の値をきく 雨やどり
これ いくら??

稲妻の 崩れやうにも 出来不出来

町人の流行作家

山東京伝

山東京伝は1761（宝暦11）年、江戸深川の質屋に生まれました。14歳のころ、浮世絵師・北尾重政の弟子となり、北尾政演《まさのぶ》の名をもらい、17歳《さい》のころから黄表紙《きびょうし》（84、85ページで解説）の挿絵を描きはじめて、作者も兼ねるようになります。

著書の黄表紙が評判となり、一躍流行作家に躍り出た京伝は、洒落本《しゃれぼん》（遊郭での会話を主とした読み物。77ページで解説）でも文才を発揮します。

しかし「寛政の改革」により、1791（寛政3）年、洒落本の三部作が風紀を乱すとして絶版に。京伝は手鎖50日の刑に処されます。版元の蔦屋重三郎は財産の半分を没収されました。京伝はこの2年前にも黄表紙の挿絵で咎《とが》めを受けていて、筆を折ろうとしたことがあります。辛酸をなめた京伝ですが、1793（寛政5）年に紙製煙草入れの店を開いて文筆業を続けます。

京伝は黄表紙より長い中・長編小説にも挑み、数冊を合わせて綴じた合巻《ごうかん》にして刊行。後期読本《よみほん》（106、107ページで解説。前期読本は84ページで解説）の執筆もはじめます。このほか、滑稽本や随筆も著し、大田南畝《なんぽ》（78ページで解説）の影響を受けて狂歌も詠みました。

善玉と悪玉の引っ張り合い……

『心学早染草《しんがくはやそめぐさ》』

1790（寛政2）年刊行、北尾政美《まさよし》（鍬形蕙斎《くわがたけいさい》）画。誘惑に勝つか負けるか……。人の心を惑わす善玉と悪玉のキャラクターを登場させて大ヒット。シリーズ化され、4冊目は曲亭馬琴が著し、歌舞伎舞踊にもなりました（踊り方を葛飾北斎が描写。99ページ）。人気は悪玉の方で、まねをする若者も現れました。

ぐいぐい読ませる江戸のコミック！

『岩井櫛粂野仇討《いわいぐしくめののあだうち》』

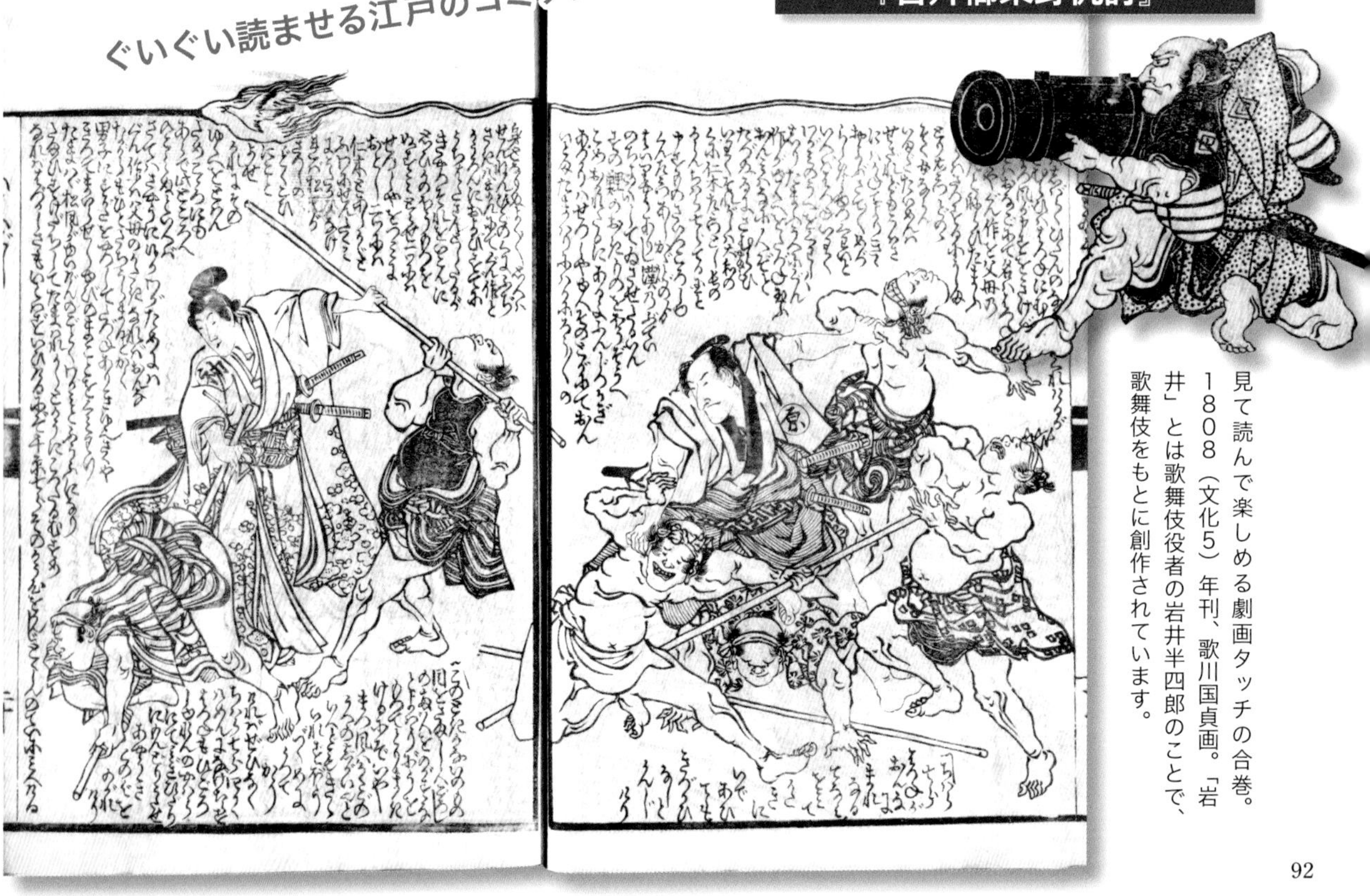

見て読んで楽しめる劇画タッチの合巻。1808（文化5）年刊、歌川国貞画。「岩井」とは歌舞伎役者の岩井半四郎のことで、歌舞伎をもとに創作されています。

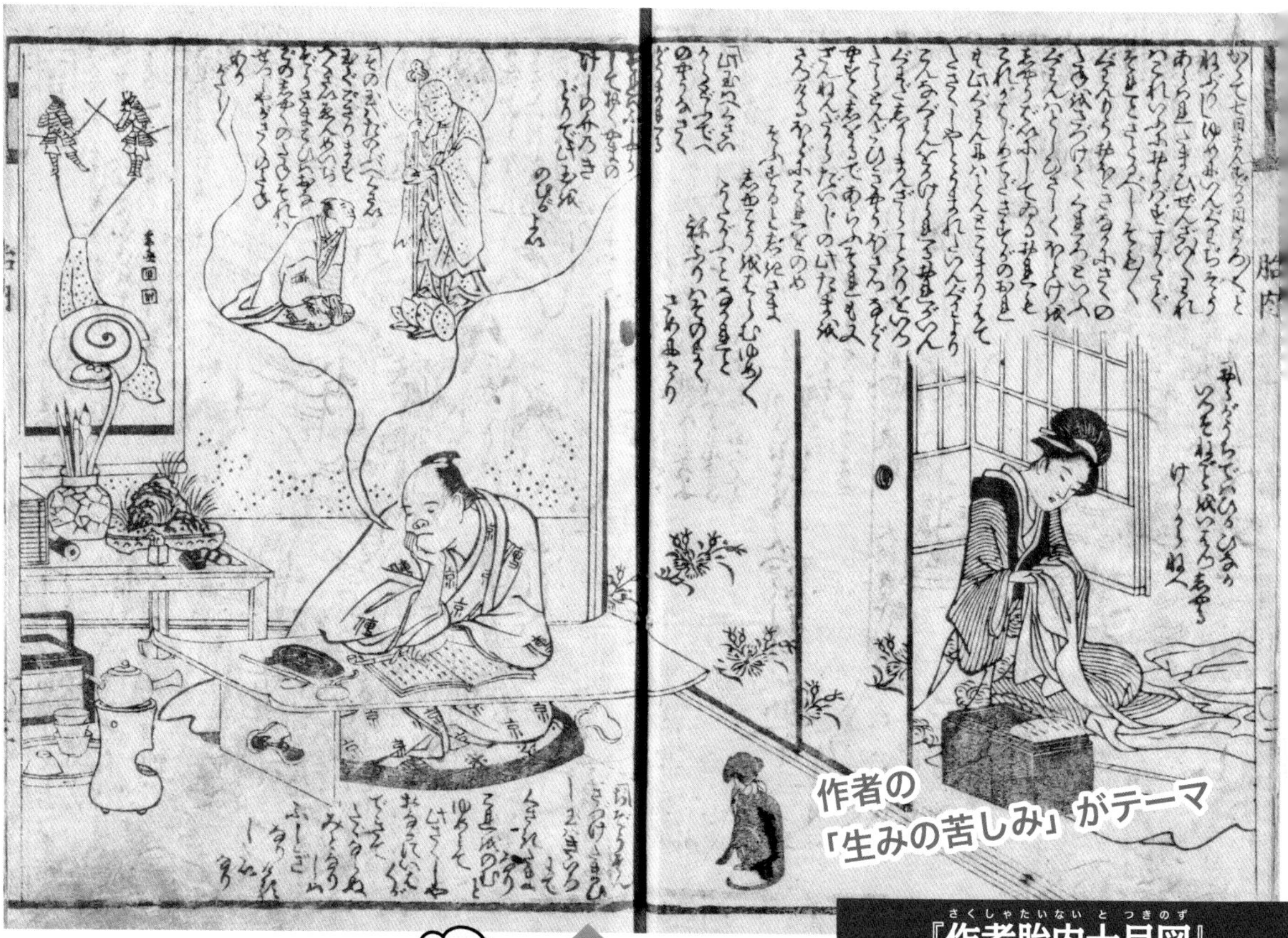

作者の「生みの苦しみ」がテーマ

『作者胎内十月図《さくしゃたいない と つきのず》』

飛んでいった団子鼻

『作者胎内十月図』の作者は団子鼻をしていて、ほかの作品にも登場しています。実際の京伝は、こんな顔だったのでしょうか。京伝が没した翌年の1817（文化14）年に刊行された『気替而戯作問答《きをかえて げ さくもんどう》』には、イケメンの作者が登場（下の絵）。団子鼻が飛んでいます。

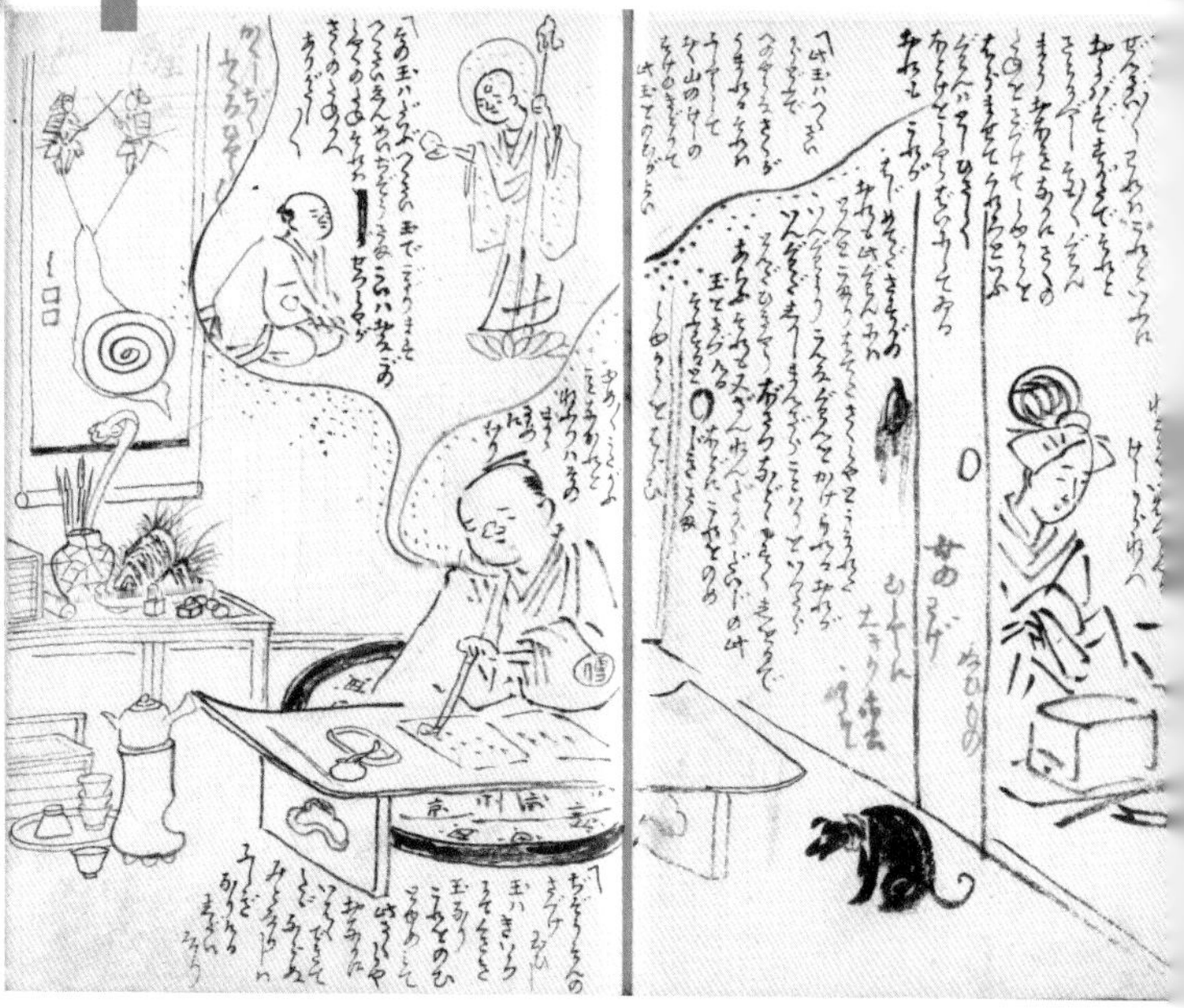

京伝が描いた下絵

作品づくりの苦労を女性の出産に見立てて展開させた、1804（享和4）年刊行の黄表紙。京伝は下絵も描きました。黄表紙は、絵に文が入り込むので、作者は下絵とセットにして文が書ける人がベスト。京伝は、絵、文ともに一流でした。出版された版本の絵は、師匠の北尾重政が描いていて、京伝の構図、創作意図がよく汲み取られています。

十一代将軍徳川家斉が幕政を行っていた文化・文政期を中心に化政文化が開花

1793（寛政5）年に「寛政の改革」（91ページで解説）を行った老中松平定信が失脚すると、十一代将軍徳川家斉の幕政が長く続きます。家斉は1837（天保8）年に将軍職を家慶に譲ったあとも大御所となり、1841（天保12）年に亡くなるまで幕府の実権を握り続けました。1804〜30年の文化・文政期を中心とする「化政文化」は、家斉の将軍時代を中心に開花しました。

「元禄文化」は上方を中心に、「宝暦・天明文化」は江戸を中心に、ともに武士や上層町人のあいだで開花しました。「化政文化」も引き続き江戸が中心でしたが、上方との融合が進み、地方にも文化の波が広がります。また、低所得の一般庶民も娯楽本の貸本利用が増えるなど、さまざまな文化を享受できるようになります。

その背景には「読み書き」を基本に庶民教育を広げた寺子屋の存在があり、町人の識字率を上げて町人文化活況の後押しをしました。「桃山文化」と江戸時代初期の「寛永文化」は、支配者中心の文化でしたが、「化政文化」に至っては、支配者から一般庶民までが多様な文

化を楽しむ時代に入っていたといえます。

しかし、家斉の時代も幕府の財政難は続いていました。対外的な危機も深刻の度合いを増し、幕藩体制は大きく揺らいでいきます。時代は幕府の弱体化が進み、激動の幕末へと向かいます。

江戸の読本

江戸で1808(文化5)年に刊行された後期読本《よみほん》(106ページで解説)『復讐《ふくしゅう》奇談七里浜《きだんしちりがはま》』の挿絵より。一渓庵市井《いっけいあんしせい》作の仇討ち物で、絵は歌川豊広。

↓歌川国貞(118ページで解説)が1857(安政4)年に描いた三枚続の錦絵「今様見立士農工商之内商人」。登場する人物を、すべて女性にして描いています。出版は幕末ですが、江戸で隆盛した絵草紙屋(版本や錦絵を売る江戸時代の本屋)の賑わいが伝わってきます。

絵草紙屋

画業70年！休むことなく筆を走らせた天才絵師・葛飾北斎

『絵本隅田川両岸一覧』

1804~18（文化元~文政元）年頃に刊行された狂歌絵本。色摺りの美しい版本で、ページをめくると絵巻のように絵が繋がります。隅田川を西岸から見る風景を、新春から歳末までの季節の移ろいとともに見せるというアイデアも秀逸です（下の絵も同書より）。

1760（宝暦10）年、江戸本所に生まれた葛飾北斎は、6歳の頃から絵を描くことが大好きだったと自著に記しています。

19歳のときに浮世絵師・勝川春章（76ページで解説）に入門。翌年、役者絵を描いてデビューします。以後、持ち前の画才をいかんなく発揮し、インパクトのある傑作を次々誕生させました。しかも、狩野派、琳派《りんぱ》、土佐派、住吉派、中国の絵画、洋風画など、和漢洋のありとあらゆる画法を貪欲に取り入れ、常に新境地を求めながら次作に挑んでいました。

ジャンルも、役者絵、武者絵、美人画、花鳥画、風景画、化物画、おもちゃ絵など、網羅といえるほど多彩。錦絵のほか、読本《よみほん》の挿絵や絵本、絵手本（『北斎漫画』等）といった版本の絵にも意欲的に取り組み、小品から色鮮やかな大作に至るまでの肉筆画も多数描きました。

画業70年。休みなく筆を走らせた北斎が90歳で没するまでに残した作品数は3万点を超すといわれています。その偉大な画業は世界中で絶賛され、海外の著名な芸術家たちにも大きな影響をあたえました。

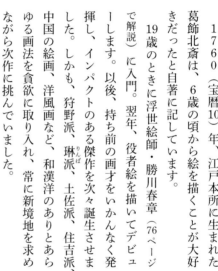

1830 ～ 34（文政 13 ～天保 5）年頃に制作された北斎の代表作。ダイナミックにうねる大波の描写は、国内外の芸術家たちに強烈なインパクトをあたえました。「冨嶽三十六景」は富士山をテーマに北斎が 70 代で描いたシリーズ（揃物《そろいもの》）。大当たりとなり、10 図が追加出版されました（全 46 図）。

冨嶽三十六景 神奈川沖浪裏《かながわおきなみうら》

（山口県立萩美術館・浦上記念館 所蔵）

（山口県立萩美術館・浦上記念館 所蔵）

冨嶽三十六景 尾州不二見原《びしゅうふじみがはら》

大樽の中に入って板を削る、樽づくりの職人。上の絵と同様に、大胆な構図が目を引きます。樽の中に小さく富士山を描いていますが、この場所からは実際にその姿を見ることはできません。ありあまる才能と多彩な技法を手に入れた70代の北斎は、虚実を超えた絵画の魅力を存分に表現してみせます。

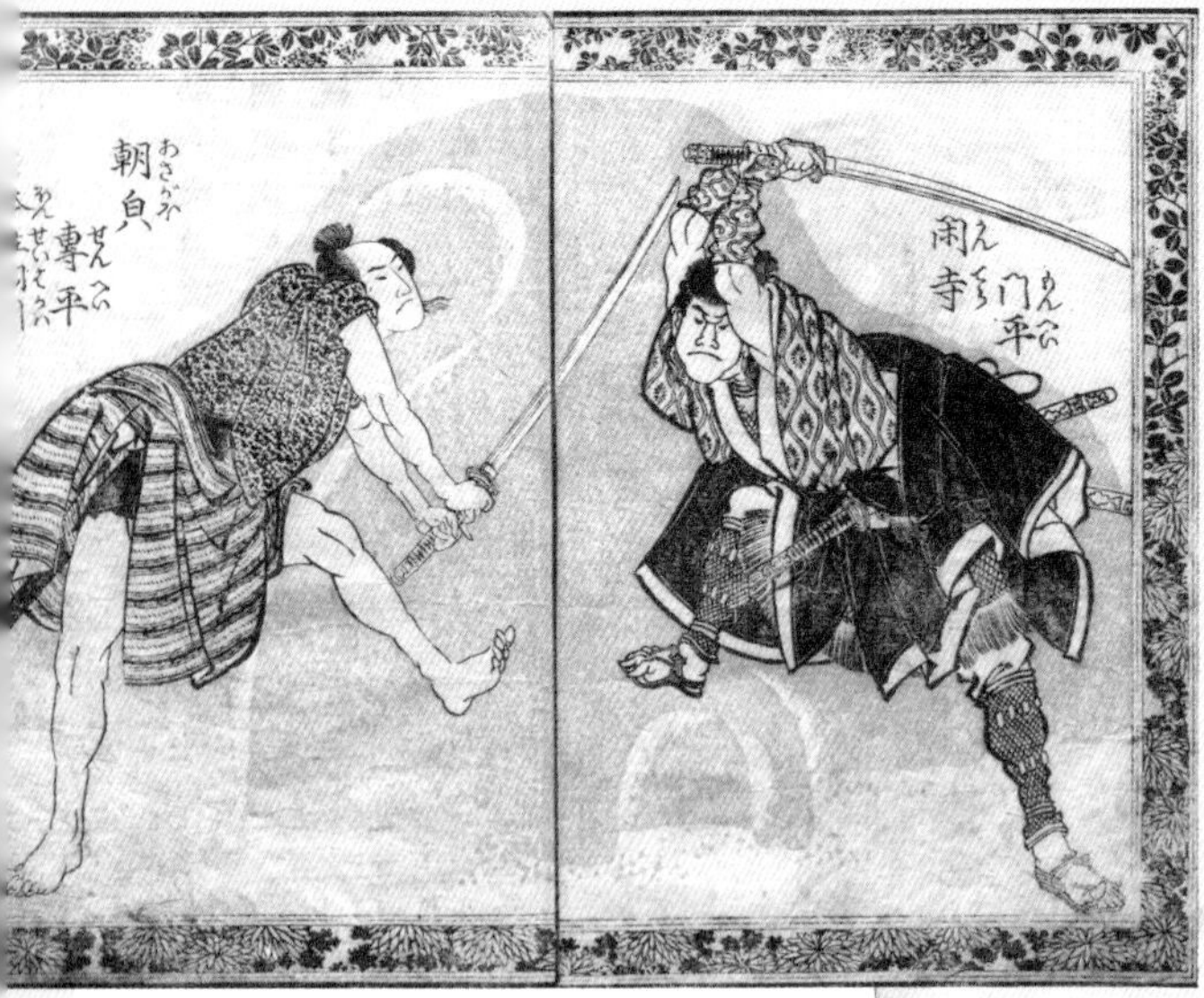

北斎の版本絵

葛飾北斎は若い頃、黄表紙《きびょうし》の挿絵を手掛けています。1804～13(文化元～10)年頃は読本《よみほん》の挿絵に取り組み、力量を発揮。大胆な構図、スピード感のある線、細密描写を武器に、墨の濃淡で奥行き感を出すなど、読者へのサービス精神に満ちた劇画タッチの絵をたくさん残しました。また、歌舞伎舞踊稽古本の『踊独稽古《おどりひとりげいこ》』では、アニメーションのように人が踊る動きを連続させた絵も描いています。

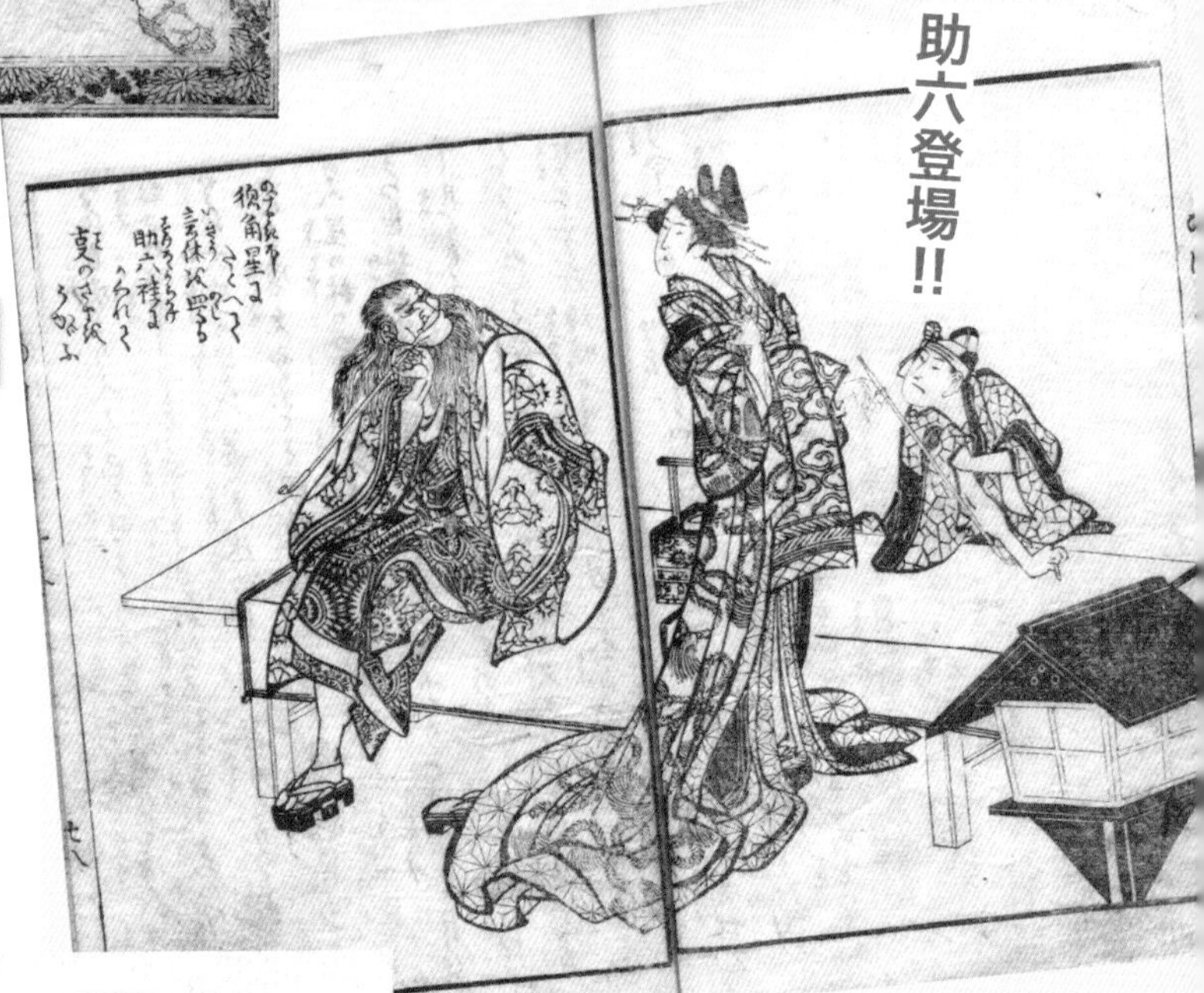

劇画のよう?!

『総角《あげまき》物語』

1809（文化 6）年に刊行された柳亭種彦《りゅうていたねひこ》（108、109ページで解説）作の読本。「総角（揚巻）」は、吉原の花魁（上位の遊女）の名前です。助六（実は、曽我五郎）、武士の髭の意休とともに出演する歌舞伎の人気作品をもとに創作された物語で、北斎は後編の挿絵を描いています。今の劇画を思わせる絵は迫力満点。物語の中に読者を引き込みます。

↑３人とも歌舞伎ではおなじみの人気キャラクター。真ん中が総角で、その右が美男子の助六（実は、曽我五郎)、左が髭の意休です。

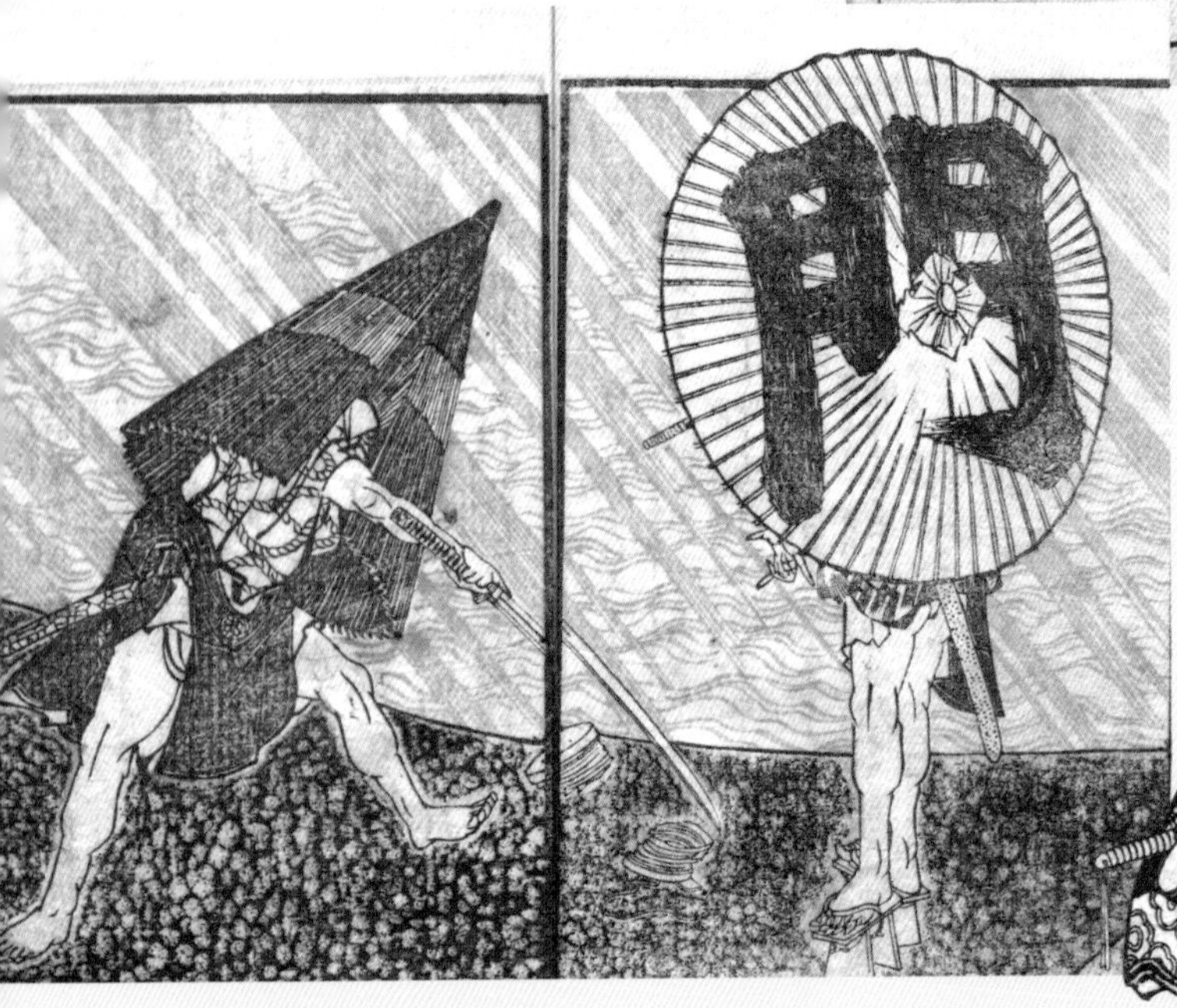

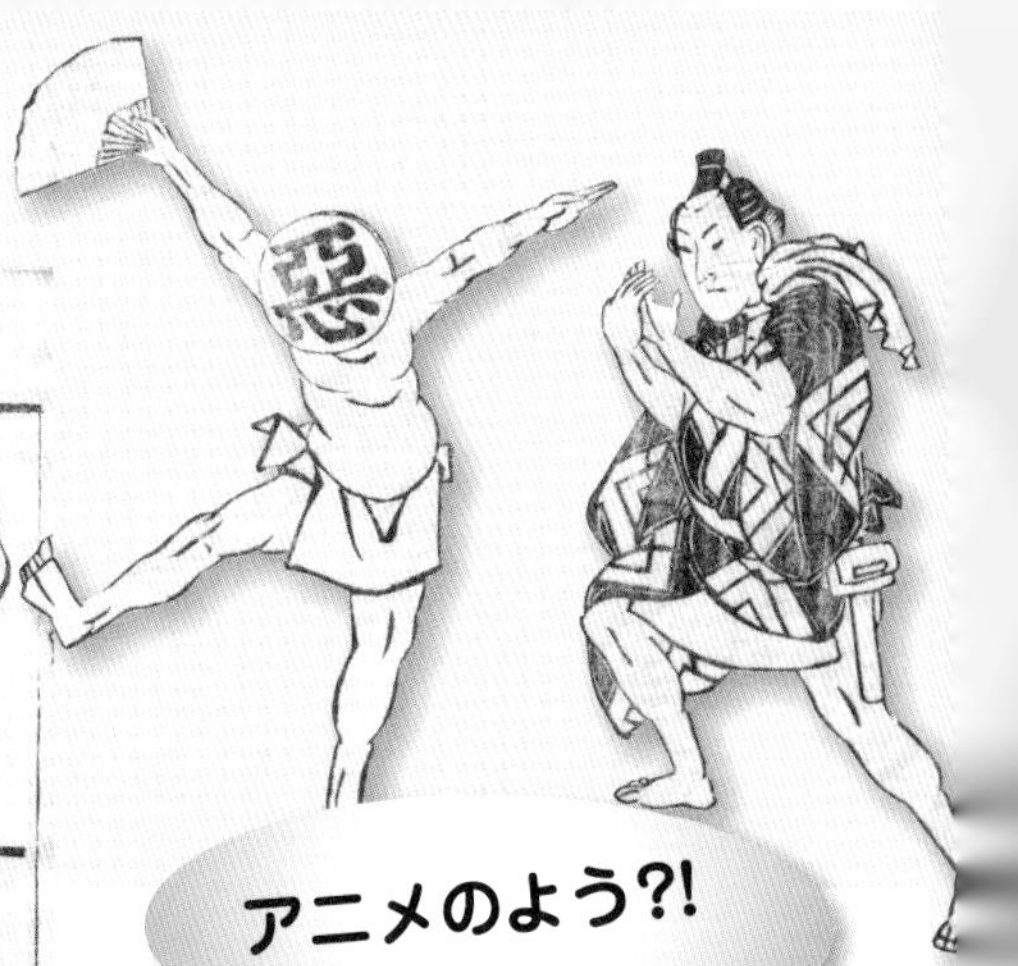

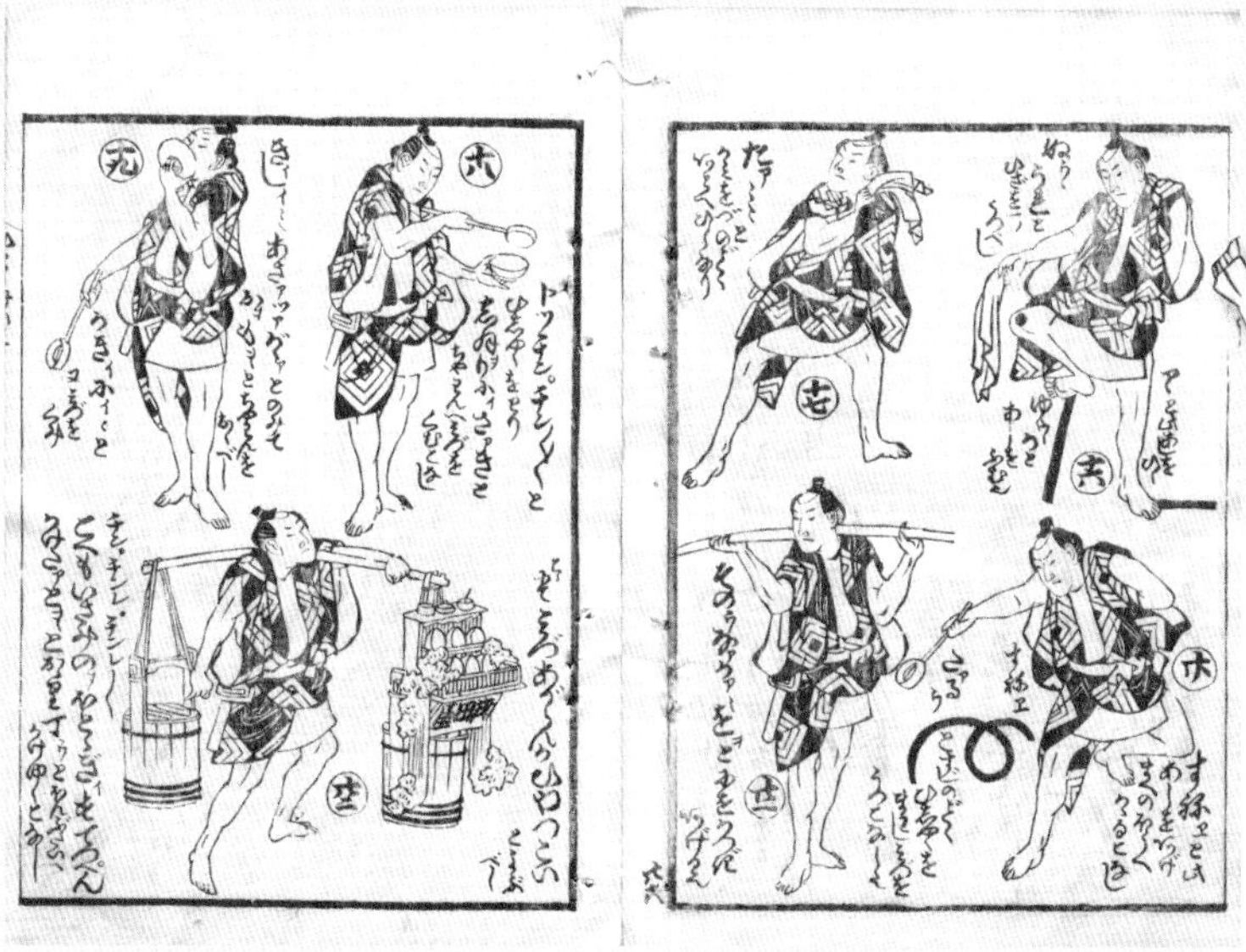

アニメのよう?!

『踊《おどり》獨《ひとり》稽《げい》古《こ》』

1815（文化 12）年に刊行された歌舞伎舞踊の稽古本。序文を七代目市川團十郎が書いています。圧巻は北斎の手による稽古用の連続絵。まるでなめらかに動くアニメーションのように踊り方を連続して描き、振りつけのポイントや長唄の文句を添えています。中段のキャラクター（悪玉）は、山東京伝の黄表紙『心学早染草《しんがくはやそめぐさ》』（92 ページで解説）から誕生。この「悪玉踊り」は、現在でも上演されています。

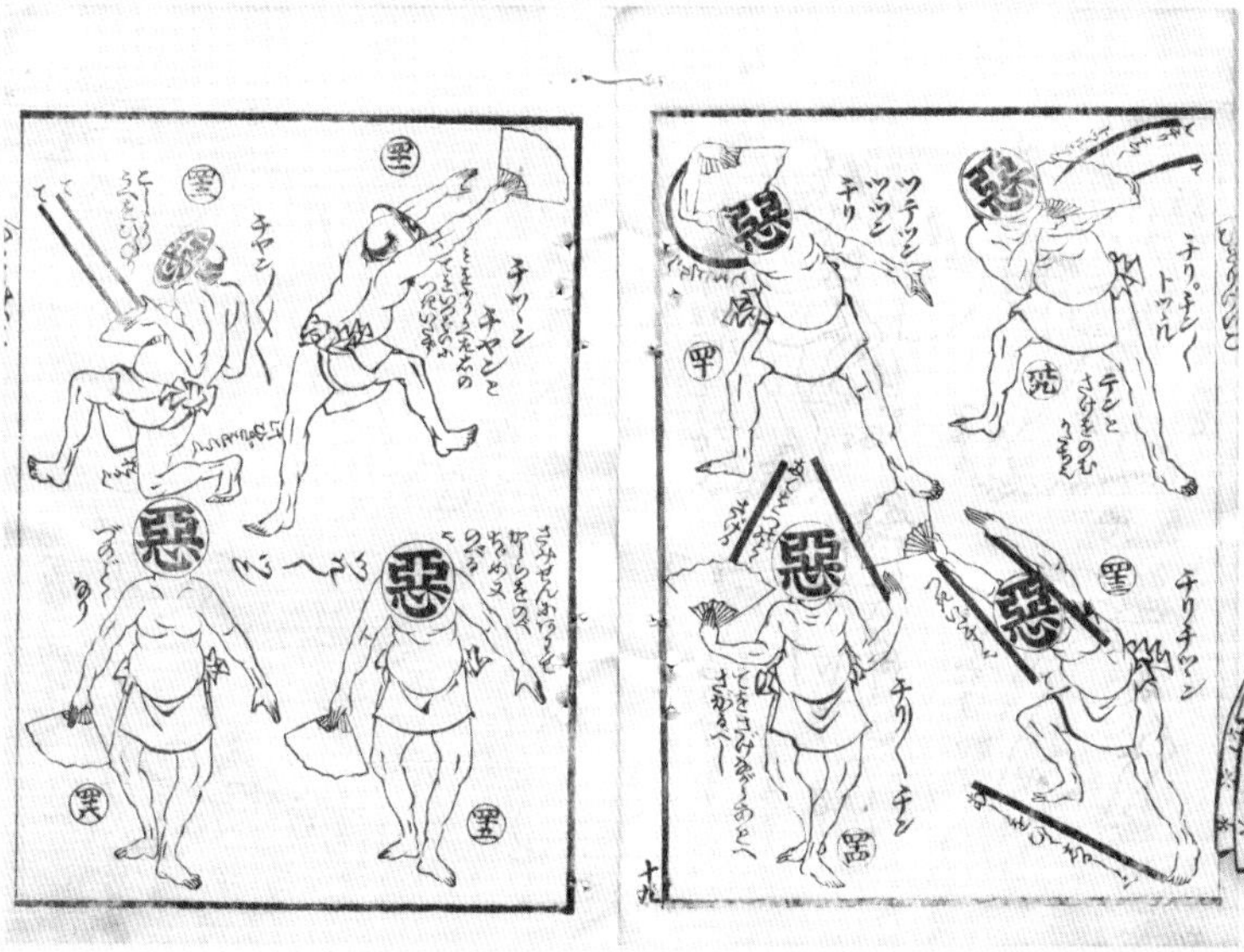

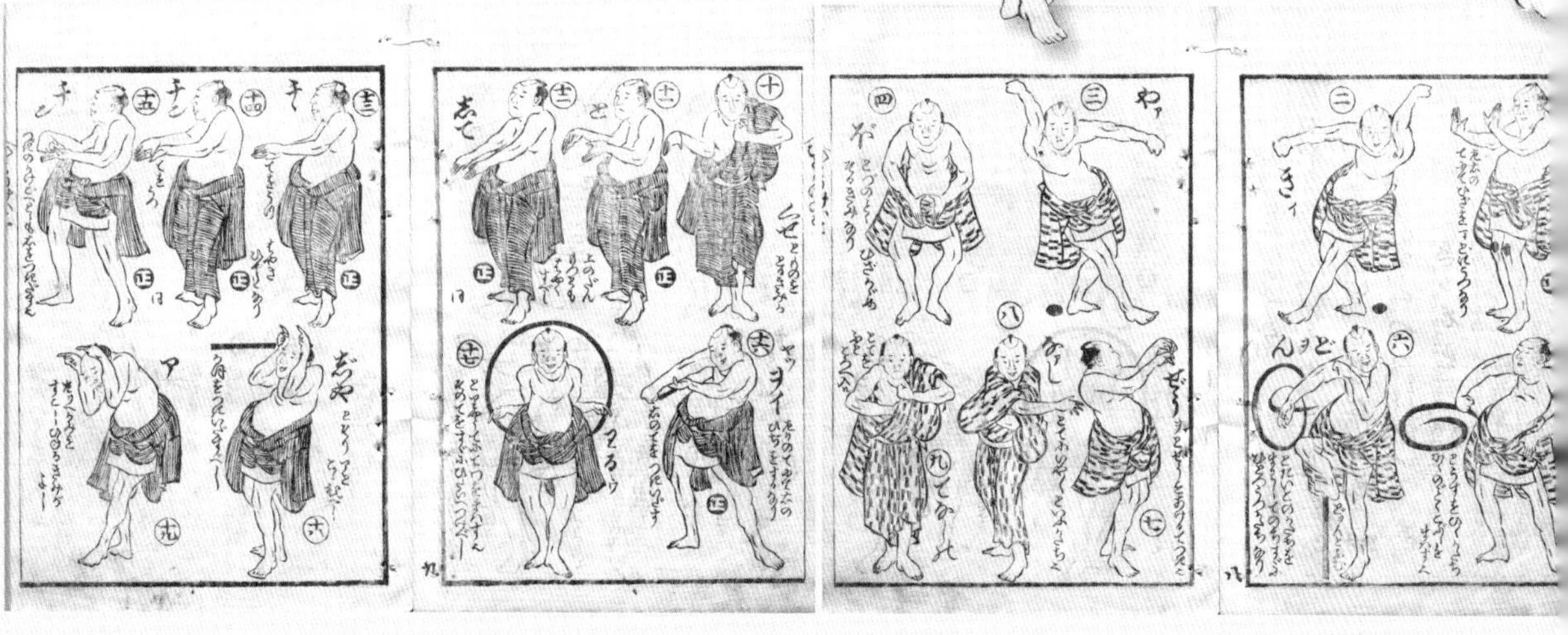

歌川国芳や歌川広重など歌川派の浮世絵師たちが大活躍

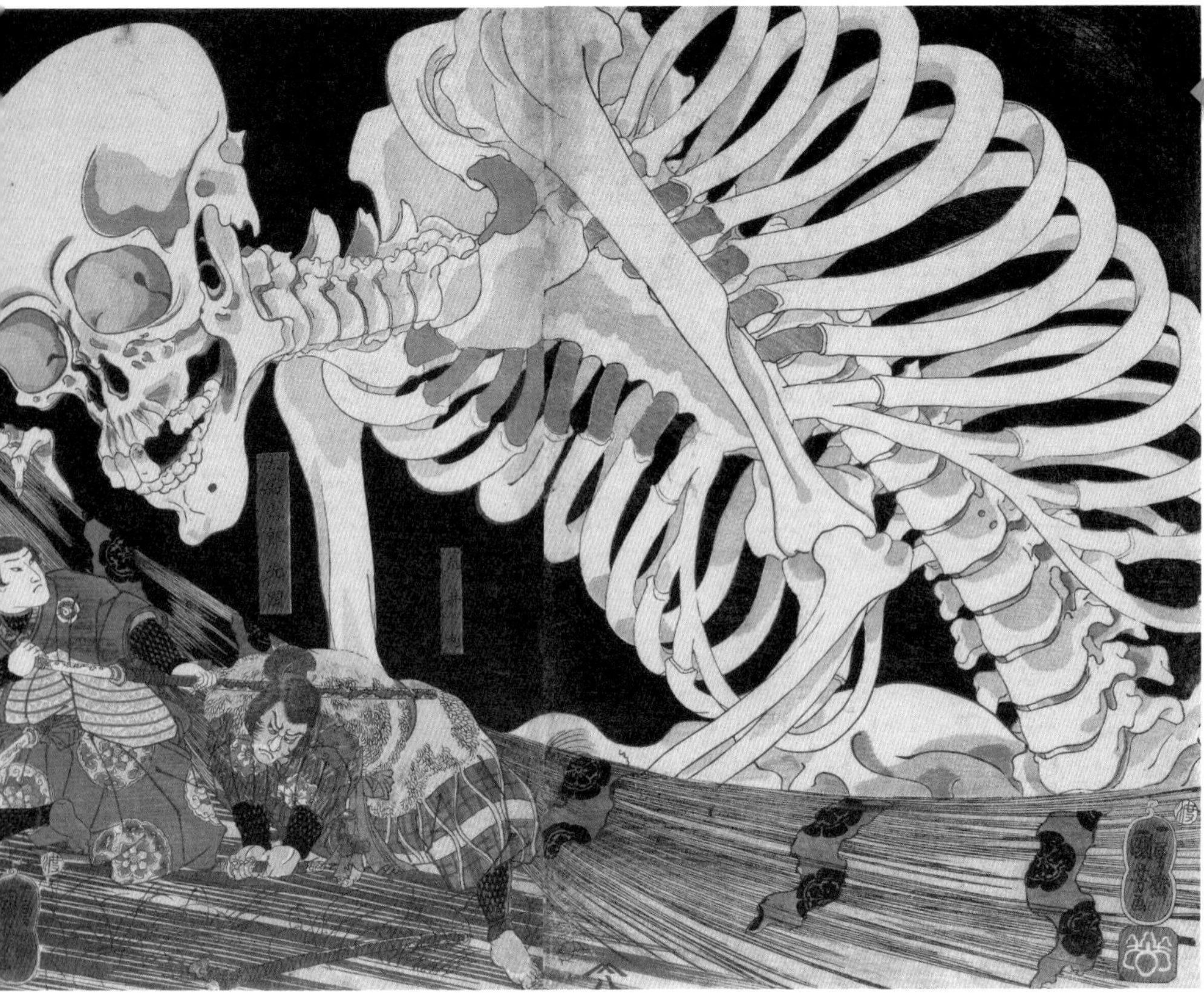

複数枚を繋げて鑑賞する錦絵を「続絵《つづきえ》」といいます。迫力満点のこの作品は三枚続で、1844 ～ 47（天保 15 ～弘化 4）年頃に制作されました。国芳は山東京伝の読本《よみほん》『善知安方忠義伝《うとうやすかたちゅうぎでん》』をもとに、勇士と妖術を使う瀧夜叉姫《たきやしやひめ》との対決を描写。姫が操る巨大な骸骨の姿に圧倒されます。
（山口県立萩美術館・浦上記念館 所蔵）

東海道五拾三次之内　原

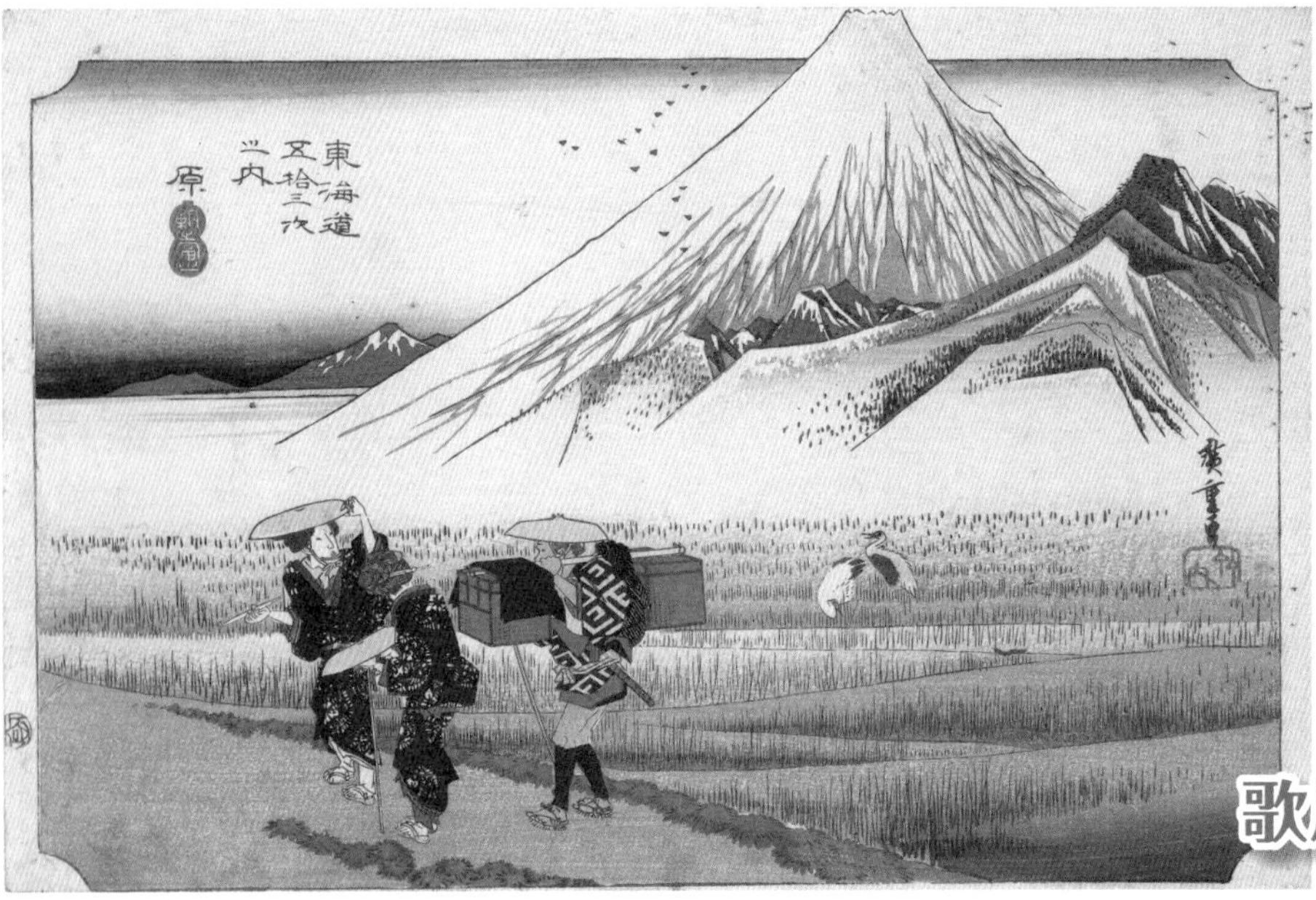

歌川広重

1833 ～ 34（天保４～５）年頃に刊行された名所絵「東海道五拾三次之内」シリーズの１枚。富士山をバックに、２人の女性が荷物運びの男性を同行させて旅をしています。広重は、大評判となったこのシリーズで名を揚げました。（山口県立萩美術館・浦上記念館 所蔵）

江戸時代中期から後期に、「歌川」を名乗る浮世絵師が数多く活躍しました。歌川派の創始者は歌川豊春《とよはる》です。豊春は、洋風画の遠近法を浮世絵に用いた「浮絵《うきえ》」を得意としました。歌川派隆盛の礎を築いたのは、豊春の弟子・歌川豊国でした。役者絵や美人画で知られた親分肌の豊国は、大勢の弟子をかかえます。有能な弟子は、歌川の名で作品を出版。「歌川派にあらざれば浮世絵師にあらず」といわれるほどの浮世絵界最大流派となります。

巨匠として名高い歌川国芳は豊国の弟子で、兄弟子に歌川国貞（三代豊国。118ページで解説）がいます。１７９７（寛政９）年に江戸で生まれた国芳は、18歳でデビュー。低迷期を経て、31歳のときに描いた武者絵シリーズが大当たりすると、一躍人気絵師となります。以後は、風景画、美人画、戯画、子ども絵などでも筆を揮い快進撃を続けます。国芳は百人以上の弟子をもち、歌川派の隆盛に貢献しました。

歌川国芳

相馬《そうま》の古内裏《ふるだいり》

国芳と同い年で、風景画（名所絵）の大御所となった歌川広重も、歌川派のひとりです。ただし広重の師匠は、豊国の兄弟弟子だった歌川豊広《とよひろ》（95ページに読本《よみほん》の挿絵を掲載）です。

武士の子として江戸に生まれた広重は、役者絵、武者絵、美人画を描き、27歳になると武士の家督を親族に譲り、絵師の仕事に専念します。35歳頃から風景画を手掛けるようになり、37歳の１８３３（天保４）年頃に「東海道五十三次之内」シリーズを刊行。これが大ヒットとなります。それまで風景は、役者絵や美人画の背景として描かれる程度でしたが、広重は「名所絵」と呼ばれる売れ線に格上げしたのです。広重は、情緒のある景色に、人間味あふれる旅人や地元の人々を巧みに溶け込ませた風景画の傑作を数多く残しました。

歌川広重

京都名所之内 あらし山満花《やままんか》

１８３４（天保5）年頃に制作された、京都名所シリーズ（全10枚）の1枚。春、嵐山の桜は今が満開。花びらが舞い落ちる桂川では、木材を組んで運搬する筏流し《いかだ》が下っています。

（山口県立萩美術館・浦上記念館 所蔵）

江戸で大衆向けの流行作家となった 十返舎一九と式亭三馬《さんば》

江戸時代前期の出版は、上方（京都・大坂）が中心でしたが、後期は江戸での発刊が激増。識字率が上がり庶民にまで読者層が広がると、だれでも気軽に読める娯楽本の需要が高まりました。黄表紙《きびょうし》（84、85ページで解説）や滑稽本などは、そうした時流に乗ります。十返舎一九や式亭三馬は、大衆向けの流行作家として量産に励みました。

十返舎一九

一九の肖像画。多作で知られる一九は、およそ400点もの本を世に出しました。

駿河国（静岡県）で武士の子として誕生。江戸に出た一九は、大坂に行って浄瑠璃を書き、ふたたび江戸に出て黄表紙や洒落本《しゃれぼん》などを刊行。1802（享和2）年には、滑稽本『東海道中膝栗毛』（初編）が大評判となり、合巻《ごうかん》や咄本《はなしぼん》、人情本、読本《よみほん》なども書く流行作家の道へ。職業作家となった一九は、多数の作品を残しました。

旅ブームに火をつけた『東海道中膝栗毛』

1802（享和2）年に刊行された滑稽本（会話文が多くておかしみのある、挿絵付きの読み物）。一九は江戸と大坂を行き来した体験を生かし、弥次さん喜多さんの珍道中を展開。挿絵も描いて大ヒットします。翌年からシリーズ化され、刊行は21年も続きました。

「やって」といわれても こんなことできるの〜『耶津天御覧《やつてごらん》』

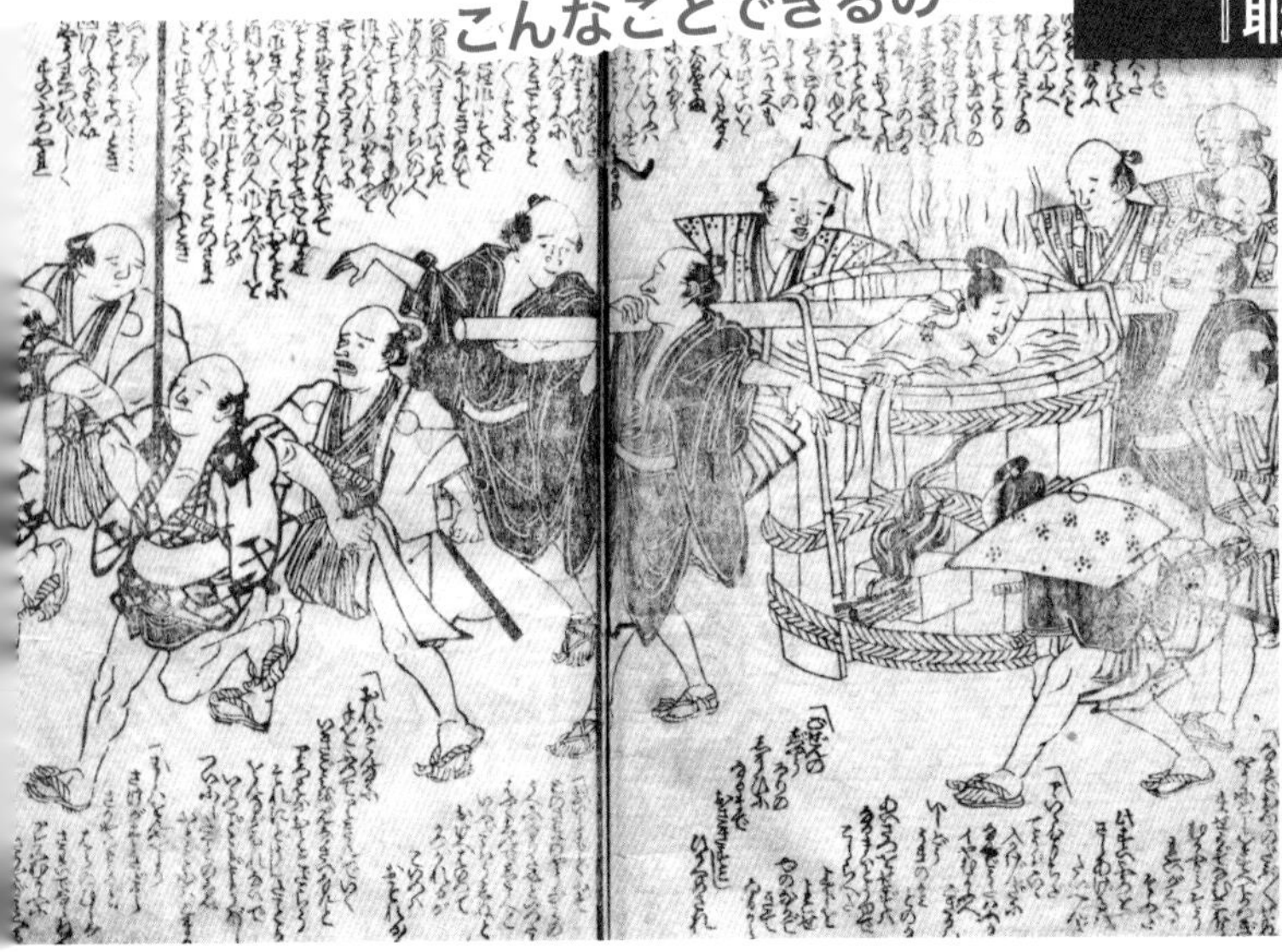

1817（文化14）年刊。絵の余白に文が入る黄表紙の形態で制作された咄本《はなしぼん》です。咄本とは、笑い話や小咄《こばなし》などの短編を集めた本のこと。この本は、見開きで1話完結。左は、「風呂が大好きな殿様」の話です。なんとこの殿様は、外出のときも力持ちの家来に特注の風呂桶を担がせ、行きも帰りも湯に浸かって移動するのでした。絵は勝川春亭。

作家の内幕を暴露！

『腹之内《はらのうち》戯作《げさく》種本《たねぼん》』

1811（文化８）年刊の合巻。皮肉まじりの軽妙な文で、作家生活の内幕を暴露した本です。絵は小川よし丸。下のページ（一部）では、「見栄坊は大嫌い」という三馬が、真夏と真冬に執筆する姿を自虐的に包み隠さず紹介しています。

冬の作者図

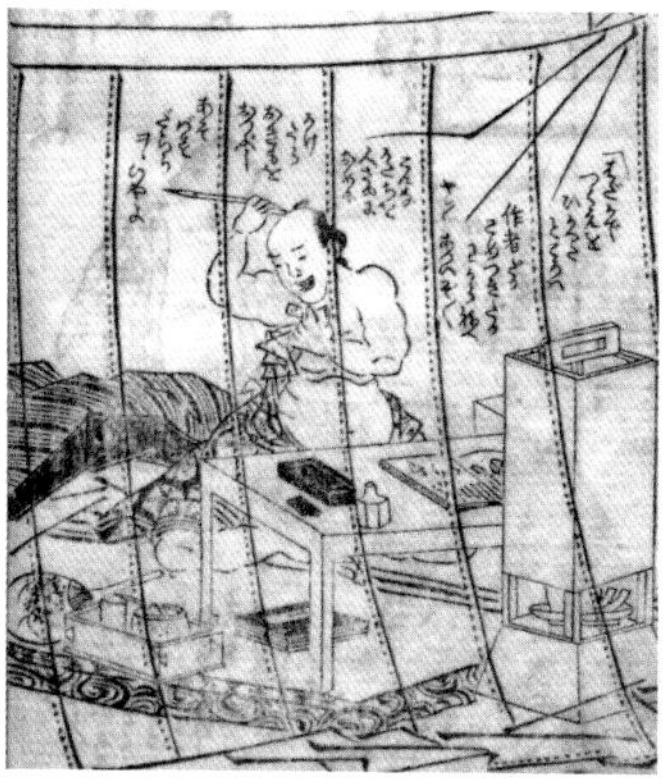

夏の作者図

式亭三馬

江戸浅草で版木師の子として誕生。書肆《しょし》（本屋）で修業し、19歳のときに黄表紙を書いて作家デビューしました。三馬は、十返舎一九と張り合うように作品を量産。洒落本や滑稽本、合巻などでも文才を発揮します。代表作は、1809～13（文化６～10）年刊の滑稽本『浮世風呂』と、1813～14年刊の滑稽本『浮世床』。江戸庶民のリアルな世間話を、面白おかしく書いて大衆の人気を得ました。

庶民の世間話を満載！

『浮世床《うきよどこ》』

1813～14（文化10～11）年刊の滑稽本。前作の『浮世風呂』では、銭湯に集まる雑多な人々の生々しい会話を面白おかしく書いて好評を得ました。その味わいを本作でも踏襲。舞台を庶民の社交場だった髪結床（江戸時代の理髪店）に移し、当時の世相や庶民生活の実態を痛快に浮かび上がらせました。

作 十返舎一九・画 歌川国芳
ゴールデンコンビが放った

ばけものワールド
『化皮太鼓傳《ばけのかわたいこでん》』

化物話もたくさん書いた十返舎一九は、1831（天保 2）年に 67 歳で没しました。この作品はその 2 年後に出版された遺作で、中国の長編小説『水滸伝』をもとに創作されています。絵は、巨匠の歌川国芳（100、101 ページで解説）。人間は登場せず、人とは真逆の価値観をもった化物と幽霊が、これでもかと登場します。化物界では超美人の「おちょぼん」がヒロイン。一九と国芳は、おちょぼんを魅力的に描きます。本の形式は、草双紙の合巻《ごうかん》（84 ページで解説）。黄表紙《きびょうし》よりページ数が多いので話はやや複雑です。一九と国芳が誕生させた欲深き化物たちが織りなす名シーンの一部を御覧ください。

→ヒロインのおちょぼん。

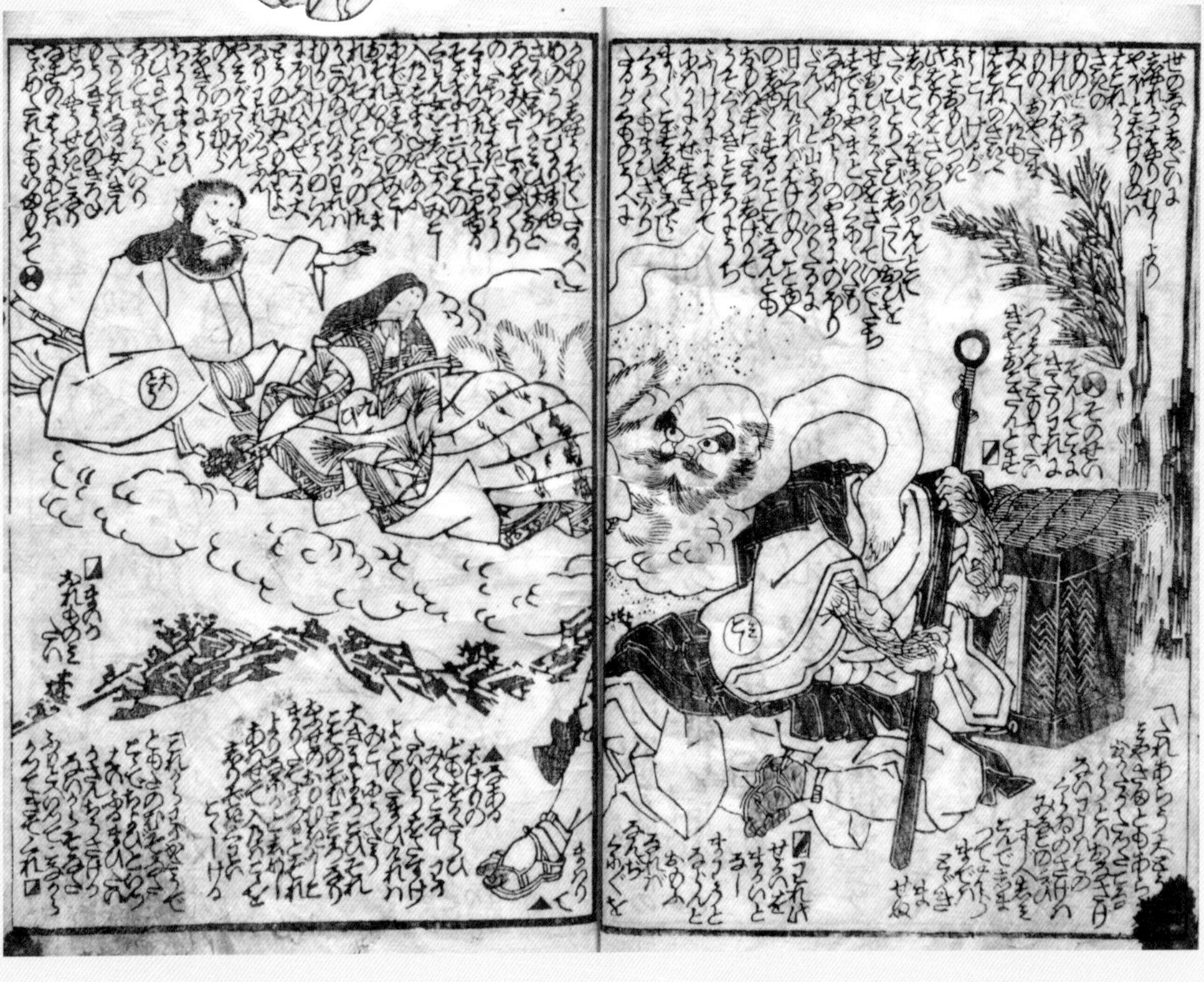

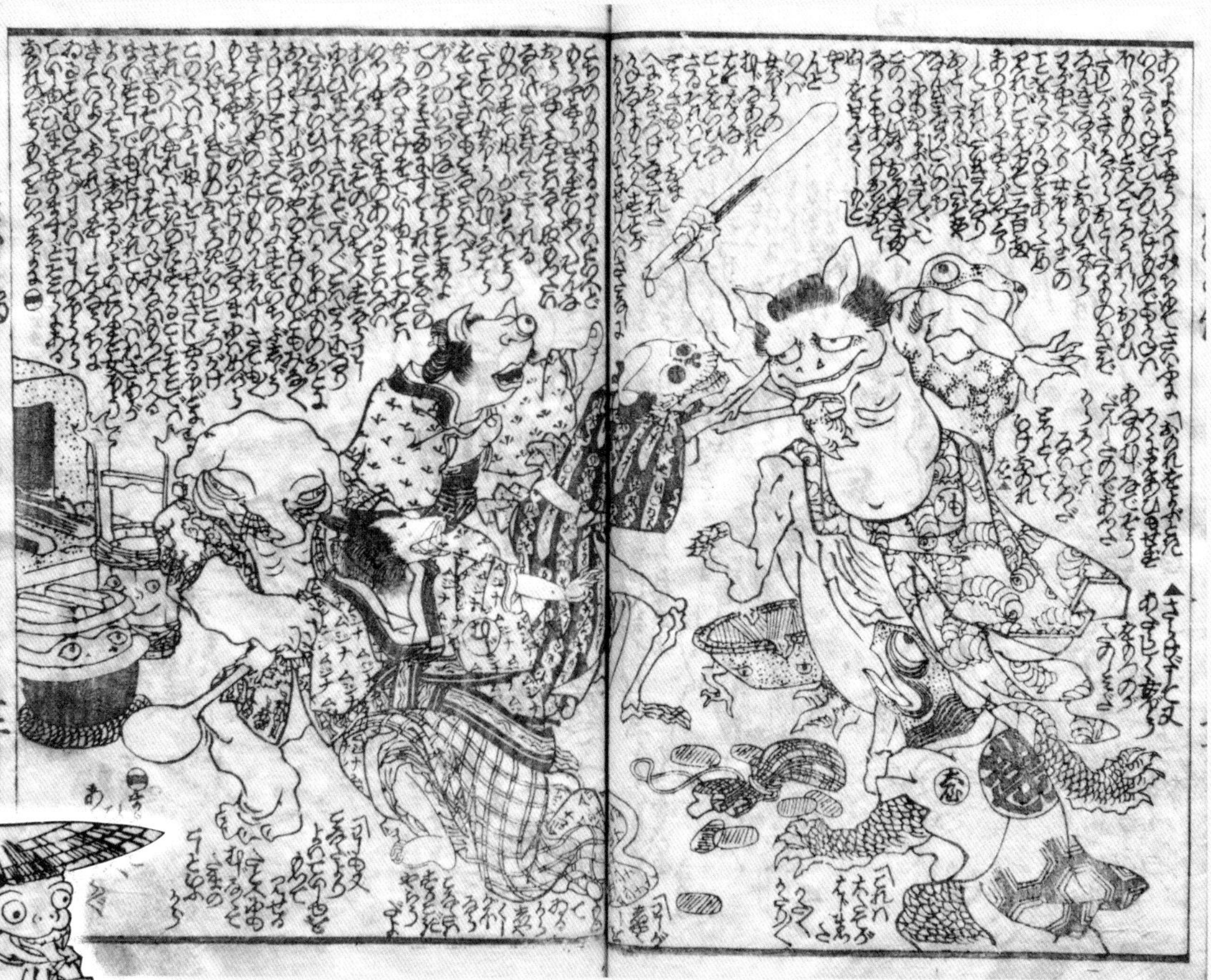

大長編!! 後期読本《よみほん》の『南総里見八犬伝』は曲亭馬琴が著した壮大な冒険ファンタジー

迫力ある挿絵や口絵も愛読者の楽しみでした。

読本《よみほん》は、文芸色の強い挿絵入りの小説です。84ページで前期読本を解説しましたが、化政期には長編の後期読本が隆盛します。そのなかで当時の読者から最も高評価を得た作品が、曲亭馬琴作の『南総里見八犬伝』です。

ただし読本は、黄表紙《きびょうし》などの草双紙と比べると高尚な読み物でした。発行部数は数百から千部未満で、庶民には手が届かない高価な本として売られていました。このため愛読者の多くは貸本屋から借りて読んでいました。

全98巻106冊からなる『南総里見八犬伝』は、馬琴が中国の『水滸伝』などを参考にして創作した、壮大な冒険ファンタジーです。1814（文化11）年から刊行がはじまり、28年もの歳月をかけて完結しました。

この大作は、室町時代末期を舞台に、不思議な霊力に導かれた八犬士が活躍する波瀾万丈の物語です。俗っぽさも併せ持ったこの勧善懲悪の奇談に人々が魅了されると、浮世絵に描かれ、歌舞伎になり、八犬士を描いた手拭いなどのキャラクターグッズも販売されるなど、読み物にとどまらない展開を見せました。その人気は、

『南総里見八犬伝』

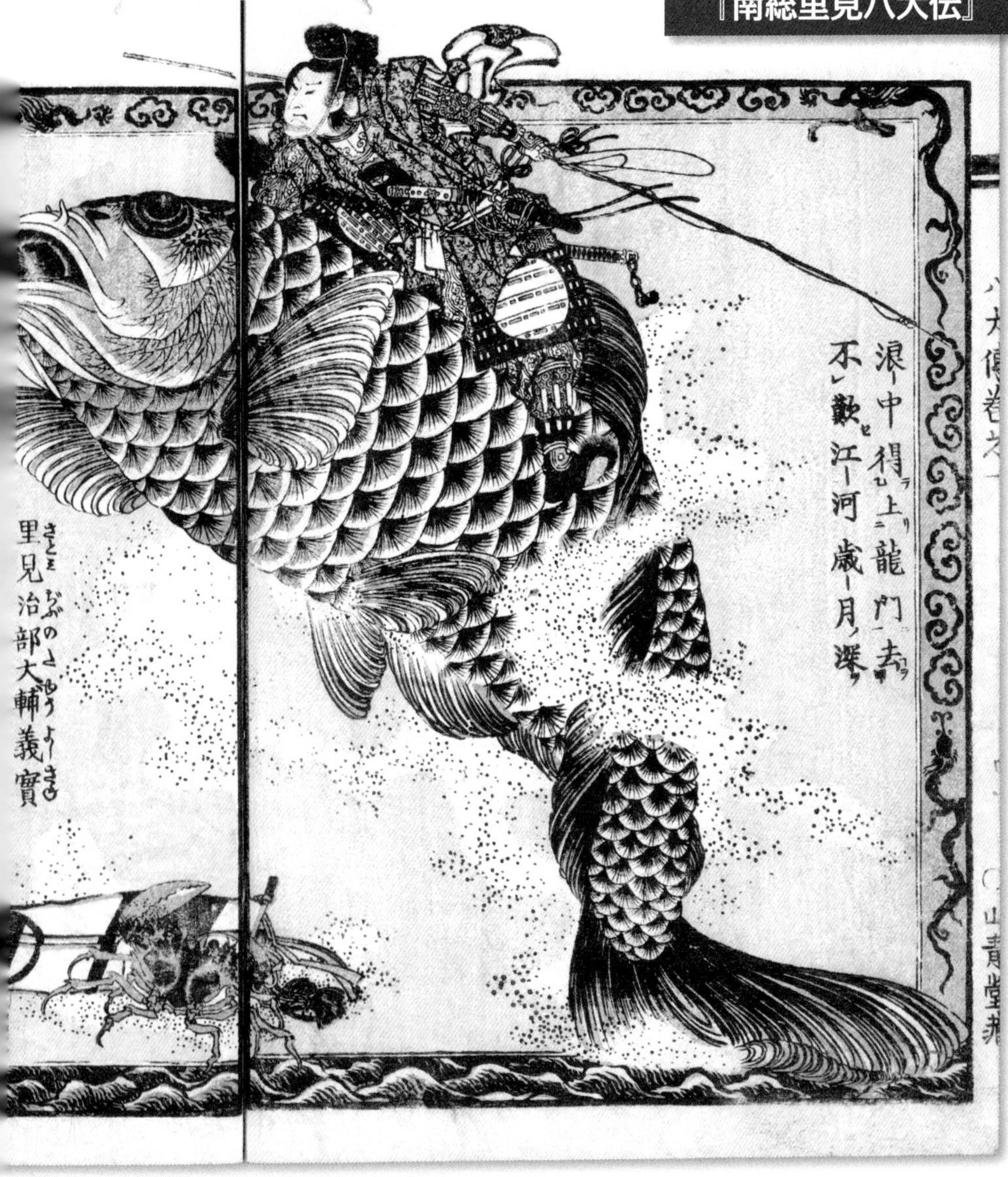

（国文学研究資料館 所蔵）

現代でも命脈を保っています。

作者の曲亭馬琴は、江戸の深川に武士の子として誕生しました。24歳のときに山東京伝に弟子入りを願い、黄表紙を書いて読本で名を揚げ、合巻《ごうかん》も刊行。多作の職業作家として健筆を揮い、82歳で没しました。

八犬士が活躍！完成までに28年もかけた大長編作品

馬琴が描いた下絵

草双紙の黄表紙や合巻は、絵の余白に本文や人物のセリフが入り込む絵物語ですが、文芸色の強い読本は、本文と絵（挿絵・口絵）が分離しています。下の絵は、馬琴による口絵の下書きです。達者な絵とはいえませんが、絵師に伝えたい構図や細部に至る描写の注文を明確に示しています。馬琴は、この大長編を完結させる2年前に失明しました。その間は、亡くなった長男の妻であるお路《みち》に筆を渡し、口述筆記で完成させました。

14年も続いていた柳亭種彦《りゅうていたねひこ》の大ヒット作『修紫田舎源氏《にせむらさきいなかげんじ》』は、「天保の改革」で絶版に

柳亭種彦《りゅうていたねひこ》が著した『修紫田舎源氏』は、平安時代に書かれた紫式部の『源氏物語』をもとに、時代を室町時代に移して創作された合巻《ごうかん》最大のヒット作です。

未完に終わった長編ヒット作！

『修紫田舎源氏《にせむらさきいなかげんじ》』

絵は歌川国貞。余白に種彦による本文が入っています。

作者・柳亭種彦が描いた下絵

黄表紙や合巻は絵の比重が大きいので、作者の多くは、このような下絵を描いて本文を書き込みました。これを「稿本《こうほん》」といいます。絶版が命じられたとき、39、40編の稿本はできていました。種彦は、さぞかし無念だったことでしょう。

絵師・歌川国貞が描いて出版された挿絵

種彦の手による下絵の意図を汲み取り、絵師の国貞が描いた絵です。右が主人公の足利光氏《あしかがみつうじ》。左の若い女性の上半身は、下絵に赤字で示された「手ぬぐいを二筋《ふたすじ》斜《はす》に合わせた襦袢《じゅばん》がわりなり」（➡）を国貞が理解し、美的に描写しています。

比較的高尚で文芸色の強い読本《よみほん》（106、107ページで解説）に対して、合巻は読みやすい大衆向けの本といえます。本のつくりも、文の途中に独立した挿絵が入る読本とは違い、合巻は絵の余白に文が自在に入り込む草双紙の形態をとります。

合巻のもとは黄表紙《きびょうし》（84、85ページで解説）です。黄表紙の風刺性は失われましたが、物語は複雑化、長編化していったことから、数冊を重ねて綴じた本を合巻と呼ぶようになったのです。

作者の柳亭種彦は、武士（旗本）の子として誕生。国学、狂歌、中国画などを学びました。創作に目覚めた種彦は、読本を書いて出版しましたが、成功には至らず合巻に転向します。この判断が幸いして人気を得た種彦は、合巻作家の道を歩みます。

種彦にとってもうひとつの幸運は、合巻で組んだ絵師が、役者絵の巨匠・歌川国貞（118ページで解説）だったことです。今の劇画コミックともいえる合巻は、絵も重要。絵師の国貞は、種彦の創作意図を理解し、登場人物に合った魅力的な絵を描きました。このコンビで大当たりをとった合巻が、１８２９（文政12）年から刊行を開始した『修紫田舎源氏』なのです。

種彦は、足かけ14年にわたり、38編１５２冊を執筆。しかし、１８４２（天保13）年、「天保の改革」（129ページで解説）により、絶版を命じられます。旗本でもある種彦は、失意のまま没しました（病死説、自殺説あり）。

絶版の理由は、華美禁止政策のなかで木が豪華過ぎたことと、登場人物が将軍徳川家斉と大奥をモデルにしているのではと疑いをかけられたこと、によると考えられています。

のちに国貞が描いた

錦絵

１８５２（嘉永５）年に出版された浮世絵「源氏五十四帖」シリーズの１枚（夕顔）。国貞は版本の墨摺絵の構図をもとに、拡大してカラー化。歌も挿入しています。種彦の死から10年を経ていましたが、ベストセラーとなった合巻『修紫田舎源氏』の人気は衰えていなかったようです。

すべて手づくり!!

版本の制作工程が楽しくわかる
『的中地本問屋《あたりやしたじほんどいや》』

十返舎一九作

1802（享和2）年に、江戸で滑稽本『東海道中膝栗毛』（102ページで解説）の初編を刊行した十返舎一九は、同年に黄表紙の『的中地本問屋』も刊行しています（絵も一九）。この本では、版元（出版元）の主人・村田《むらた》屋次郎兵衛《やじろべえ》が一九を呼び寄せ、売れる作品を生む妙薬を飲ませる場面からはじまります。薬が効いて一九が傑作を書き上げると、村田屋は急いで本づくりをはじめます。そこからは、版本の制作工程に沿って物語が進行。今では当時の手作業による版本の制作現場が想像できる貴重な書となっています。

版本づくりの工程

1 版元が作者の稿本《こうほん》（下書き）をチェックしてから、絵師が絵を描き、筆耕《ひっこう》が文字の清書を行い、版下をつくります。版下は、幕府の法令にしたがって検閲を受け、出版の

1 彫師《ほりし》が版木を彫る

2 摺師《すりし》が摺る

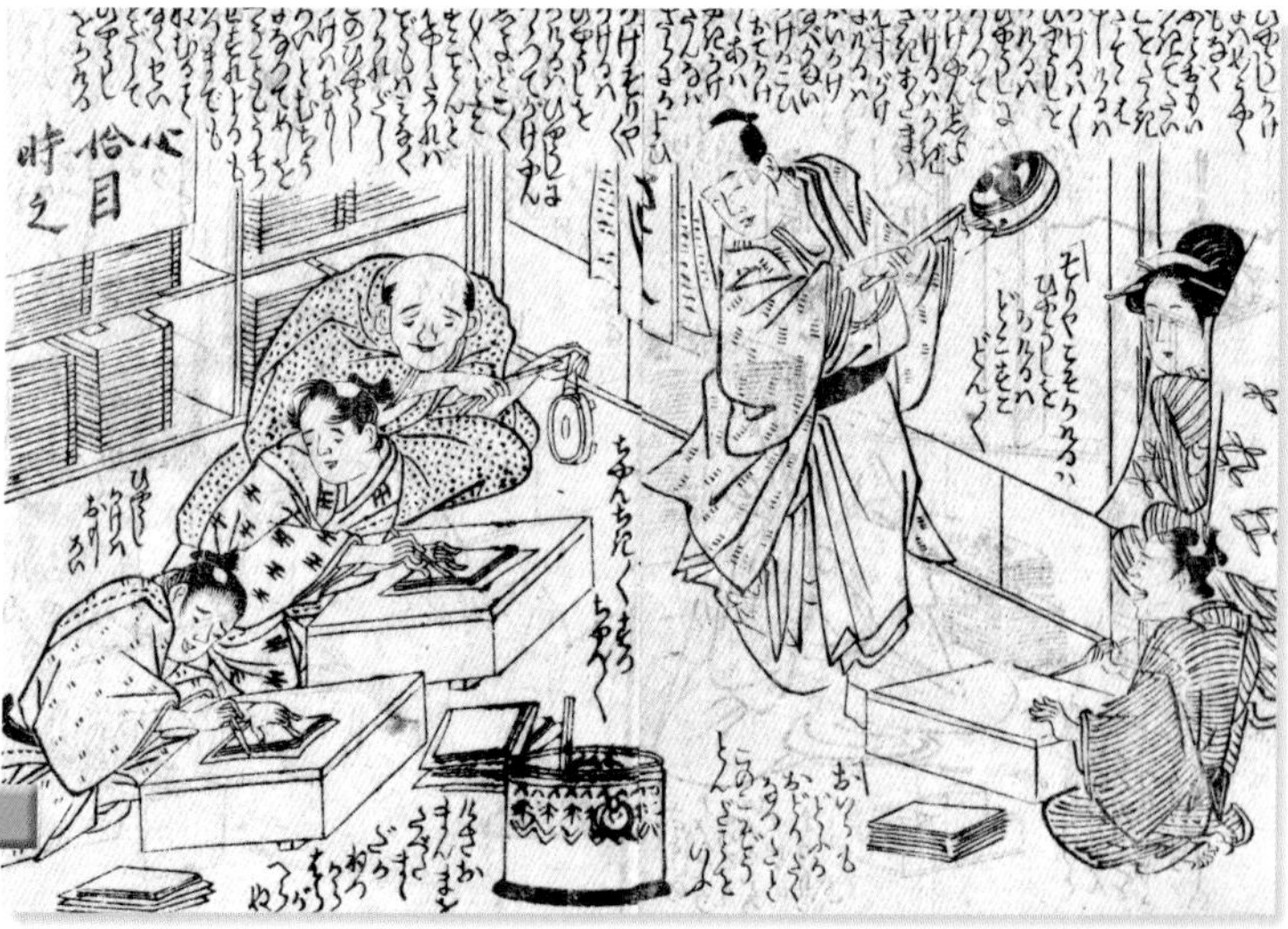

4 表紙掛けをする

5 糸で綴じる

賑わう絵草紙屋。1839（天保 10）年に刊行された『豊年武都英《ほうねんむつのはなぶさ》』より。絵は、錦絵でも名を成した渓斎英泉《けいさいえいせん》。

許可が下りたら彫師に渡します。彫師は版下を裏返して版木に貼り、彫ります。

2 摺師は、彫られた版木に墨汁をつけて紙を置き、馬連を使って摺ります。

3 摺られた紙は、折って、ページ順に並べて（この作業を「丁合《ちょうあい》」といいます）、はみ出た部分をカットします。

4 表紙掛けをします。

5 糸で綴じたら完成です。

6 できた本は、絵草紙屋（当時の本屋）などで販売します。新作の多くは正月に売り出されました。

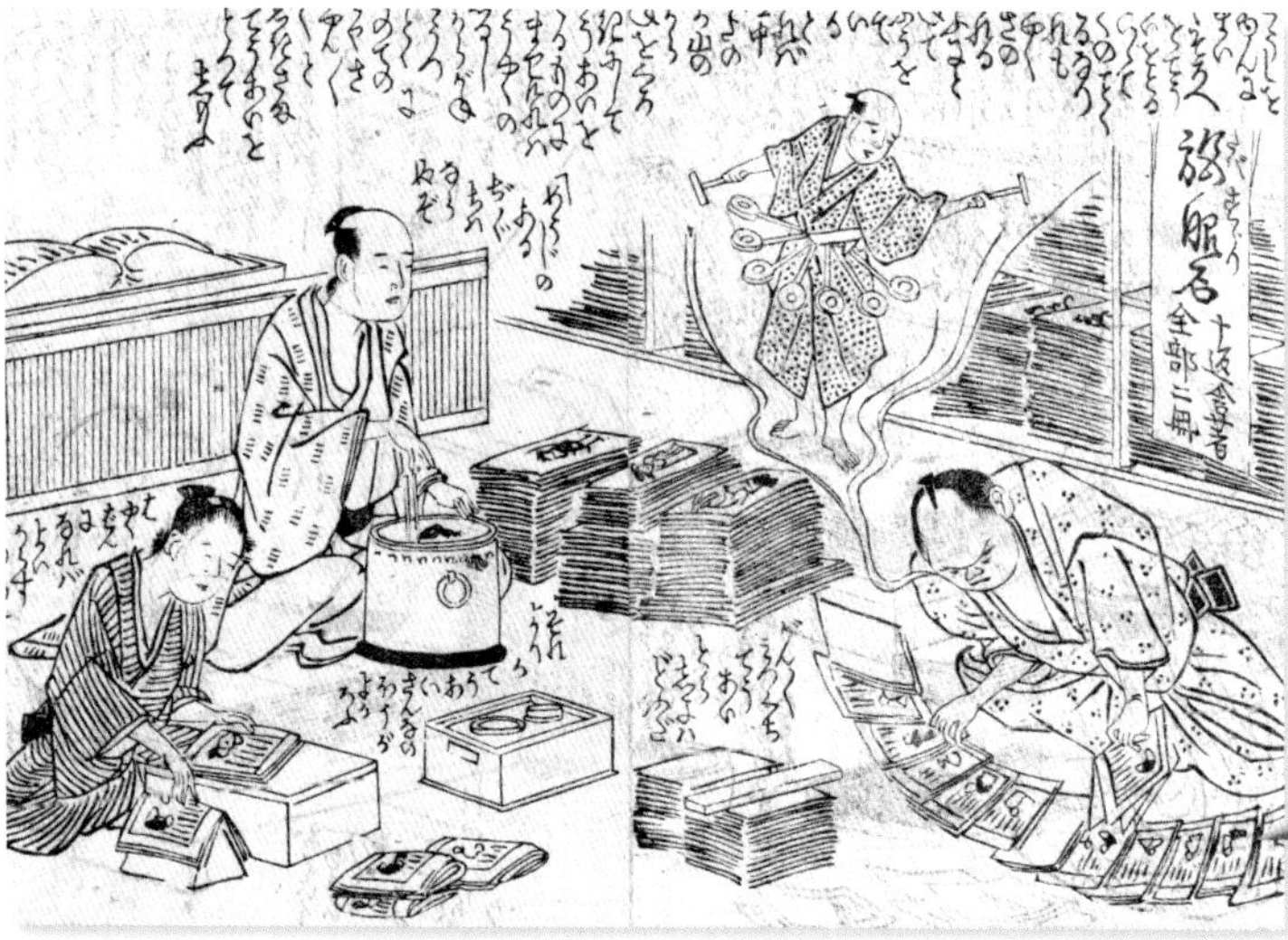

3 丁合《ちょうあい》を取る

6 絵草紙屋などで販売する

江戸時代の食文化

長屋に住む江戸庶民の主食は白米でした。家では、ご飯と味噌汁、漬物程度の「一汁一菜」を基本とし、江戸時代の中頃から１日３食とるようになりました（それまでは１日２食程度）。また、江戸には男性の単身者が多かったこともあり、人通りの多い道端には、すぐに食べられる寿司や天麩羅、蕎麦などの屋台が出ていました。

つまんで早く食べられるので、寿司の屋台は人気がありました。1786（天明６）年刊『絵本江戸爵《えほんえどすずめ》』より（絵は 80、81 ページで紹介した喜多川歌麿）。

左上では、隅田川や神田川あたりでとれたウナギを屋台で焼いています。右上の屋台では、男性が揚げたての天麩羅をうまそうに頬張っています。その下には、初ガツオ売りの姿が。1817（文化 14）年刊『気《きを》替《かえ》而《て》戯《げ》作問答《さくもんどう》』（山東京伝作・歌川豊国画）より。

初ガツオをさばく女性。江戸の人たちは市場に出たばかりの初物を好みました。とくに珍重されたのが、初夏の頃にとれた初ガツオ。金持ちが競うように買い求め、時には驚くほどの高値がつきました。1854（嘉永７）年に歌川国貞（118 ページで解説）が描いた錦絵「十二月ノ内 卯月《うづき》 初時鳥《はつほととぎす》」より。

とうふ売り

『守貞謾稿《もりさだまんこう》』より。大坂と江戸で暮らしたことのある喜田川守貞が、三都（京都・大坂・江戸）の風俗について、１８３７（天保８）年から約30年にわたり百科事典風に著しました。このページでは、とうふ売りについて解説。京坂（京都・大坂）と江戸の道具を比較したこの絵は守貞が描いています。とうふは江戸時代の初期に寺の精進料理に使われ、そのほかは特別な日に味わう程度でした。江戸時代の中頃から三都で普及が進み、庶民も日常的に食べるようになりました。

とうふ田楽

とうふ田楽をつくる女性たち。とうふ田楽とは、長方形に切ったとうふを串に刺し、味噌をつけて焼いた料理のことで、名物にする茶屋もありました。絵は1782（天明2）年に刊行された『豆腐百珍《とうふひゃくちん》』より。焼き物のほか、煮物、揚げ物など、あらゆる豆腐料理100品の作り方を掲載したこの料理本は、大ベストセラーとなりました。

沢庵漬け

江戸の漬物屋が漬物64種の漬け方を絵入り解説した『四季漬《しきつけ》物塩嘉言《ものしおかげん》』より。１８３６（天保７）年に刊行された貴重な書です。ご飯が中心だった江戸の食生活によく合う沢庵漬けも詳細に解説しています。

（国文学研究資料館 所蔵）

クジラとり

江戸時代にクジラとりが日本各地で行われ、鯨肉は食用にされました。この絵は、肥前国の生月島《いきつきしま》（長崎県）で行われていた捕鯨と解体を絵解きした、１８３２（天保３）年刊の『勇魚取絵詞《いさなとりえことば》』の一部です。「勇魚」とはクジラのこと。クジラは、食用のほか、鯨油《げいゆ》は灯火などに、臓物や骨は肥料用に、鬚《ひげ》は歯ブラシなどに利用され、捨てるところはありませんでした。

武士から庶民まで至芸を堪能した 歌舞伎は、より豪華に、大掛りに

歌舞伎は、元禄期（1688～1704年）に隆盛。この最初の黄金期を「元禄歌舞伎」といいます。その後は一時的に人形浄瑠璃人気におされましたが、芝居小屋で役者芸を堪能する最大の娯楽として発展していきます。

新作のほか、人形浄瑠璃作品を歌舞伎に移すことも流行。そのなかから「仮名手本忠臣蔵」など、今日も人気があるヒット作が生まれ、改作も行われながら繰り返し上演されていきました。音楽も、三味線などを生かして多彩に。女《おんな》方《がた》のほか、男役（立役《たちやく》）による舞踊劇の演目も増えていきます。

舞台は、セットごと場面を回転させる「回り舞台」や、人物、大道具などが上下する「せり」が考案され、より豪華に大掛りになりました。役者が行き来する通路の「花道《はなみち》」も見せ場として機能します。ここでは、化政期（1804～30年）の江戸歌舞伎を覗いてみることにします。

化政期の江戸には、幕府公認の大きな芝居小屋が三座（中村座、森田座、市村座）ありました。観劇料は高額でしたが、生身の役者が躍動する舞台は、武士から庶民まで身分を超えて人気を博し、話題を提供し続けました。

芝居を思いっきり楽しんでいた観客を滑稽に評した『客者評判記《かくしゃひょうばんき》』

1811（文化８）年に刊行されたこの版本は、役者を毎年ランク付けして批評する『役者評判記』（44、45ページで解説）の制作スタイルを踏襲して、観客を面白おかしく評した滑稽本です。式亭三馬（102、103ページで解説）の作で、絵は歌川国貞（118ページで解説）。妙にマニアックな芝居通の客、役者きどりの客などが続々登場。大あくびをする客まで描かれています。

大賑わい!!
江戸の中村座

上の絵とセットで描かれた三枚続の錦絵で、中村座の外（入口）を描いています。当時の歌舞伎は、観る、聞く最大の娯楽でした。ただし観劇料は高く、贅沢な娯楽だったともいえます。

1817（文化 14）年に出版された三枚続の錦絵で、歌川豊国画。熱気に満ちた中村座の舞台と客席をワイドに描いています。左に見える通路は花道です。役者が行き来し、ここでも極上のパフォーマンスが披露されました。芝居は早朝から日没まで長時間上演。観客は自由に飲食しながら、夢見心地で楽しい１日を過ごしました。

「東海道四谷怪談」などが大当たり！人の心の闇も描いた歌舞伎作者・四代目鶴屋南北《つるやなんぼく》

歌舞伎の演目には、歴史上の出来事を題材にして創作された「時代物」と、当時の町人を中心にして現実的な物語を展開させる「世話物」があります。大当たりした作品は、何度も上演されました。その一方で、観客は新たな刺激を求めて新作を心待ちにしました。

歌舞伎作者の四代目鶴屋南北は、化政期に新作を次々書いて高い評価を得ました。南北は人の心に潜む闇にも容赦なく踏み込み、写実性の高い「生世話物《きぜわもの》」を完成させたのです。「東海道四谷怪談」は、その代表作。視覚的にも楽しめるように、南北は意表を突く仕掛けや人物の早替わりなども取り入れました。

早替わりが見もの
「於染久松色読販《おそめひさまつうきなのよみうり》」

実際に大坂であった油屋の娘・お染と丁稚《でっち》・久松の悲劇を題材に物語が創作され、多くのお染久松物が浄瑠璃や歌舞伎などで上演されていきました。四代目鶴屋南北によるこの作品もお染久松物のひとつで、1813（文化 10）年に江戸の森田座で初演されています。この舞台でお染を演じたのは、人気女方《おんながた》の五代目岩井半四郎。お染、久松から悪人に至るまで7役を早替わりで演じ分けて喝采を浴びました。

1831（天保2）年刊『於染久松色読販』（歌川国貞画）より。通称「お染の七役」といわれるこの作品は、素早い早替わりで観客を沸かせました。

極悪と怨念が渦巻く
「東海道四谷怪談」

四代目鶴屋南北が71歳のときに書いた生世話物の大傑作で、1825（文政8）年に江戸の中村座で初演されました。この作品には、当時の下層社会に生きる人々がおぞましいほど生々しく描かれています。浪人の民谷伊右衛門《たみやいえもん》は、「忠臣蔵」の義士とは正反対の「討ち入らない不義士」として描かれ、欲にまかせて妻・お岩の毒殺を図ります。毒薬により醜い顔にされたお岩は悶死。怨霊となって伊右衛門たちに祟《たた》り、強大な力で破滅に追いやります。初演では、義士の物語「仮名手本忠臣蔵」と組み合わせて上演されました。有名な見せ場は、「お岩の髪梳《かみす》き」です。美しいお岩は髪を梳くたびに髪が抜け落ちて醜くなり、恐ろしい形相に変わります。怨霊となって登場する場面では、「提灯抜け」などさまざまな仕掛けを繰り出して観客を驚かせました。

1856（安政3）年の錦絵（歌川国貞画）より。伊右衛門は美男でありながら極悪非道な人物。お岩はこの男に人生を狂わされます。

→舞台のアクションシーンを描いた歌川国貞画の錦絵。

1836（天保7）年の錦絵（歌川国芳画）より。伊右衛門（左の男）は、恨みを募らせたお岩の亡霊から逃れることができません。

（東京都立中央図書館特別文庫室 所蔵）

作品や役者の魅力を
これでもかと引き出した

歌川国貞の役者絵

「三代豊国」ともいわれる絵師の歌川国貞は画才に恵まれ、22歳のデビュー当時から人気を獲得。大勢の弟子をかかえるようになり量産体制を確立しました。79歳で亡くなるまでに膨大な数の美人画、役者絵、版本の挿絵などを残しています。なかでも役者絵は、芝居小屋の現地取材も綿密に行い、臨場感あふれる錦絵を多数出版。洗練された構図と気の利いたアイデアが光る国貞の役者絵は、万人に分かりやすく、資料性にも富んでいます。ここでは、1856～58（安政3～5）年に出版された国貞晩年の江戸歌舞伎シリーズ「踊形容外題尽《おどりけいようげだいづくし》」の中から7点を選び、仕掛けの面白さを伝えてくれる錦絵も合わせて紹介します。

国貞の肖像画。弟子の豊原国周《とよはらくにちか》（138・139ページで紹介）が描きました。

↑「楼門五三桐《さんもんごさんのきり》」。盗賊の石川五右衛門が登場。見どころは、南禅寺の華麗な山門がせり上がるこの名場面です。最初は「金門五山桐《きんもんごさんのきり》」の演目名（外題）で、1778（安永7）年に大坂で初演されました。

→「皿屋敷」の伝説をもとにした「宝成《みのりよし》金《こがねの》菊月《きくづき》」で、1850（嘉永3）年に江戸の中村座で初演。女中のお菊は、仕えていた家で家宝の皿を割ってしまいます。お菊は死んで亡霊となり……。

←平家の勇将・悪七兵衛景清が登場する「月梅《つきのうめ》摂《めぐみの》景清《かげきよ》」。この「日向国宮崎の場」では、源平合戦の敗者となり日向国宮崎で貧しい暮らしをしていた盲目の景清に、娘が会いに来ます。

「鼠小紋東君新形《ねずみこもんはるのしんがた》」。大泥棒の鼠小僧次郎吉が登場。次郎吉は義賊のヒーローとして描かれ、庶民に人気がありました。作者は、幕末から明治にかけて数多くの傑作を残した河竹黙阿弥《かわたけもくあみ》。1857（安政 4）年に、江戸の市村座で初演されました。

↑時代物三大傑作のひとつとされる「菅原伝授手習鑑《すがわらでんじゅてならいかがみ》」。最初は人形浄瑠璃作品として、1746（延享 3）年に大坂の竹本座で初演。歌舞伎の人気作にもなり、今日まで繰り返し上演されてきました。この絵は、主要な役を演じる人気役者たちが演技合戦を繰り広げる「車引のだん」より。

←美術の冴えが見られる「婧𡡾雪世界《うつくしきゆきのせかい》」の舞台。しゃれた演目名（外題）が印象的です。1799（寛政 11）年に、江戸の市村座で初演。歌舞伎独特の様式美を用いた立ち回りもよく描かれていて、当時の舞台を目の前で観ているような気分にさせられます。

「三世相縁緒車《さんぜそうえにしのおぐるま》」という演目ですが、残念ながら今日まで伝わる古典的名作にはなっていません。しかし、国貞が描いたこの「第二番目大切裏田圃《おおぎりうらたんぼ》の場」の錦絵は、緻密で美しく、秀逸といえる出来。この場には、立役《たちやく》の男と、女方《おんながた》による若い女が登場。複雑な心情を吐露し合いますが、互いに相手を思いやる男女の切ないシーンとなっています。男は、主人公の関取・桂川蝶右衛門。若い女は、蝶右衛門の妻お絹の妹お半。

安政江戸大地震（134、135ページで解説）の翌年となる1856（安政3）年8月に、江戸の中村座で初演されました。その翌年には、舞台を再現した合巻《ごうかん》が、柳水亭種清《りゅうすいていたねきよ》作で刊行されています。この合巻は、「歌舞伎舞台のマンガ化」といったところでしょうか。錦絵と同じシーンは、二代目国貞が右下に示したように、見開きページを縦に取って描いています。

芝居小屋の仕掛けを楽しむ

当時の歌舞伎は贅沢な一大娯楽で、飲食をしながら夢のような劇空間に日がな一日浸れました。宝暦期（1751～64）頃からは、理屈抜きに楽しめる仕掛けが目覚ましく進化。「せり上げ」「回り舞台」などを駆使して、エンタメ性を更にスケールアップしていきました。役者芸の人気は､「早替り」「水芸」「宙乗り」など。上の絵は、116ページで紹介した版本『於染久松色読販《おそめひさまつうきなのよみうり》』より。早替りの打ち合わせ風景がリアルに描かれています。右の「鯉つかみ」は、水槽に満たした本《ほん》水《みず》の中で動き回る水芸のひとつです。当時の猛暑期に上演していた夏興行は、冷房装置がない時代。そこで観客に水しぶきがかかるほどの冷涼感を提供しようと考案したのでしょう。夏興行には水槽のほか、本水を使った滝や池、井戸、巨大な水桶などが多用されました。

1855（安政２）年に出版された「大工六三」。主人公である大工の六三郎が、実際の水（本水）を張った水槽に飛び込み、派手に浮き沈みしながら巨大な鯉をつかみ上げているところ。作品は大坂の心中事件を脚色した「お園六三物」ですが、ここでは夏興行の名物といえる「鯉つかみ」のシーンに着目。アップを捉えて、宣伝ポスターにもなりそうな迫力ある絵に仕上げています。

1861（文久元）年に出版された「松ケ枝的之助・仁木弾正」（三枚続の内の二枚）。演目は仙台藩伊達家のお家騒動に取材した「伽羅先代萩《めいぼくせんだいはぎ》」で、国貞は弾正（左の男）の妖術が楽しめる「足利家床下の場」を絵にしています。弾正は花道にある「スッポン」と呼ばれる小型昇降装置の「せり」を使い、床下から、ぬーっと怪しげに登場。

人形浄瑠璃を描いた版本①

『狂言田舎操《いなかあやつり》』

式亭三馬（103ページで解説）と、三馬の弟子で浄瑠璃も語る楽亭馬笑の合作による滑稽本で、1811（文化8）年に刊行。人形浄瑠璃の興行は三都（京都・大坂・江戸）から地方へと伝播していきました。この本では、ある田舎で賑わった興行の様子を、方言のおかしみも交えて描いています。

三人遣《づか》いと豪華演出で観客を沸かせた

江戸時代後期の人形浄瑠璃

江戸時代の初期から興行が成り立つようになった人形浄瑠璃は、「太夫」「三味線弾き」「人形遣い」が一体となって至芸を繰り出す日本独自の人形劇です。隆盛して中期に訪れた絶頂期には歌舞伎人気を上回ります。後期は歌舞伎におされましたが、よく練られた物語、三人遣い、豪華演出などにより、観客の心をつかみ続けました。

↑人形遣いは「ひとり遣い」からはじまりましたが、江戸時代の中期に1体を3人で操る「三人遣い」が考案され、主要な登場人物には、より細やかな動きがつけられるようになりました。ただし脇役などは、ひとり遣い、二人遣いで操られるなど、役により臨機応変に演出されました。

人形浄瑠璃を描いた版本②

『腹之内戯作種本《はらのうちげさくのたねほん》』

式亭三馬作による1811（文化8）年刊の合巻《ごうかん》です（内容解説は103ページ）。江戸浅草生まれの三馬は歌舞伎や人形浄瑠璃が大好きで、芝居小屋に通い詰め、楽屋も取材しています。本作では、本づくりの苦労話にからめて人形浄瑠璃の舞台や楽屋を紹介。絵師の小川よし丸が、三人遣いや太夫、三味線弾き、人形ごしらえの現場などを丹念に描いています。

物語は登場人物のセリフも含めて、すべて太夫が義太夫節で語りつくします。相棒の三味線弾きは、太夫の語りが生きるように伴奏します。三味線は、大きい「太棹《ふとざお》」が使われます。

→地方のある村での興行とはいえ、三都に負けない花道つきの舞台が築かれています。人形浄瑠璃は田舎でも人気があり、なかには芸を教わり披露を目指す地元の人たちもいました。本作に描かれた客席は、ご覧の通り超満員。身動きが取れないほど観客がひしめいています。

↓舞台から、客席や入り口方向を見た絵です。屋台風の茶屋では、団子、餅菓子、いも田楽、蕎麦、果物などが売られています。本作では、最後に夕立が降り、みんなびしょ濡れに……。舞台は「まず今日は是限《これぎり》」となりました。

人形浄瑠璃の舞台

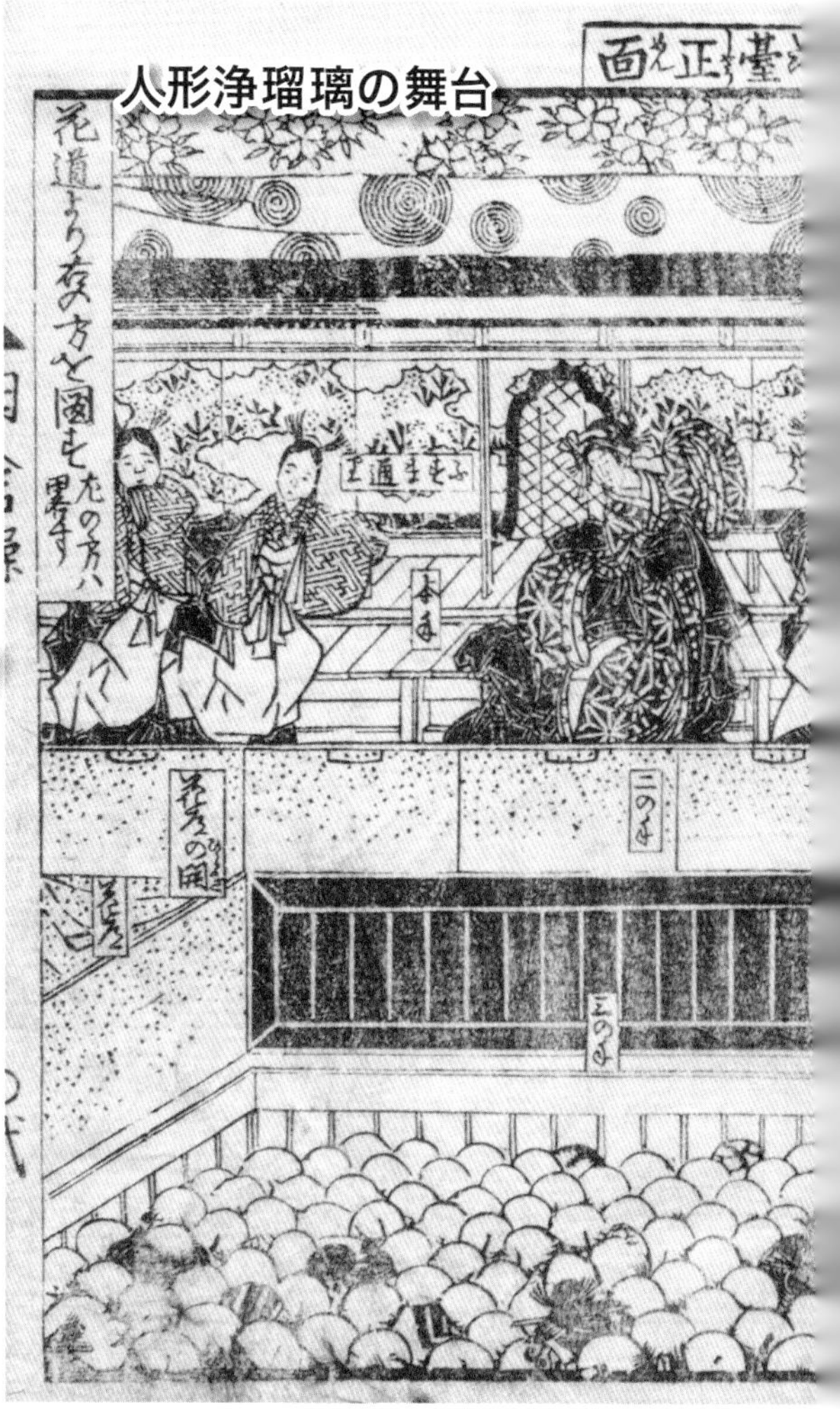

押すな押すなの大盛況!

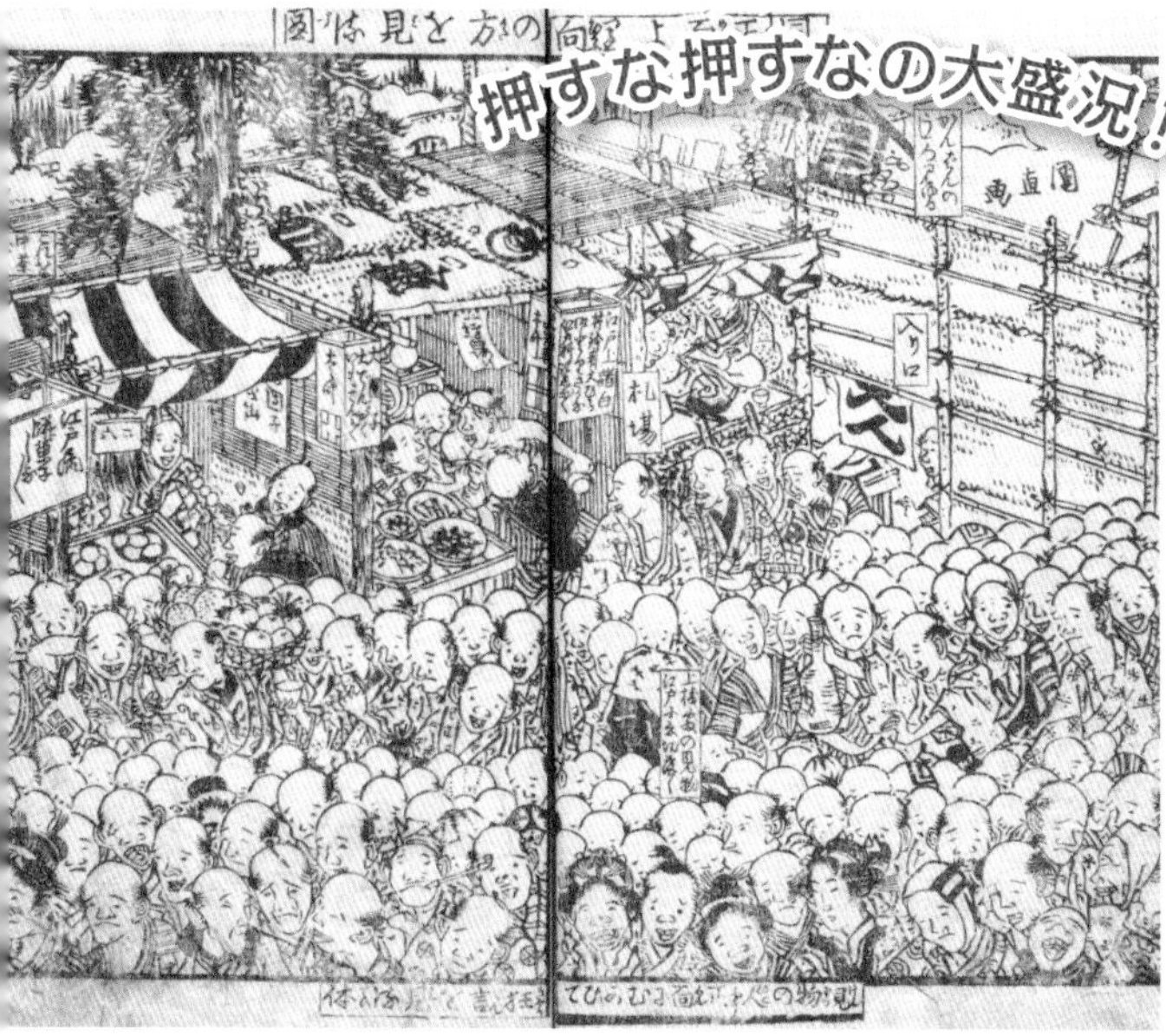

活気に満ちた楽屋

初日の楽屋の様子で、登場させる人形をスタッフ総出で飾り立てています。右下に見える大きな木箱は、蓋付きの長持《ながもち》と呼ばれる入れ物で、ここでは人形の保管用として使用されています。

人形浄瑠璃を描いた版本③

『戯場楽屋図会《しばいがくやずえ》』

↑1615年に運河の道頓堀川が完成。その後、南岸に幕府公認の芝居小屋が集められて一大繁華街に。人形浄瑠璃の小屋も栄えました。

1800（寛政12）年頃に刊行。まるで大坂の芝居小屋に潜入したかのような写実的な絵を中心に、歌舞伎や人形浄瑠璃について詳細に解説しています。正編（2冊）と拾遺《しゅうい》（2冊）があり、人形浄瑠璃は拾遺に収録。役者絵を得意とする地元大坂の浮世絵師・松好斎半兵衛《しょうこうさいはんべえ》が取材をして絵を描き、文もまとめています。

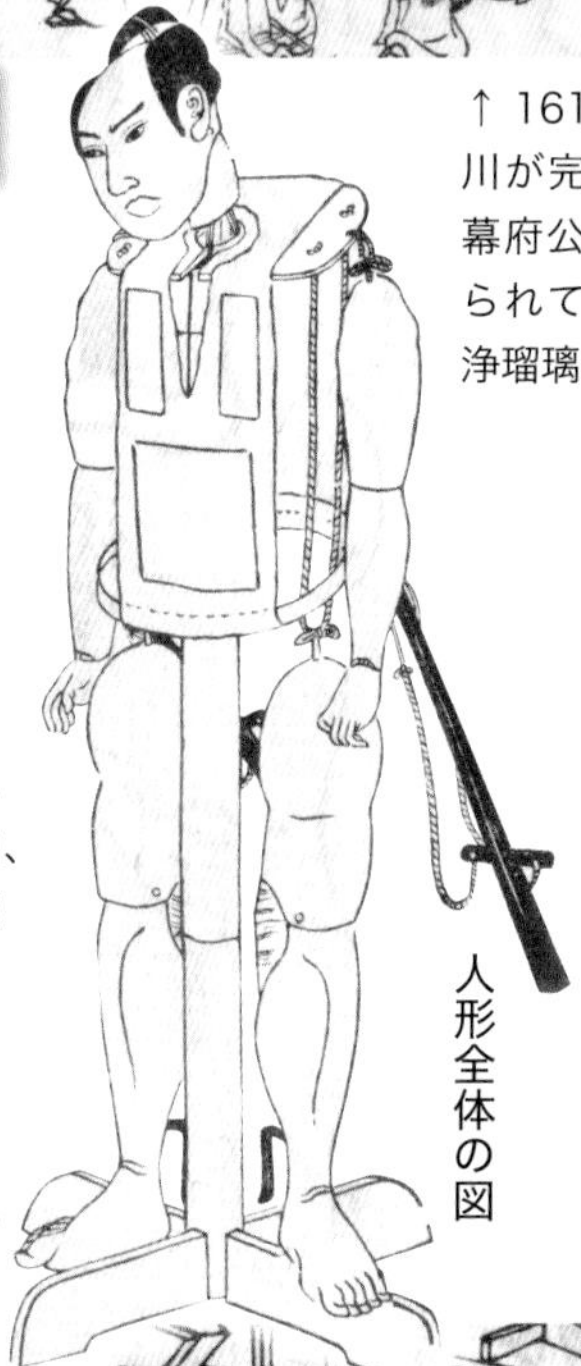
人形全体の図

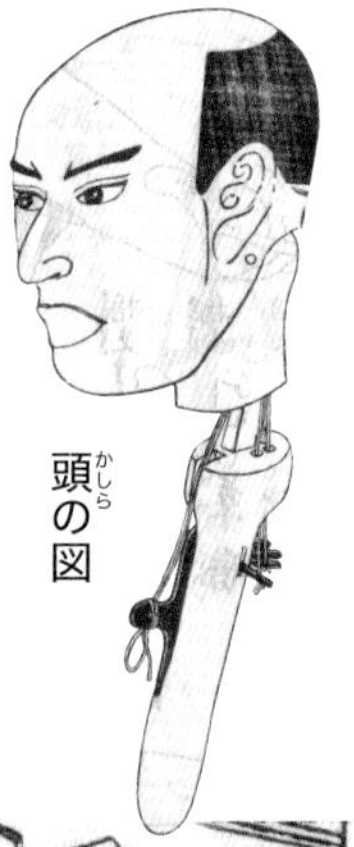
頭《かしら》の図

→さまざまな人の動きを可能にする、精巧につくられた人形。頭は、丈夫で弾力のあるクジラの鬚《ひげ》を使うことで、まゆ、目玉、口、首を瞬時に動かすことができます。衣装を替えるときは別の胴体に衣装を着せて、頭だけを付け替えました。

台本ができると「荒立《あらだて》」。スタッフを集めて作者を中心に本読みを行い、人形の動きなどを確認します。荒立が終わると「人形ごしらえ」。人形遣いが担当の人形を役に合わせて飾り立てます。

内稽古《ないげいこ》

↑三人遣いの「内稽古」。語りや音楽も入れて、よりよい動きを試行錯誤しています。特製の高下駄（舞台下駄）を履いている人が「主遣い」で、人形の胴と頭、右手を操ります。あとの二人は草履を履いて、「左遣い」が左手を、「足遣い」が両足を操作します。

複雑な動きは
人が演じてみる

←複数の人形が複雑に絡み合う立ち回りなどの場面は、人形遣い自らが歌舞伎役者のように演じてみて、違和感のないように人形の動きをつけていきます。

↓「内稽古」を３～４日続けたあと、初日の前日に舞台で「惣（総）稽古」を行います。人形遣いは平日の姿で人形を操りましたが、見物客も大勢入れました。見物客は飲食をしながら初日の出来を予想して楽しんだようです。惣稽古は、歌舞伎の芝居小屋でも行われていました。

惣稽古《そうげいこ》

江戸時代の女性ファッション

江戸時代の女性たちにも髪型や化粧、衣服などで流行が生まれていました。おもな発信源は、歌舞伎役者や遊女たち。武家や町民など身分によるファッションの違いや、未婚、既婚などの決まり事もありました。

髪型　長い髪を結い上げる「結髪《けっぱつ》」

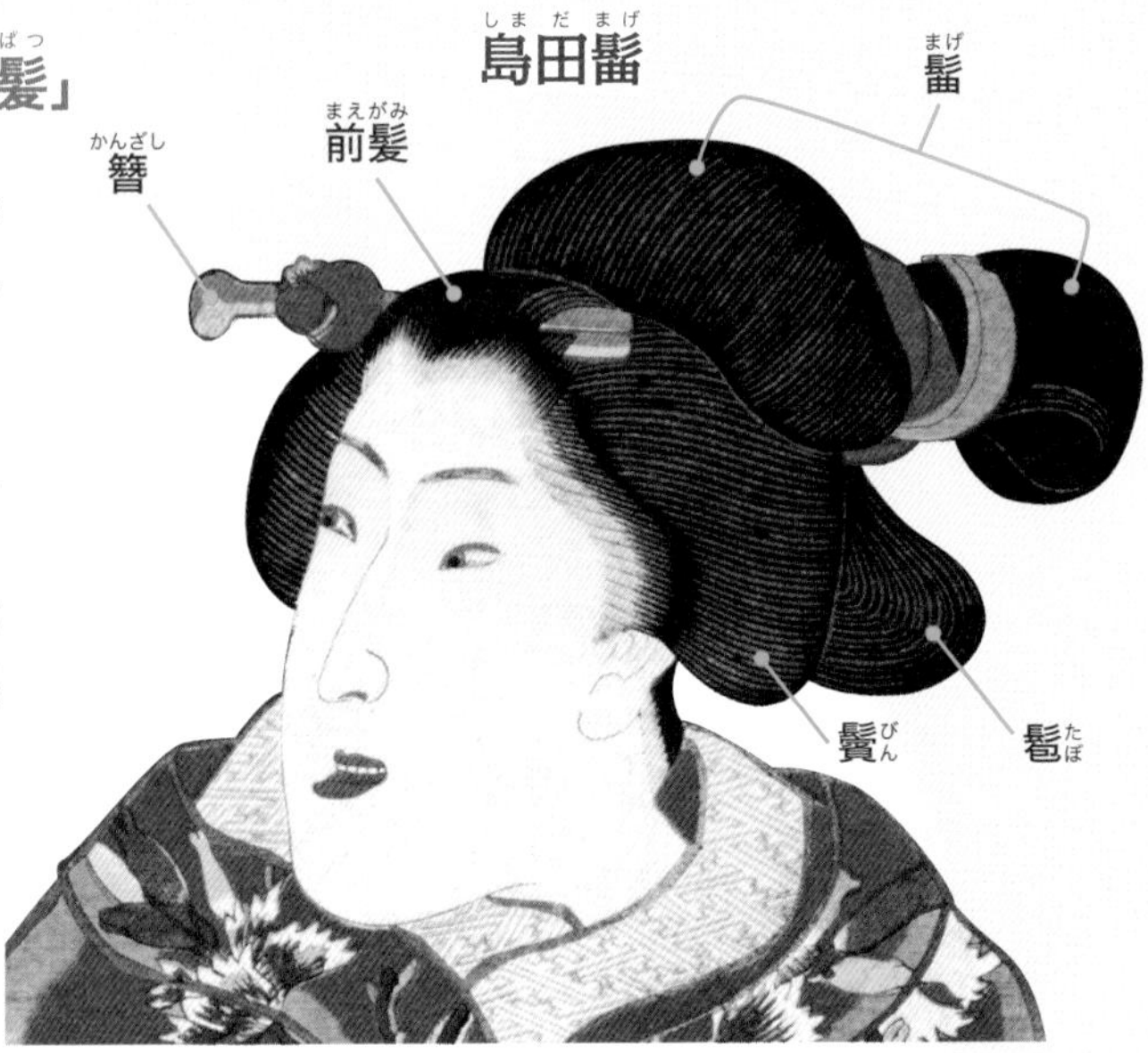

女性の髪型は、長い髪を垂らす「垂髪《すいはつ》」が平安時代以来続いていましたが、江戸時代の前あたりから、まとめて結い上げる「結髪」が行われるようになりました。江戸時代になると、広く普及していきます。結髪は長い髪を、前髪《まえがみ》、鬢《びん》、髱《たぼ》の部分に分けて形を整え、残りの髪を頭頂部でまとめて束ね、髷《まげ》をつくるのが基本的な結い方です。各部分の形を変化させることで、さまざまな髪型が誕生し、その時々で流行が生まれました。髪には、きれいな簪《かんざし》や櫛などを刺して飾りました。

島田髷をはじめたのは、東海道島田宿の遊女という説があります。折り曲げた髷の中ほどを紙の紐（元結）などで締めるのが特徴で、未婚女性の髪型とされました。

丸髷《まるまげ》

髷が丸い形になっています。丸髷は、江戸時代後期から、結婚している女性の髪型になりました。

←18世紀後半に、鬢を横に張り出させた灯籠鬢が流行。クジラの鬚《ひげ》などでできた鬢差《びんさし》を用いて、鬢を広げて支えました。絵は1784（天明4）年刊の『年始御礼帳《ねんしおれいちょう》』より。

↑江戸時代前期から中期に流行した髱の形。カモメの尾羽ように長く反り返っていることから、「かもめ髱」と呼ばれるようになりました。絵は1695（元禄8）年頃に出版された『和国百女《わこくひゃくじょ》』（52、53ページで紹介）より。

白粉《おしろい》用の刷毛《はけ》
紅猪口《べにちょく》
猪口《ちょこ》の内側に、紅が塗られています。

↑ 1858（安政５）年に歌川国貞（118ページで解説）が描いた錦絵「江戸名所百人美女 柳はし」より。

化粧 白、赤、黒で美しく

江戸時代中期には、上流階級の人々が行っていた化粧が庶民の女性にも広がりました。化粧に使われた基本色は、白、赤、黒。白い白粉《おしろい》、赤い紅、お歯黒と眉墨の黒でした。

白粉《おしろい》 白粉は、文字通り白い粉を水で溶き、刷毛《はけ》や手で顔から首、胸あたりまで塗りました。左の女性は、鏡を見ながら襟足の白粉を確認しているようです。

紅《べに》 唇に紅をつけるときは、小さく薄くつけることが好ましいとされました。頬《ほお》、目元、爪に紅をつけることもありました。紅花《べにばな》からつくる紅は、商品にするまで手間がかかり、わずかしかできなかったため、金と同じくらい高価でした。

左の絵には、緑色に色付けされた玉虫色に輝く下唇が描かれています。紅は何度も重ねて厚く塗ると、玉虫色に輝きます。その効果をねらって下唇に紅を重ね塗りする贅沢なつけ方が化政期（１８０４～３０年）頃に流行しました。

お歯黒

女性は結婚の前後から、歯を黒く染めるお歯黒を始めました。黒はほかの色に染まらないことから、貞節を示す証とされたようです。遊女や芸者もお歯黒をすることがありました。

衣服 日常着として普及した「小袖《こそで》」

「小袖」は現代の着物の原型ですが、元は貴族などが大袖《おおそで》の下に着用する、袖口の小さい白い下着でした。室町時代に表着《うわぎ》としても着られるようになり、江戸時代には、男女ともに着用する日常的な衣服となりました。小袖は生地の素材、色や模様などで個性を出すことができます。左のような、最新の絵柄を売りとする「小袖雛形本」も数多く出版されました。

1716（正徳６）年に京都で出版された『雛形都風俗《ひいながたみやこふうぞく》』。小袖の新しい絵柄を集めた見本帳です。

→蛍狩りの女性が着ている小袖は、木綿の生地のようです。江戸時代には綿の国内生産が増えて、木綿は庶民の普段着の素材となりました。

徒歩による測量で地図を制作した伊能忠敬

上総国（千葉県）に生まれた伊能忠敬は、17 歳のときに下総国佐原（同県）の伊能家の養子となり、酒造、米穀取引などで商才を発揮。財を成して名主となり、苗字帯刀を許されました。49 歳で家督を長男に譲ると、忠敬は翌年江戸に出て、天文学を 19 歳年下の天文学者・高橋至時《よしとき》に学びます。

1800（寛政 12）年、55 歳になった忠敬は全国の実地測量を開始。以後 16 年にわたり各地を歩きました。その総距離は約 4 万km。地球一周に相当します。地図は地域ごとに制作しましたが、忠敬は最終の成果を目前に 73 歳で死去。その 3 年後の 1821（文政 4）年、忠敬の遺志を継いだ弟子たちにより「大日本沿海輿地全図《だいにほんえんかいよちぜんず》」（大図・中図・小図）が完成しました。

伊能忠敬

（千葉県香取市 伊能忠敬記念館 所蔵）

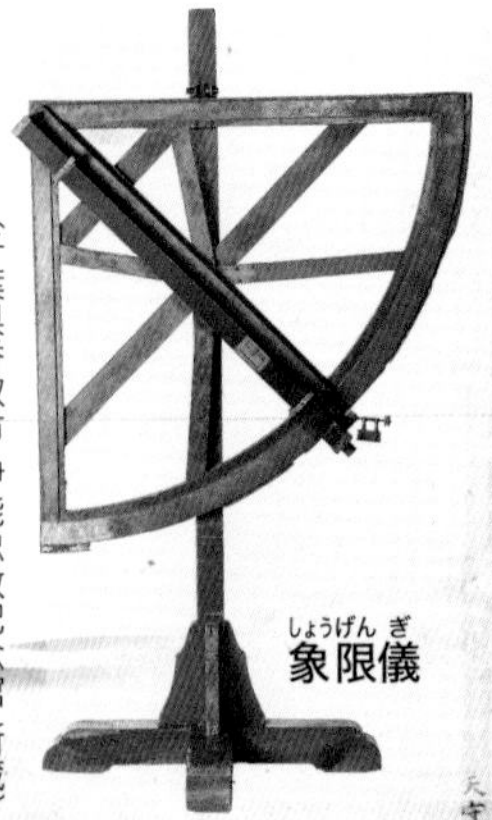

象限儀《しょうげんぎ》

（千葉県香取市 伊能忠敬記念館 所蔵）

北極星などの天体の高度を測定する観測器具。現地の緯度を求めるために用いました。このほか、方位磁石を杖の先に取り付けた「わんか羅《ら》鍼《しん》」なども現地で使用されました。

中図（富士山付近）

実地測量開始から 4 年後の 1804（文化元）年に制作された縮尺 21 万 6000 分の 1 の中図（一部）。富士山付近が絵画的にあらわされています。科学的実測に基づいた忠敬の地図は、現在の地図との誤差がさほどありません。徒歩であっても、地道に精度の高い測量を行ったことがうかがえます。

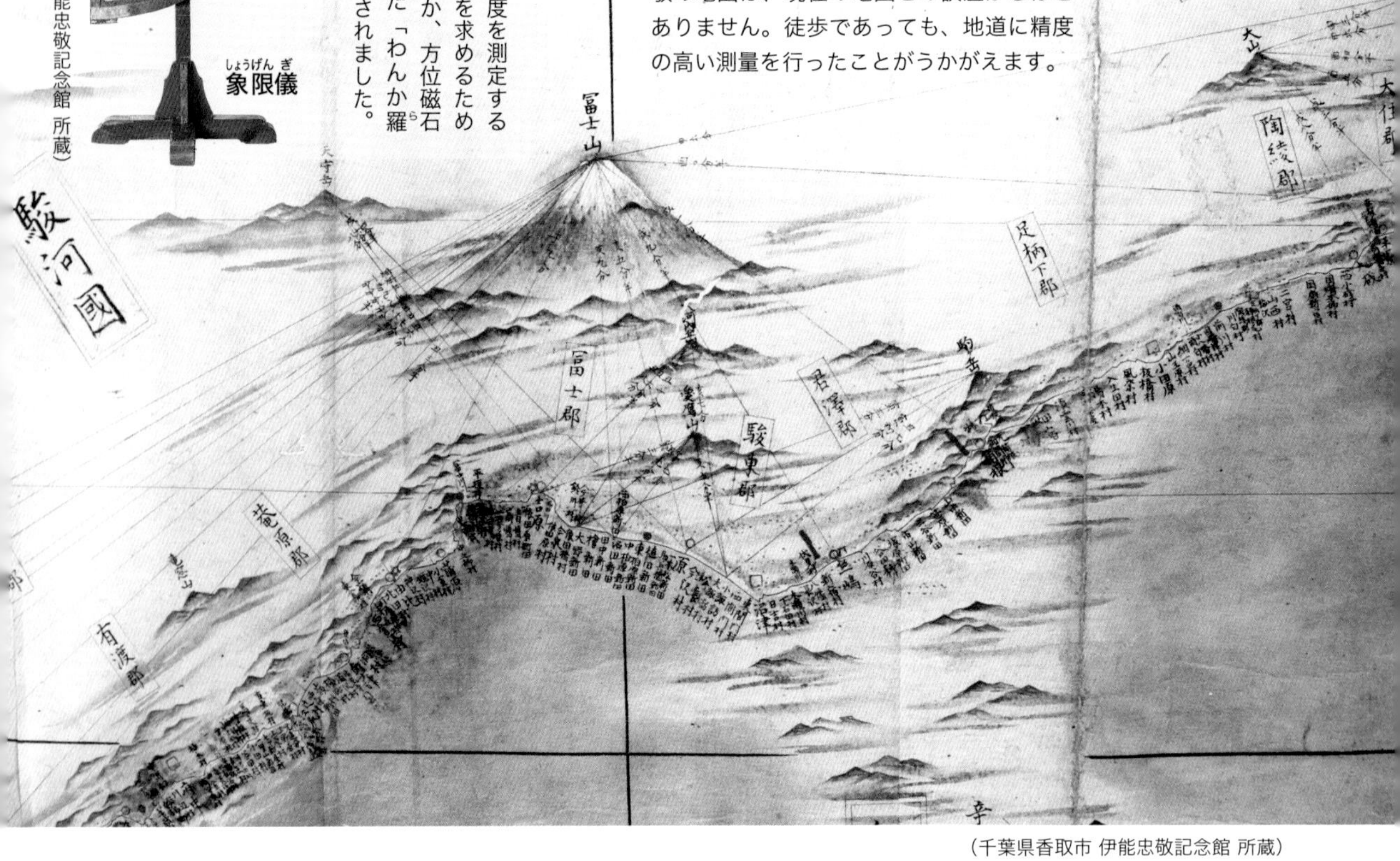

（千葉県香取市 伊能忠敬記念館 所蔵）

贅沢は禁止だ！

各種の文化も取り締まりを受けた

天保の改革

天保期（1830～44年）は、幕藩体制が大きく揺らいだ時期です。1833～36（天保4～7）年にかけて大飢饉（天保の飢饉）が全国を襲うと、多くの餓死者を出し、百姓一揆や打ちこわしが頻発しました。諸物価は高騰。農村の荒廃が都市に及ぶと、幕府、諸藩は、経済の立て直しを柱に政策転換を余儀なくされます。

幕府では、1841（天保12）年に大御所の徳川家斉が没すると、ようやく幕政の実権を握った12代将軍徳川家慶のもとで、老中首座水野忠邦が改革（天保の改革）に着手。倹約令、風俗統制令を出し、物価を安定させる政策をとりました。対外政策では、柔軟に対応しながら、国防の強化を進めました。

水野忠邦

出版でも幕府が統制。作者の柳亭種彦《りゅうていたねひこ》（108、109ページで解説）や為永春水《ためながしゅんすい》（下部参照）は、風俗を乱したなどの理由で処罰を受けました。

しかし、「寛政の改革」以上に厳しく強引な改革だったため、多くの反発を生み、1843（天保14）年に忠邦は失脚。改革は失敗に終わり、幕府権力の衰えを露呈する結果となりました。

「天保の改革」により風俗を乱したとして刑罰を受けた人情本の作者

為永春水《ためながしゅんすい》

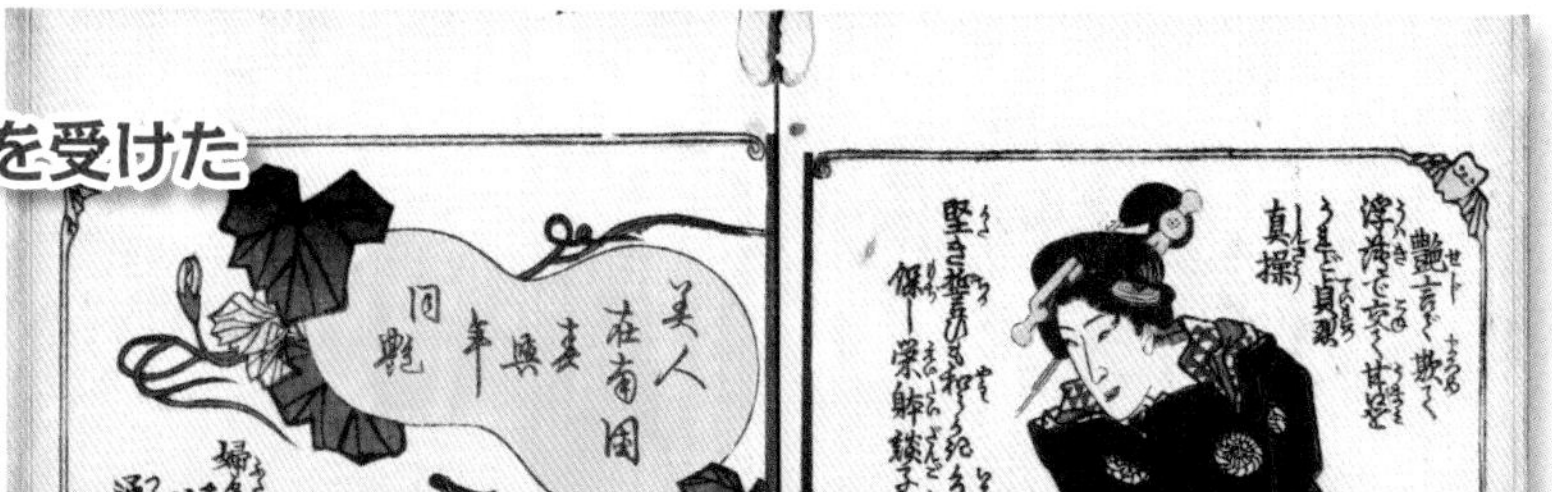

為永春水作で1832～33（天保3～4）年に刊行された『春色梅児誉美《しゅんしょくうめごよみ》』（4編12冊）より。江戸出身の春水は、柳亭種彦や式亭三馬に入門して文筆活動に入りました。本作は、情緒豊かな恋愛描写が若い女性にうけて大ヒット。春水は「人情本」と称して量産し、流行作家となりました。しかし、「天保の改革」により描写が風俗に害を及ぼすとされ、1842（天保13）年に手鎖50日の刑を受けます。春水は、傷心のまま翌年病没しました。

幕府公認の江戸遊廓 吉原 ③

喜多川歌麿の艶本『繪本笑上戸』より。

『吉原青楼《せいろう》年中行事』 1804（享和 4）年刊 文 十返舎一九 画 喜多川歌麿

歌麿は、カフロ（禿＝「かむろ」とも呼ばれる遊女見習いの少女）、キャク（遊客）、オヒラン（花魁＝上級遊女）、フリシン（振袖新造＝上級遊女を目指す禿上がりの若い新造）、バンシン（番頭新造＝花魁の世話や外部交渉を主に行う新造）を見開きページに収めて、個々の一瞬の動きを巧みにとらえてみせます。

上と下は歌川国貞が描いた錦絵です。上は、『江戸名所百人美女』シリーズの1枚「よし原」で、幕末の1858（安政5）年に出版。禿に髪を梳かせながら、何やら嬉しそうに文を読む花魁が描かれています。下は、傑作が多い「五渡亭国貞」時代に出版された五枚続の大作『吉原遊廓娼家之図』より一部を拡大。半可通《はんかつう》らしき男が、手慣れた遊女たちに軽くあしらわれているようです。

↑遊客が特定の花魁と馴染みになると擬似的な夫婦とみなされ、ほかの妓楼の遊女と遊ぶことは許されませんでした。この絵は、浮気がバレてしまった遊客が広間に連れて行かれ、怒り心頭の花魁と関係者一同を集めて折檻を受けているところ。平謝りの遊客は遊女の着物を着させられ、頭には髪飾りまで付けさせられて笑いものにされています。浮気の程度がひどい場合は寄ってたかって罵倒され、食事抜きでしばらく放置され、慰謝料まで払わされました。

吉原①②（74〜77ページ）では、元吉原からの歴史をはじめとし、宝暦・天明文化期の多色摺絵本や洒落本を紹介しました。

その後、洒落本の分野では、町人流行作家の山東京伝（92〜93ページで解説）が代表作の呼び声が高い『傾城買四十八手』を1790（寛政2）年に刊行。京伝にとっての吉原は、創作の源にもなる遊興のホームグラウンドでした。足繁く吉原に通っていた京伝は、同年、吉原の扇屋で年季が明けた馴染みの遊女菊園を正式な妻とします。しかし翌年、「寛政の改革」により洒落本3作が筆禍を受けて絶版となり重い刑罰を受けます。菊園はその2年後に30歳で死去。京伝は黄表紙《きびょうし》などに力を入れ、1800（寛政12）年には吉原で年季勤めをしていた遊女玉の井を身請けし、後妻に迎えました。京伝はその後、合巻《ごうかん》や読本《よみほん》の分野に活路を見出します。

多色摺絵本の分野では、絵師の喜多川歌麿が、『吉原青楼年中行事』を1804（享和4）年に刊行。一部の作品から鈴木春信への敬愛が感じ取れる歌麿は、吉原をテーマに自分なりの写実性を追求。遊客と遊郭で働く人々の一瞬の動きを、優れた人物配置と美麗な線描写で見事に切り取ってみせました。

化政文化期以降の吉原は、庶民にも手が届くほどの大衆化、観光地化が進みます。吉原は、金、欲、色が常時渦巻く「悪所」ですが、江戸文化という観点においては「影」も含めて、そこから生み出された多ジャンルの作品群を無視するわけにいきません。

隆盛を極めた

相撲

スター力士も続々誕生！

右の錦絵は、「勧進大相撲之図」（三枚続の内の中央）より。下の錦絵は、「勧進大相撲八景 稽古之図」より。２枚とも江戸時代後期の出版で、歌川国貞が描いています。

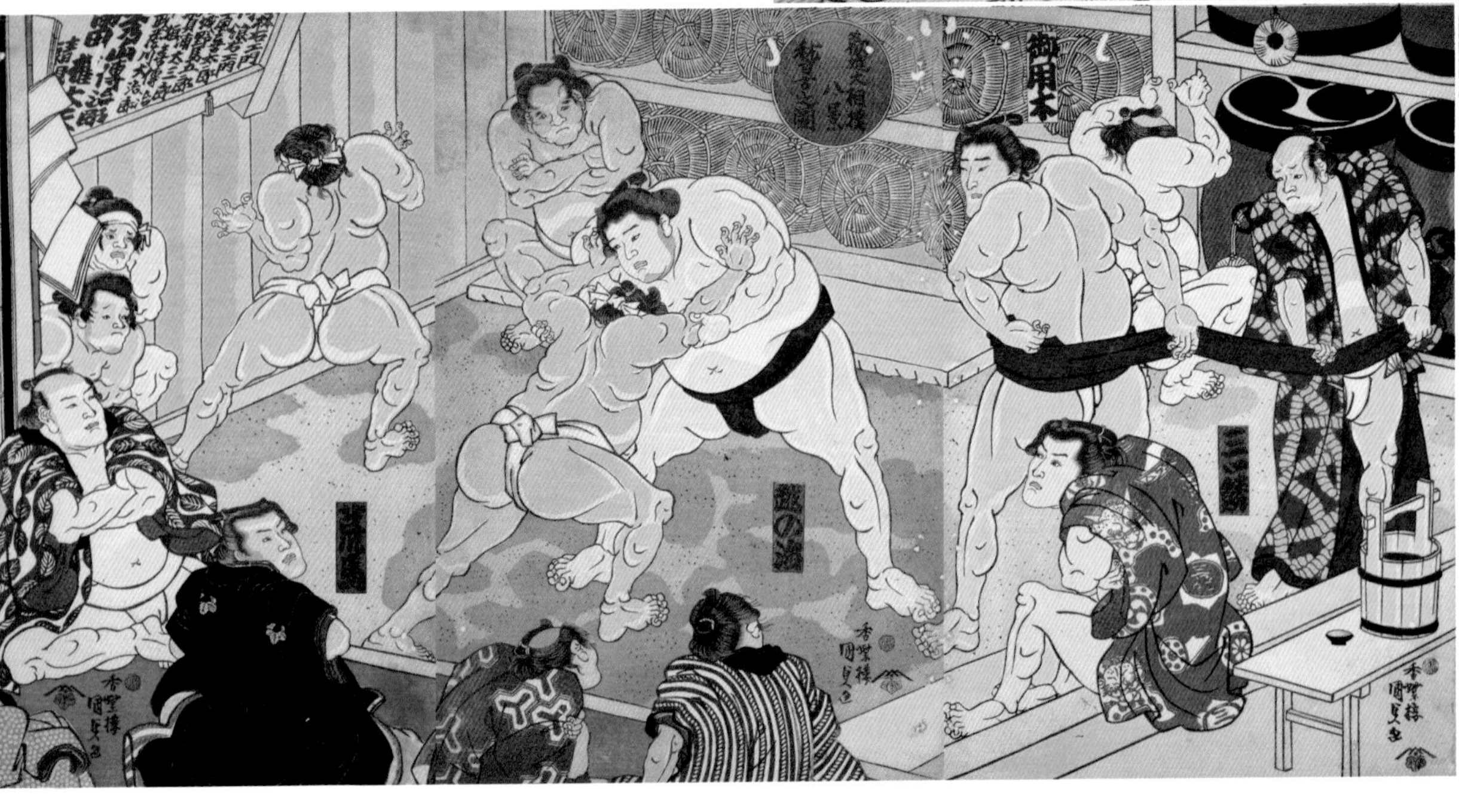

1859（安政６）年に出版された「勧進人相撲土俵人之図」（一恵斎芳幾・画）。三枚続のワイド画面に、「西の方」と「東の方」の力士をずらりと並べて、鍛え上げた各力士の勇姿を見せつけるように描いています。回向院の本場所で、埋め尽くしている観客は木戸銭を払った男ばかり。この当時、女性や子供の相撲観戦は、本場所以外の花相撲に限られていました。

勝負をかけて肉弾相打つ相撲は、日本固有の格闘技です。古くは神事として豊作を祈願する奉納相撲や、余興としての天覧相撲、戦《いくさ》に役立つ武家相撲などが行われていました。

相撲は見る側の楽しみも生みます。短時間で勝敗を決する個人戦なので、どちらがどのような技で勝つのかという期待感が膨らみ、いざ戦いがはじまると興奮を呼びます。相撲は人々の熱狂を生む娯楽色を強めて、人気イベントとして発展します。逞しくて強い力士の育成にも本腰が入れられるようになると、室町時代には職業力士が誕生。巡業を行って各地で喝采を浴びるようになります。

江戸時代になると、広場で投げ銭の収入を得る「辻相撲」や、寺社の建造や修理、橋の架け替えなどの寄付を募る「勧進相撲」が流行。諸大名が力士を抱えるようになり、営利目的の興行化に拍車がかかります。（上の錦絵のタイトルには「勧進大相撲」とありますが、営利目的。「勧進」は名目だけの付け足しとなっています。）

三都で大相撲の興行体制が確立されると、スター力士が生まれます。江戸では、安永・天明・寛政期（１７７２〜１８０１）に全盛期を迎え、１８３３（天保４）年からは回向院《えこういん》の境内が定場所となりました。空前ともいえる当時の相撲ブームは、大量に出回った各種の相撲錦絵からも伺えます。

「安政江戸大地震」が発生！木版で被害などを報道

災害現場が描かれた『江戸大地震之絵図』より。江戸の中心部に大被害をもたらした「安政江戸大地震」は、マグニチュード6・9、震度6〜7。内陸の直下地震だったと考えられています。

「天保の改革」は失敗に終わり、幕府の弱体化には歯止めがかからなくなります。幕府は「内憂外患」（国内の心配事に加えて外国の圧力も受けること）の悩みを抱えながら、かつてない内外の対応に追われます。

1853（嘉永6）年にはペリーが来航。幕府は開国に踏み切ります。一方で、薩摩藩、長州藩などの雄藩が台頭。尊皇攘夷運動が激化し、倒幕運動へと向かいます。

江戸幕府の末期をあらわす「幕末」は、通常ペリー来航から1867（慶応3）年の大政奉還による幕府崩壊までをいいます。「幕末文化」は、この激動期に生まれた文化です。

本書では、「報道」の分野に目を向けます。世の中に不安感が漂い、事件や予想外の出来事に敏感になった人々は、事の真実を早く知りたいと願うようになります。浮世絵版画は、時事性の強い「今」をとらえた作品が多くなり、瓦版（木版のニュース速報）などが人々の欲求に応えて発達しました。

そんな時代に、自然災害も容赦なく襲いかかりました。大惨事となった1855（安政2）年の「安政江戸大地震」を例に、当時飛び交った木版による報道の一部を見てみましょう。

地震で家を失い、避難生活を余儀なくされた人々。この錦絵の上部には、「地震用心の歌」が記されています。

出火場所を報道

地震後に出火した場所を示した「銘細改板江戸大地震出火場所附」。こうした被害速報は飛ぶように売れ、出版許可を得ないものも出回りました。この絵には、家を失った被災者を救済する仮小屋「御救《おすくい》小屋」も記されています。ここでは粥などの炊き出しが行われました。

大量に出版された「なまず絵」

当時大地震は、地中にいる
大ナマズが引き起こすと信じられていたため「なまず絵」が大流行。大量に出版されました。大ナマズの動きを抑えようとする絵、人々の怒りを大ナマズにぶつける絵のほか、復興景気の恩恵にあずかる大工が大ナマズに感謝する絵もありました。

→地震を抑え込む鹿島大明神（左）と大ナマズが、「首ひき」の大勝負をしています。大工は大ナマズを応援しています。

大地震の翌年から制作を開始した

歌川広重の錦絵シリーズ「名所江戸百景」

「安政江戸大地震」は、江戸生まれの歌川広重にも衝撃をあたえました。大地震の翌年から制作を開始した「名所江戸百景」シリーズには、町並みの喪失感、復興への思いが感じられます。この「猿わか町よるの景」は、復興の矢先に台風の被害も受けた芝居町（猿若町）の夜が描かれていて、どこか物悲しさが漂っています。広重は 118 枚描き、1858（安政５）年に没しました。

通商条約を結んだ5か国と貿易開始 外国人を描いた錦絵「横浜絵」が出版された

1858（安政5）年、幕府は初代アメリカ総領事ハリスの要求を受け入れ、日米修好通商条約に調印。オランダ、ロシア、イギリス、フランスとも同様の条約を結びます。条約にもとづいて翌年の6月から、横浜、長崎、函館の開港場で貿易がはじまりました。貿易額が最も多かったのは江戸から近い横浜で、生糸が日本の輸出品の8割を占めました。

貿易は急速に拡大します。多くの外国人が出入りする横浜はニュース価値が高く、ビジュアル情報を提供する「横浜絵」と呼ばれる錦絵が大量生産されました。ここでは、横浜絵の第一人者といわれる絵師・五雲亭貞秀が1861（文久元）年に描いた三枚続の2作品を紹介します。

医師で有能な人材を育てた 緒方洪庵

武士の子として生まれた緒方洪庵は、大坂に出て医師になる決心を固めると、江戸、長崎で蘭学を学びました。1838（天保9）年、29歳のときに大坂で開業。蘭学塾（適塾）を開きます。適塾には全国の俊才が続々と集まり、洪庵の教えを受けながら切磋琢磨。大村益次郎や福沢諭吉など、幕末から明治に活躍する人材を大勢輩出しました。また、洪庵は種痘を開始して、天然痘の予防にも貢献しています。1862（文久2）年、幕府の強い要請で江戸に赴いた洪庵は、奥医師兼西洋医学所頭取に就任。翌年、54歳で急逝しました。

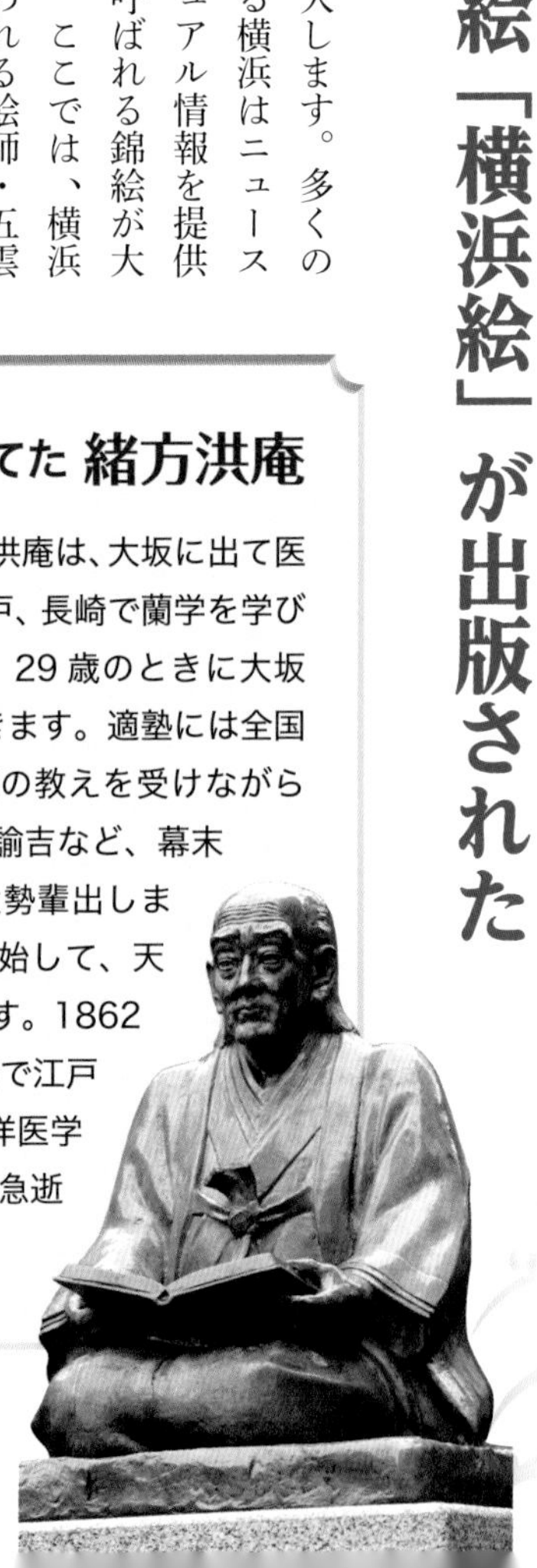

↑「横浜商館真図《しんず》」。正月明けなのでしょうか、生糸を商う商館で日本人女性と外国人女性たちが羽根つきを楽しんでいます。貞秀は現地取材に精を出し、開港直後の横浜絵を多数描きました。

→「横浜《よこはま》鈍宅《どんたく》之《の》図《ず》」。「鈍宅」とは、オランダ語で日曜日（Zondag）のこと。休日に外国人の楽隊が横浜港の周辺で行進していて、整然と並ぶ5か国の旗が華を添えています。

あとがき

桃山文化の担い手は、戦国大名や豪商たちでした。江戸時代になると継承はありつつも、上方を中心に庶民も享受できる文化が徐々に育っていきました。それらが江戸の地に伝わると、さらに進化。文化の波は地方にも広がっていきます。その経緯が伝わるように本書の構成を練っていったのですが、主柱としたのは、版本、浮世絵、人形浄瑠璃、歌舞伎、遊郭、相撲などのエンタメ系です。

当時のエンタメ系を掘り下げていくと、各分野のトップクラスを維持しようと鎬を削っていた人々のドラマチックな生き方が次々浮かび上がってきました。今もそうですが、玉石混交の「玉」だけが生き残れるエンタメ界は、常に時代を見据えた更新と変容が不可欠です。江戸時代のエンタメは時代を移す鏡としての価値もあり、現在もそこから新たな時代小説や歴史系の展覧会などが続々と刊行、開催されているように思います。本書で時代の流れを俯瞰しながら、興味を抱いた人物を書物で追いかけたり、観劇や実物の作品鑑賞につなげたりしていただけると嬉しい限りです。

以下、本文に補足したかったことを、あとがきを利用して書かせてもらいます。

黄金期といわれた元禄歌舞伎においては、上方で和事の坂田藤十郎が、江戸で荒事の市川團十郎が、スター街道を驀進していました。しかし二代目市川團十郎は、父（初代）の荒事に固執しません。上方の和事も取り入れて独自路線を打ち出し、時代に合った芝居を模索し芸の幅を広げていきました。観客も時を経て、荒事のみに満足しなくなっていたのかもしれません。

この努力家の二代目が当たり役とした助六は、もとは実際にあった心中事件を典拠とする上方の作品でした。評判となり江戸に移されると、助六は一躍江戸っ子のヒーローとなります（助六の姿は、7・11ページ参照）。物語も複雑化して、侠客《きょうかく》の助六は「実は曽我五郎」という驚きの設定となります。江戸紫の鉢巻で傘をさすという、出で立ちにも凝った江戸の助六は、曽我物（65ページで解説）まで取り入れていたのです。こうした過剰ともいえるサービス精神こそ、時代を超えて多くの人々を魅了してきた歌舞伎の真骨頂。創作の飛躍はほかにもみられます。曽我物は現在下火のようですが、当時は作品のバリエーションを増やし、１７２０年代頃からは江戸の各座で正月公演の定番となるほどの人気を誇りました。

元禄末期に起きた驚愕の出来事「赤穂事件」は、すぐさま人形浄瑠璃や歌舞伎に取り入れられ、幕府の目をかいくぐりながら上演されていきました。刃傷から47年後に上演された「仮名手本忠臣蔵」はその決定版。それまで生み出された作品をベースに、刃傷と討ち入りのあいだをきめ細かくエンタメ化することで、忠臣蔵物の白眉となりました。忠義を柱に、恋あり人情話あっての仇討ち成就というわけです。この作品は上演ごとにストーリーや演出に手が加えられ、配役の比較や舞台の出来を楽しむリピーターを増やしました。明治以降は何度も映画化され、ドラマにもなり、虚実の境がわからなくなるほどの浸透ぶりが今日まで続いています。

古典文学では、江戸時代初頭から突如としてもてはやされた『徒然草』（70、71ページで解説）や、遊里・吉原の遊女たちも愛読していた『源氏物語』（75ページ参照）などの版本化とその広がり方も興味深いところ。背景には、高い識字率や版本の隆盛、教養の奨励、人気作にひかれる読書欲などが見えてきます。

しかし明治になると西洋化が一気に押し寄せ、江戸時代の文化そのものが否定されるようになります。

左の錦絵は幕末の作品で、絵師デビューを果たしたばかりの若き絵師・豊原国周《とよはらくにちか》が、まるで江戸文化の残り火のような風情を描いています。才ある国周は、明治時代になっても江戸文化を愛し、役者絵で大成。錦絵の絵師が激減していくなか、独自の華やかさを追求して多色摺り版画の傑作をたくさん残しました。

明治時代における江戸文化の再評価を感じさせる話をもうひとつだけ。１８８９（明治22）年に、日本初のグラフィック雑誌『風俗画報』が創刊され、大正時代のはじめまで５００冊以上も刊行が続きました。この雑誌には、最新の世相や風俗のほか、急速な西洋化の反動なのか江戸時代の文化を見直して懐かしむような記事や絵（主に石版画）も多数掲載されています。そうしたページに目を落とすと、古き良き江戸文化への郷愁と回帰の念が感じられます。

最後になりましたが、今回も大変お世話になった河出書房新社の藤﨑寛之氏に、この場を借りてあつく御礼申し上げます。

主要参考文献

『江戸文化誌』西山松之助 岩波現代文庫 岩波書店 2006／『大江戸の文化』西山松之助 新 NHK 市民大学叢書 日本放送出版協会 1981／『蘇る江戸文化』西山松之助 日本放送出版協会 1992／『江戸文化評判記』中野三敏 中公新書 中央公論社 1992／『江戸文化再考』中野三敏 笠間書院 2012／『町人文化の開花』板坂 元 講談社現代新書 講談社 1975／『江戸の教養』大石 学 編 角川ソフィア文庫 角川グループパブリッシング 2009／『ヴィジュアル百科 江戸事情 第四巻文化編』樋口清之 監修 NHK データ情報部 編 雄山閣出版 1992／『元禄人間模様』竹内 誠 角川選書 角川書店 2000／『元禄の演出者たち』暉峻康隆 朝日選書 朝日新聞社 1976／『日本歴史シリーズ第 13 巻 元禄時代』世界文化社 1967／『新版 徒然草』兼好法師 小川剛生 訳注 KADOKAWA 2015／『元禄・享保の時代』高埜利彦 集英社 1992／『芭蕉おくのほそ道』萩原恭男 校注 岩波文庫 岩波書店 1979／『西鶴と元禄時代』松本四郎 新日本新書 新日本出版社 2001／『元禄文化　遊芸・悪所・芝居』守谷 毅 講談社学術文庫 講談社 2011／『元禄俳優伝』土屋恵一郎 岩波現代文庫 岩波書店　2004／『平賀源内』城福 勇 吉川弘文館 1986／『化政文化の研究』林家辰三郎 編 岩波書店 1976／『忠臣蔵と元禄時代』中江克己 中公文庫 中央公論社 1999／『忠臣蔵とは何か』丸谷才一 講談社 1984／『改訂 日本芸能史入門』後藤 淑 現代教養文庫 社会思想社 1978／『江戸 その芸能と文学』諏訪春雄 毎日新聞社 1976／『日本文学の歴史９ 近世篇３』ドナルド・キーン 中央公論社 1995／『絵本と浮世絵』鈴木重三 美術出版社 1979／『絵草紙屋 江戸の浮世絵ショップ』鈴木俊幸 平凡社 2010／『江戸の芝居絵を読む』服部幸雄 講談社 1993／『滝沢馬琴』麻生磯次 吉川弘文館 1987／『読本の世界 江戸と上方』横山邦治 編 世界思想社 1985／『江戸戯作』神保五彌 編集・執筆 新潮社 1991／『黄表紙・洒落本の世界』水野 稔 岩波新書 岩波書店 1976／『柳亭種彦』井狩 章 吉川弘文館 1965／『歌舞伎と人形浄瑠璃』田口章子 吉川弘文館 2004／『文楽ハンドブック』藤田 洋 編 三省堂 2003／『歌舞伎ハンドブック』藤田 洋 編 三省堂 1994／『歌舞伎にみる日本史』佐藤孔亮 小学館 1999／『歌舞伎をつくる』服部幸雄 編 青土社 1999／『團十郎の歌舞伎案内』市川團十郎（十二代目）PHP 新書 PHP 研究所 2008／『歌舞伎』古井戸秀夫 編集・執筆 新潮社 1992／『近松門左衛門』原 道生 編集・執筆 新潮社 1991／『江戸娯楽誌』興津 要 講談社学術文庫 講談社 2005／『お江戸吉原ものしり帖』北村鮭彦 新潮文庫 新潮社 2005／『三大遊郭』堀江宏樹 幻冬舎新書 幻冬舎 2015／『吉原と島原』小野武雄 講談社学術文庫 講談社 2002／『図説 吉原事典』永井義男 朝日文庫 朝日新聞出版 2015／『吉原 公儀と悪所』石井良助 明石選書 明石書店 2012／『江戸の色町 遊女と吉原の歴史』安藤優一郎 監修 カンゼン 2016／『歴史公論』1981 年 10 月号 雄山閣出版／『江戸文学』第 23 号 ぺりかん社 2001

1855（安政２）年に出版された「隅田川夜渉シ之図」（三枚続）。豊原国周画

索引

著者 **深光富士男**（ふかみつふじお）

1956年、山口県生まれ、島根県出雲市育ち。日本文化歴史研究家。光文社雑誌記者などを経て、1984年に編集制作会社プランナッツを設立。現在は歴史や文化に主軸をおいたノンフィクション系図書の著者として、取材・執筆を行っている。著書に『図説 江戸のカルチャー 教養書・実用書の世界』『図説 江戸の旅 名所図会の世界』『図説 江戸のエンタメ 小説本の世界』『ビジュアル入門 江戸時代の文化（全2巻）』『面白いほどよくわかる浮世絵入門』『旅からわかる江戸時代（全3巻）』『明治まるごと歴史図鑑（全3巻）』『はじめての浮世絵（全3巻）』〔第19回学校図書館出版賞受賞〕（以上、河出書房新社）、『明治維新がわかる事典』『日本のしきたり絵事典』『あかりの大研究』（以上、PHP研究所）、『金田一先生の日本語教室（全7巻）』『日本の年中行事（全6巻）』（以上、学研プラス）、『自然の材料と昔の道具（全4巻）』（さ・え・ら書房）、『このプロジェクトを追え！（シリーズ全9巻）』（佼成出版社）など多数。本文執筆に『すっきりわかる！ 江戸～明治 昔のことば大事典』（くもん出版）がある。

装幀・本文レイアウト・イラスト
田中晴美
撮影
深光富士男
編集制作
有限会社プランナッツ

写真・絵画等、画像協力（順不同・敬称略）
姫路市
三井記念美術館
東京国立博物館
TNM Image Archives
米沢市上杉博物館
神戸市立博物館
京都国立博物館
日光東照宮
名古屋城総合事務所
彦根城博物館
DNPartcom
建仁寺
養源院
東京都立中央図書館特別文庫室
国文学研究資料館
MOA 美術館
公益財団法人鍋島報效会
千葉市美術館
山口県立萩美術館・浦上記念館
大乗寺
一茶記念館
国立公文書館デジタルアーカイブ
千葉県香取市 伊能忠敬記念館
国立国会図書館

本書は、『ビジュアル入門 江戸時代の文化（全2巻）京都・大坂で花開いた 元禄文化／江戸で花開いた 化政文化』（小社、2020年4月刊）を合本・再編集・増補の上、一回り小さい判型のソフトカバーにして刊行したものです。

ビジュアル版　江戸文化入門

2023年4月20日　初版印刷
2023年4月30日　初版発行

著　　者　深光富士男
発 行 者　小野寺優
発 行 所　株式会社河出書房新社
〒151-0051　東京都渋谷区千駄ヶ谷2-32-2
電話　03-3404-1201（営業）
03-3404-8611（編集）
https://www.kawade.co.jp/
印刷・製本　図書印刷株式会社

Printed in Japan
ISBN978-4-309-22884-6

落丁本・乱丁本はお取り替えいたします。
本書のコピー、スキャン、デジタル化等の無断複製は著作権法上での例外を除き禁じられています。本書を代行業者等の第三者に依頼してスキャンやデジタル化することは、いかなる場合も著作権法違反となります。